스마트한 생활을 위한

HTML 기초 & 활용

이 책의 구성

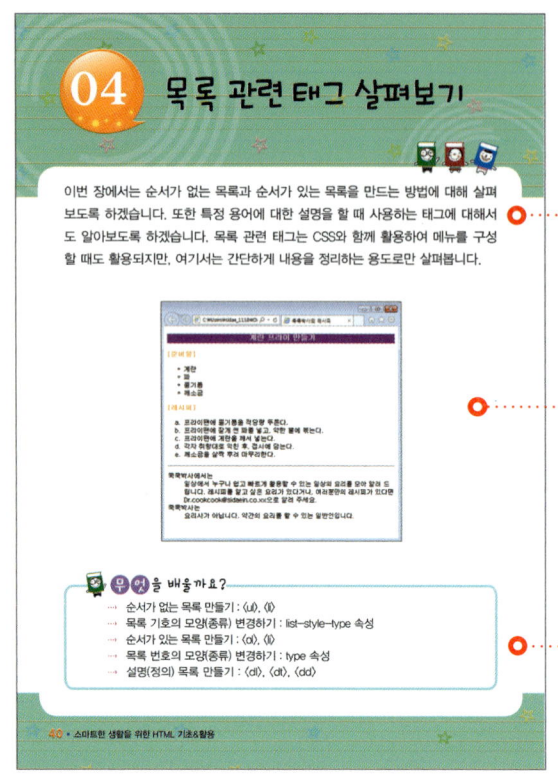

★ 들어가기
각 장마다 배우게 될 내용을 설명합니다.

★ 미리보기
각 장마다 배우게 되는 예제의 완성된 모습을 미리 확인할 수 있습니다.

★ 무엇을 배울까요?
본문에서 어떤 기능들을 배울지 간략하게 살펴봅니다.

★ 따라하기
예제를 만드는 과정을 순서대로 따라하면서 쉽게 기능을 습득할 수 있습니다.

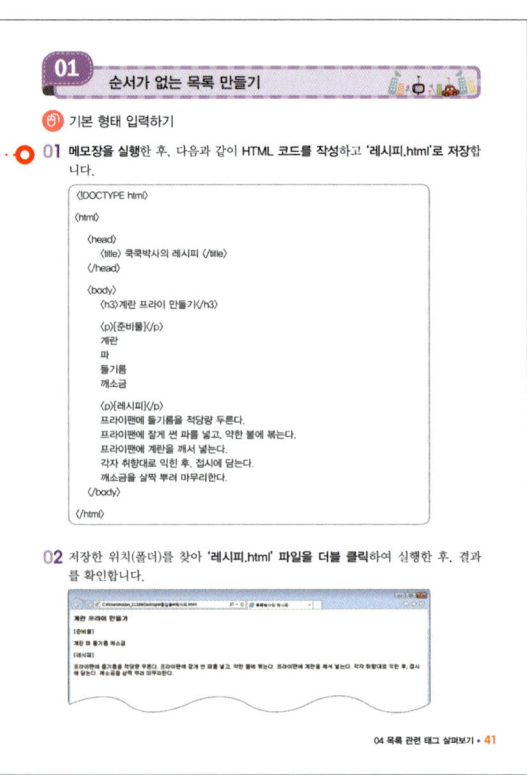

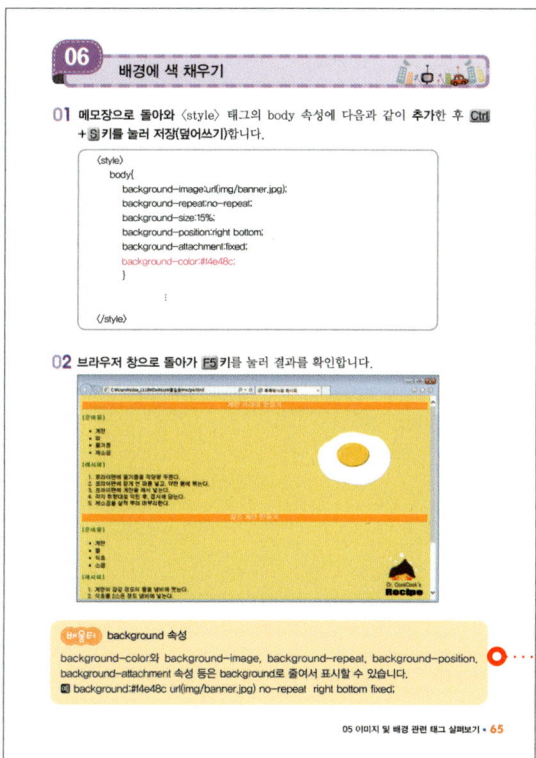

★ 배움터
본문에서 다루지 못한 내용이나 알아두어야
할 사항들을 추가적으로 설명합니다.

★ 디딤돌 학습
각 장마다 배운 내용을 토대로 한 번 더
복습할 수 있도록 응용된 문제를 제공합니다.
혼자 연습해봄으로써 실력을 다질 수 있습니다.

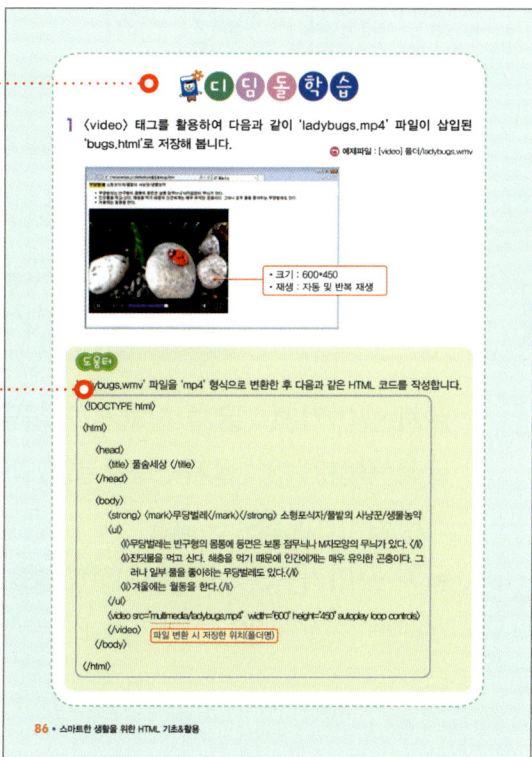

★ 도움터
혼자 연습해 볼 수 있도록
필요한 정보 또는 방법을 지원합니다.

 목 차

01장 | HTML 시작하기

1. HTML이란? • 9
2. HTML 문서를 만들기 위한 준비 • 10
3. HTML의 기본 구조 살펴보기 • 11
4. HTML 기본 다지기 : 메모장으로 작성하기 • 12
 * 디딤돌 학습 • 15

02장 | 글자 관련 태그 살펴보기-1

1. 제목 크기 조정하기 • 17
2. 단락 구분하기 • 18
3. 문단 정렬하기 • 23
4. 문단 배경색 지정하기 • 24
5. 경계선 넣기 • 25
 * 디딤돌 학습 • 26

03장 | 글자 관련 태그 살펴보기-2

1. 글자 꾸미기-1 : 글자 진하게/기울임/밑줄/취소선 표시하기 • 28
2. 글자 꾸미기-2 : 글자 크기/글꼴/색상 변경하기 • 29
3. 스타일시트(CSS) • 30
4. 글자 꾸미기- 3 : 스타일시트(CSS) 활용하여 일괄 적용하기 • 31
 * 디딤돌 학습 • 39

04장 | 목록 관련 태그 살펴보기

1. 순서가 없는 목록 만들기 • 41
2. 순서가 있는 목록 만들기 • 46
3. 설명(정의) 목록 만들기 • 48
* 디딤돌 학습 • 49

05장 | 이미지 및 배경 관련 태그 살펴보기

1. 이미지 삽입하기 • 52
2. 이미지 크기 및 위치 지정하기 • 55
3. 이미지에 설명 달기 • 57
4. 배경에 이미지 삽입하기 • 59
5. 배경 이미지 크기 및 위치 조정하기 • 61
6. 배경에 색 채우기 • 65
* 디딤돌 학습 • 66

06장 | 멀티미디어 관련 태그 살펴보기

1. 파일 변환하기 • 69
2. 비디오 삽입하기 • 78
3. 오디오 삽입하기 • 83
* 디딤돌 학습 • 86

07장 | 표 관련 태그 살펴보기

1. 표 만들기 • 89
2. 셀 합치기 • 91
3. 셀 채우기 • 94
4. 테두리 선 설정하기 • 96
   * 디딤돌 학습 • 103

08장 | 하이퍼링크 관련 태그 살펴보기

1. 다른 문서 연결하기 • 106
2. 새 탭에서 보기 • 109
3. 외부 웹 사이트 연결하기 • 110
4. 문서 내 다른 위치로 이동하기 : 책갈피 • 113
   * 디딤돌 학습 • 118

09장 | 레이아웃 관련 태그 살펴보기

1. 시맨틱(Semantic) 태그 • 121
2. 일반적인 웹 문서 구조와 구조 태그 • 121
3. 레이아웃 영역 구분하기-1 : 헤더 영역 설정하기 • 123
4. 레이아웃 영역 구분하기-2 : 내비게이션 영역 설정하기 • 124
5. 레이아웃 영역 구분하기-3 : 섹션 영역 설정하기 • 124
6. 레이아웃 영역 구분하기-4 : 사이드 영역 설정하기 • 125
7. 레이아웃 영역 구분하기-5 : 푸터 영역 설정하기 • 126
8. 문서 디자인하기 : 스타일시트(CSS)로 디자인하기 • 128
9. 전체 너비 및 전체 배치 설정하기 • 139
   * 디딤돌 학습 • 142

10장 | 태그 편집기 활용하기

1. 메일 편집기에서 HTML 활용하기 • 145
2. 카페 편집기에서 HTML 활용하기 • 152
* 디딤돌 학습 • 159

01 HTML 시작하기

이번 장에서는 HTML이 무엇이며, 그 구조는 어떻게 구성되는지에 대해 살펴봅니다. 더불어 가장 기본적인 구조의 HTML 문서를 작성하는 방법에 대해서도 알아보도록 하겠습니다.

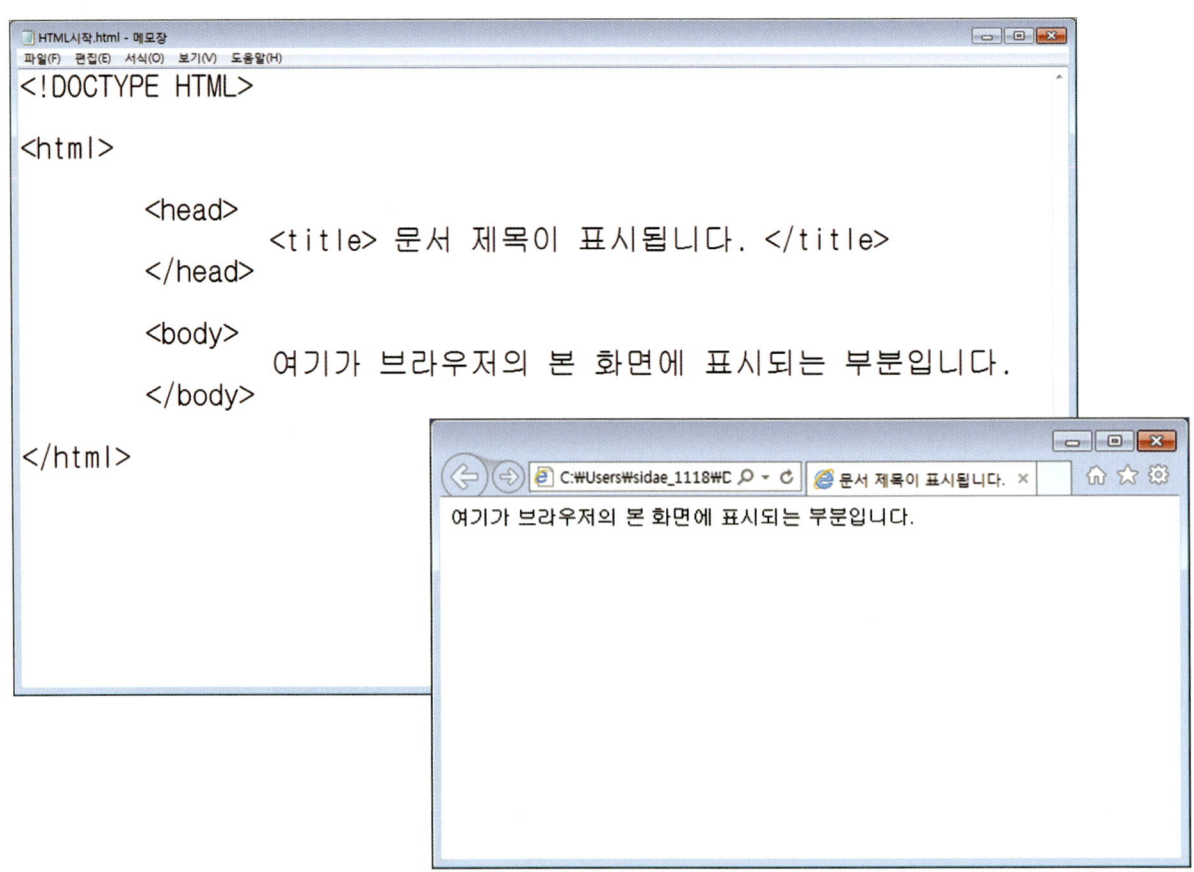

 무엇을 배울까요?

- ⋯ HTML 개념 알기
- ⋯ HTML 기본 구조 알기
- ⋯ 메모장으로 HTML 문서 작성하기

HTML이란?

HTML은 'HyperText Markup Language'의 약어로, 웹 문서를 만드는 언어입니다. 웹 사이트 제작하기 위한 웹 문서 작성 시 주로 사용됩니다. HTML을 알면 카페의 게시판, 메일, 블로그 등에서도 주어진 서식 외에 원하는 스타일로 좀 더 세밀하게 조정하거나 추가하여 사용할 수 있습니다.

웹 사이트 소스 확인하기

웹 사이트가 HTML로 어떻게 구성되어 있는지 살펴봅니다.

01 웹 사이트에 **접속**한 후, **마우스 오른쪽 단추를 클릭**하여 [**소스 보기**]를 **선택**합니다.

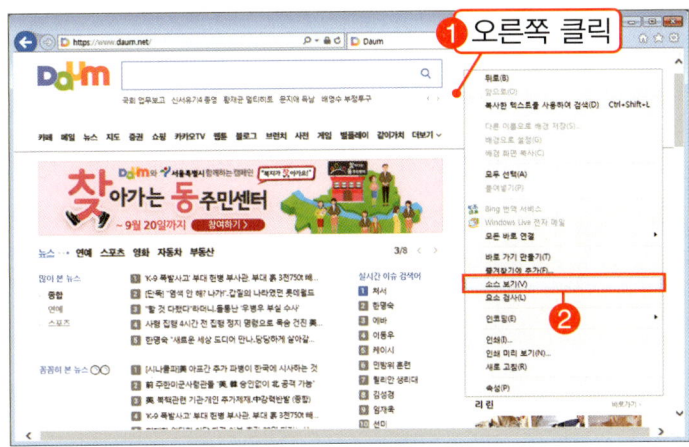

02 현재 웹 페이지를 구성하는 HTML 코드를 확인할 수 있습니다.

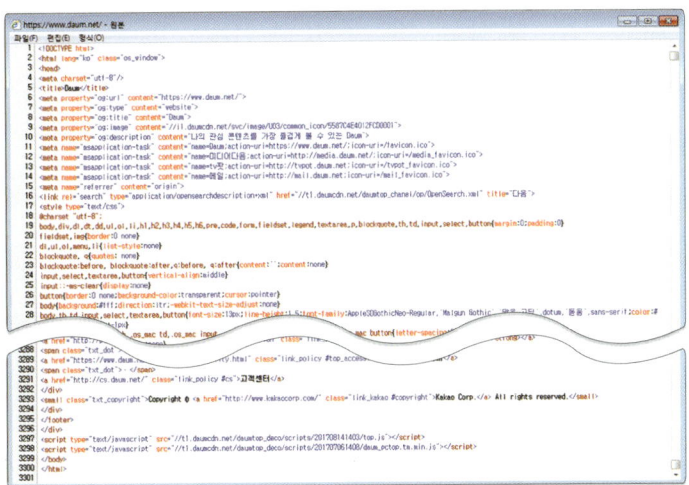

> **배움터** 구글 크롬 브라우저를 사용할 경우, 마우스 오른쪽 단추를 클릭한 후 나타나는 바로 가기 메뉴 중 [페이지 소스 보기]를 선택합니다.

02 HTML 문서를 만들기 위한 준비

🖱 HTML 문서를 만들기 위한 프로그램

웹 문서를 만들기 위한 텍스트 편집기에는 메모장이나 노트패드++, Visual Studio Express 등이 있습니다.

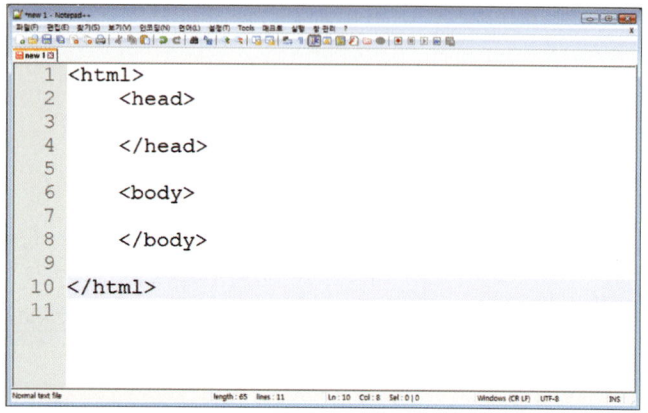

▲ 노트패드++

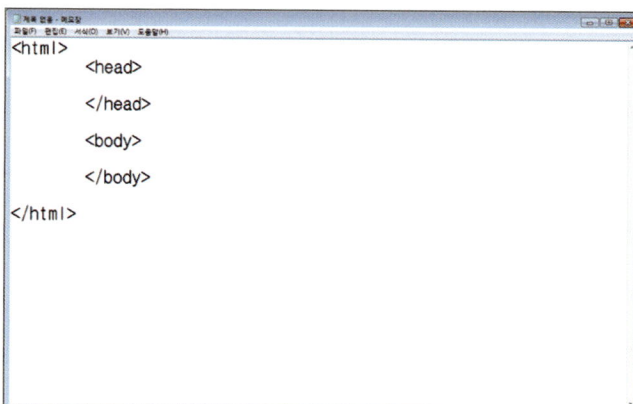

▲ 메모장

> **배움터** 드림위버나 워드프레스, 제로보드 등의 웹 제작 프로그램을 이용하면 HTML을 몰라도 웹 문서를 손쉽게 만들 수 있습니다.

🖱 HTML 문서를 보기 위한 프로그램

HTML로 제작된 웹 문서는 htm 또는 html이라는 확장자를 가집니다. '*.htm'이나 '*.html'로 저장된 웹 문서를 확인하기 위해서는 웹 브라우저가 필요합니다. 즉 '인터넷 익스플로러'나 '엣지', '크롬', '파이어폭스', '사파리', '오페라' 등과 같은 웹 브라우저가 컴퓨터에 설치되어 있어야 합니다.

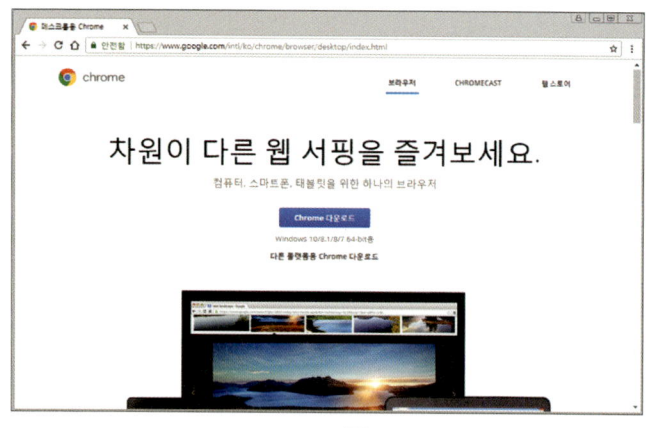

▲ 크롬

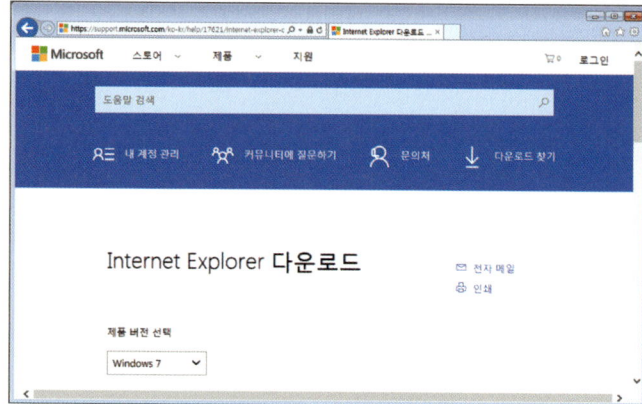

▲ 인터넷 익스플로러

HTML의 기본 구조 살펴보기

기본 용어

HTML 문서의 요소는 기본적으로 태그(Tag), 속성(Atribute), 값(Value)으로 구성됩니다.

예 a 태그

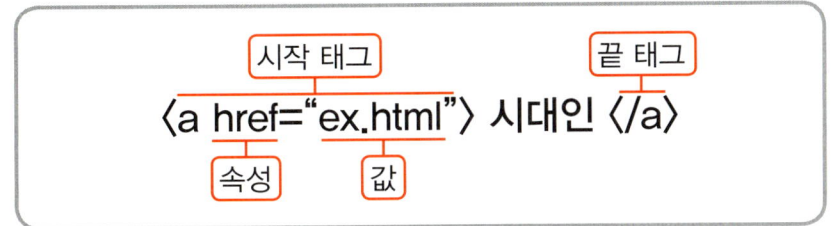

- **태그** : 〈와 〉로 묶인 명령어로, 시작 태그와 끝 태그로 구성됩니다. 시작 태그는 〈와 〉로 묶어 구성되고, 끝 태그는 〈/와 〉로 묶어 구성됩니다. 끝 태그 없이 단독으로 사용되는 태그도 있습니다.
- **속성** : 태그에 성질이나 역할 등의 추가 정보를 적용할 때 사용합니다. 시작 태그 안에 삽입되며, '='의 왼쪽에 위치합니다.
- **값** : 속성에 지정되는 실질적인 값으로, 미리 정해져 있는 표기를 사용하기도 하고 " "나 ' '로 묶어 직접 지정하기도 합니다. 시작 태그 안에 삽입되며, '='의 오른쪽에 위치합니다.

> **배움터 주석**
>
> 주석은 HTML 문서 내에 작성된 코드들의 목적 등을 기입하여 이후의 문서 구성의 이해를 도와 수정을 용이하게 만들어 줍니다. 주석은 HTML 문서 내에 기재되는 요소지만, 실제 결과에는 영향을 미치지 않습니다. 〈!--와 --〉로 묶어 구성합니다.

기본 문서 구성

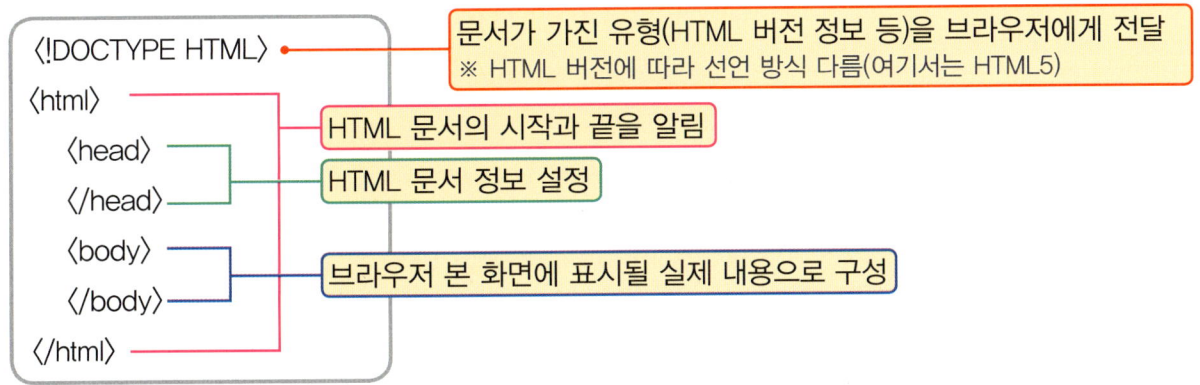

HTML 기본 다지기 : 메모장으로 작성하기

HTML 문서 작성하기

01 [시작]-[모든 프로그램]-[보조프로그램]-[메모장]을 **선택**합니다.

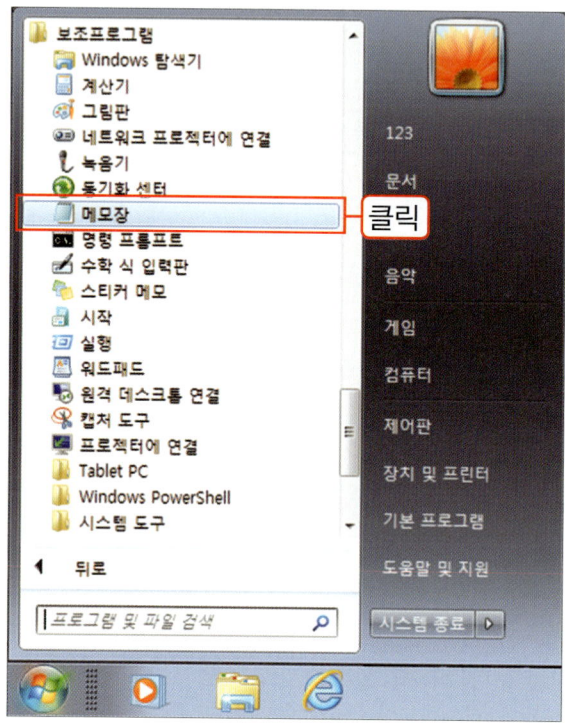

02 메모장이 실행되면 다음과 같이 **입력**합니다.

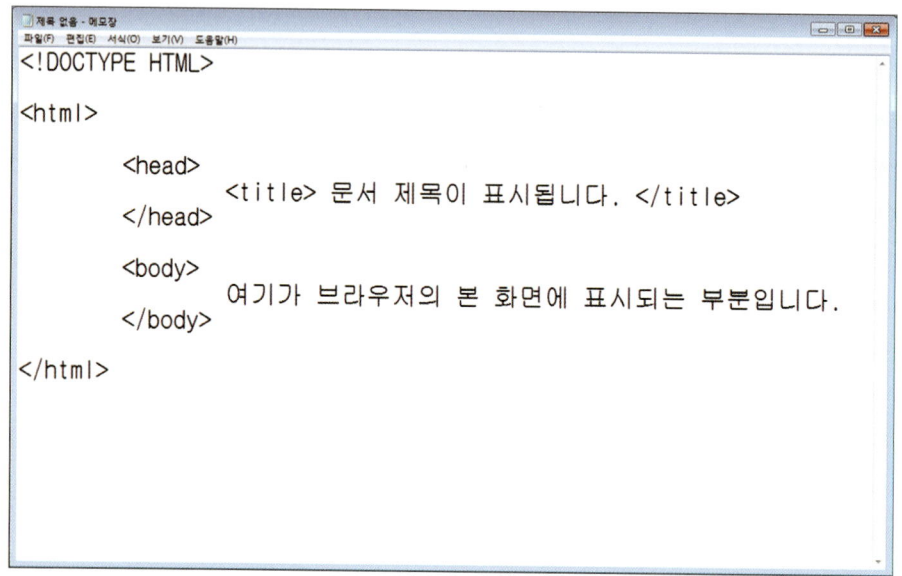

> **배움터** HTML의 코드 작성 시 여러 번 띄어쓰기를 해도 한 칸의 공백으로 인식합니다. 여기서는 코드의 단계를 구분할 수 있도록 하기 위해 들여쓰기한 것입니다.

HTML 문서 저장하기

01 [파일]-[다른 이름으로 저장]을 선택합니다.

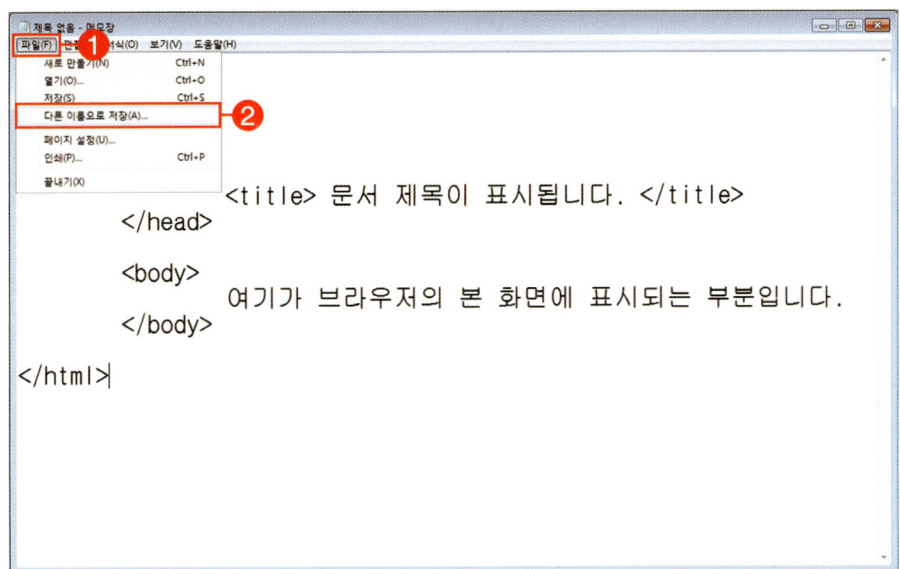

02 [다른 이름으로 저장] 대화상자가 나타나면 **저장 위치를 설정**합니다. **파일 형식을 '모든 파일(*.*)'로 선택**한 후, **파일 이름을 확장자와 함께 입력**하고 **[저장] 단추를 클릭**합니다. 여기서는 'HTML시작.html'로 입력한 후 저장하였습니다.

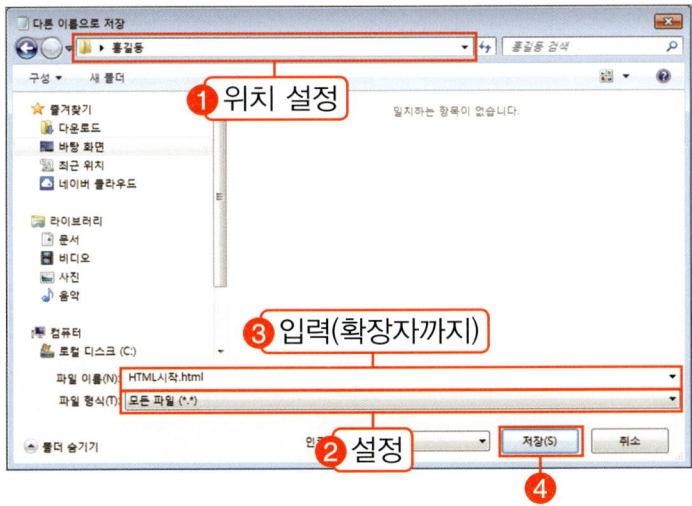

배움터

- HTML 문서를 보관할 장소(폴더)를 만들어 두고 이후의 작업 파일을 보관하도록 합니다. 미리 폴더를 만들지 않은 경우, [다른 이름으로 저장] 대화상자에서 [새 폴더]를 클릭하여 생성합니다.
- 이곳에서는 연습 중이라 파일 이름을 한글로 입력하였지만, 실제 웹 상에 등록할 문서를 작성할 때는 영문으로 입력하도록 합니다.

HTML 문서 열어 확인하기

01 **저장 시 설정한 위치를 찾아** 저장되어 있는 **파일을 더블 클릭**합니다.

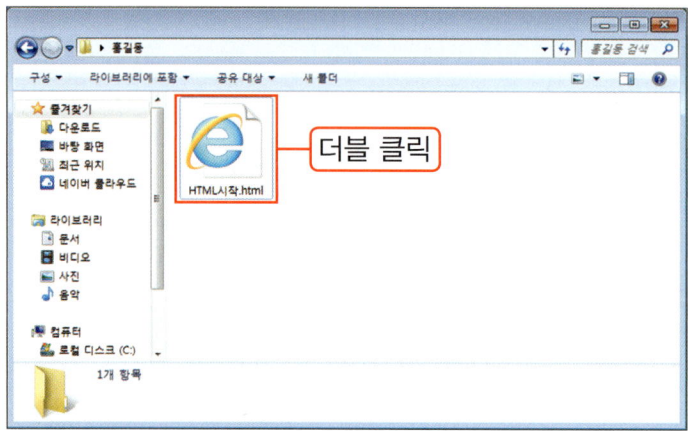

02 연결된 브라우저에서 해당 파일 내용이 표시됩니다.

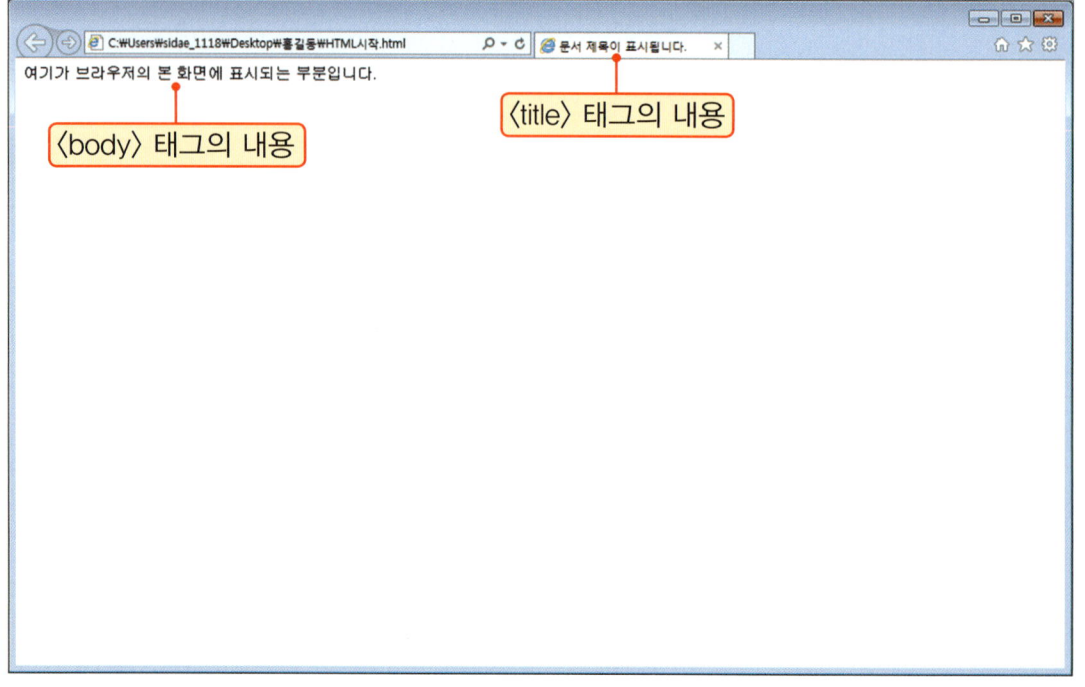

배움터 연결 프로그램

마우스 오른쪽 단추를 클릭한 후 나타나는 바로 가기 메뉴 중 [연결 프로그램]을 통해 실행되는 프로그램을 변경할 수 있습니다.

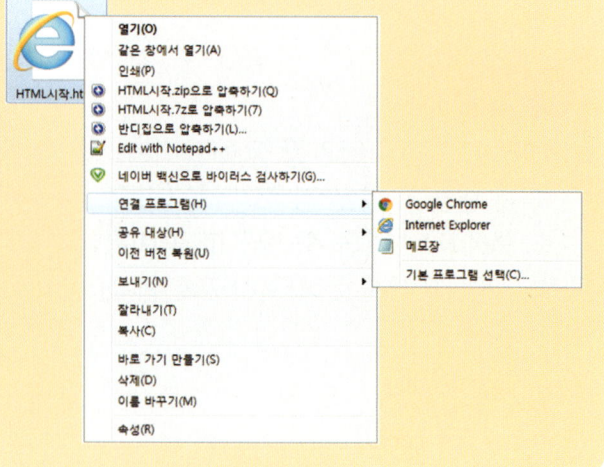

1 다음과 같은 HTML 코드를 작성해 '연습.html'로 저장한 후, 브라우저를 활용해 확인해 봅니다.

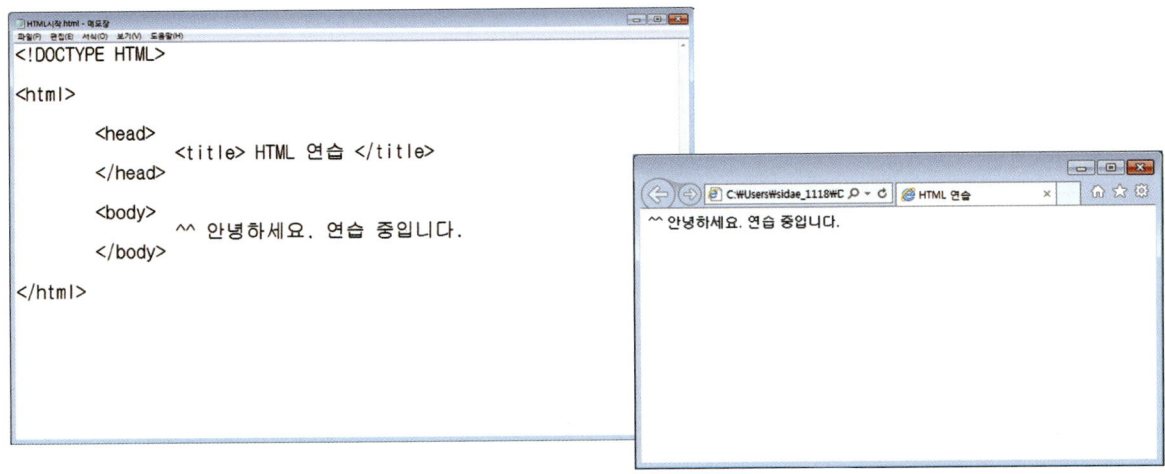

▲ 결과 화면

2 '연습.html'을 다음과 같이 나타나도록 수정해 봅니다.

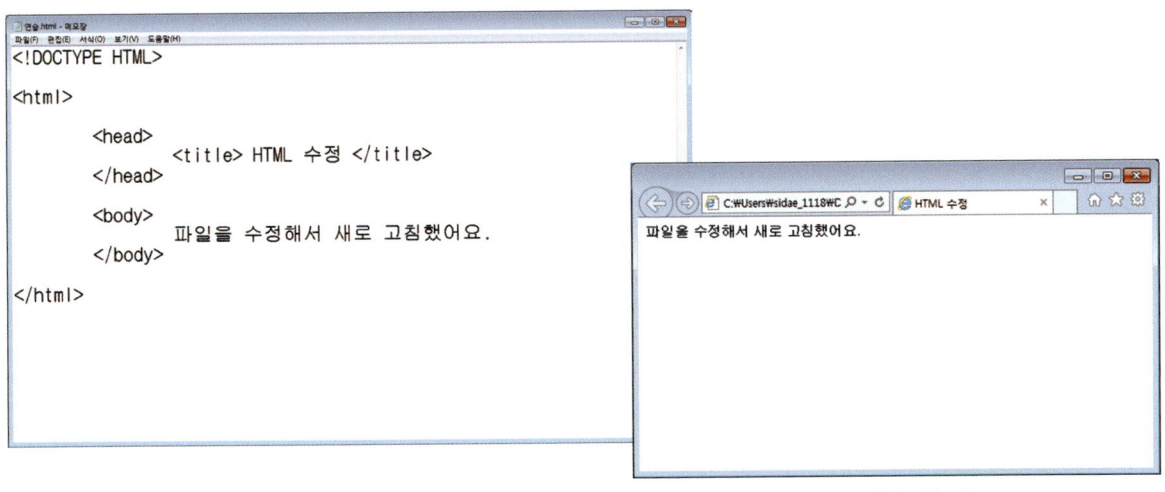

▲ 결과 화면

도움터 HTML 문서 수정하기

① HTML 문서 코드를 작성한 메모장이 열려 있는 경우에는 바로 다음 과정(②)을 진행합니다. 해당 HTML 문서를 저장한 후 종료(닫기)했다면 HTML 문서(여기서는 '연습.html')를 마우스 오른쪽 단추로 클릭한 후, 바로 가기 메뉴 중 [메모장]을 선택해 불러옵니다.
② 내용을 수정한 후 [파일]-[저장]을 선택해 덮어쓰기합니다.
③ 브라우저에 저장 전 HTML 문서가 표시되어 있다면 F5 키를 눌러 새로 고침 하여 확인합니다.

02 글자 관련 태그 살펴보기-1

이번 장에서는 Hn 태그를 활용하여 단계별 글자 서식을 적용하는 방법과 단락(문단)을 구분하는 방법, 단락별 위치를 정렬하는 방법, 문단별 배경색을 채우는 방법 등에 대해서 알아보도록 하겠습니다.

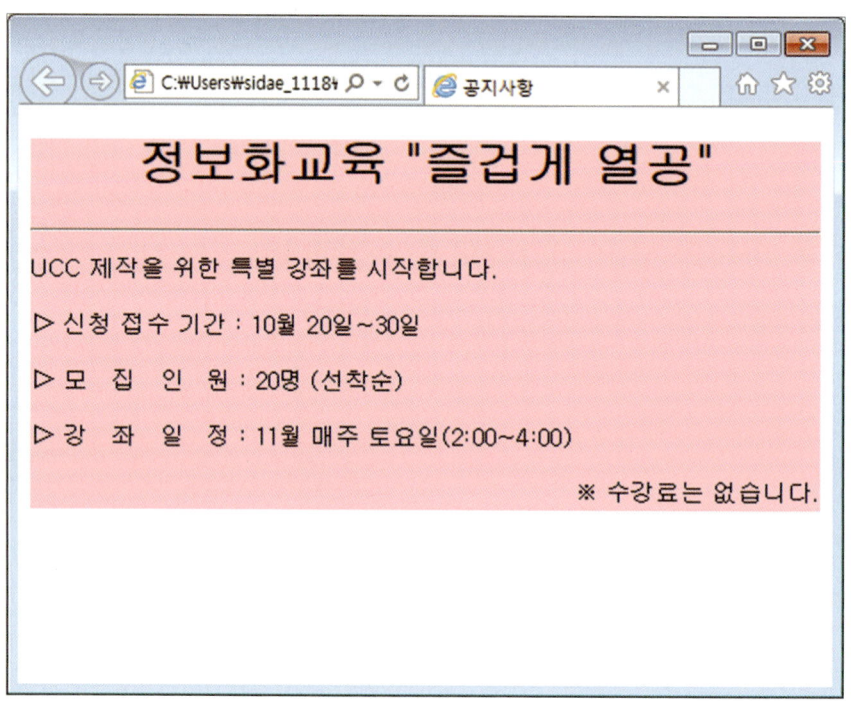

 무엇을 배울까요?

- 제목 크기 조정하기 : ⟨h1⟩~⟨h6⟩
- 줄 바꾸기 : ⟨pre⟩, ⟨br⟩, ⟨p⟩
- 문단 정렬하기 : style 속성(text-align)
- 영역 설정하기 : ⟨div⟩
- 배경색 지정하기 : style 속성(background-color)
- 구분하기 : ⟨hr⟩

제목 크기 조정하기

⟨h1⟩~⟨h6⟩ 태그

주로 제목을 입력할 때 사용되며, 6개의 단계(계층)로 구분되어 제공됩니다. h1은 최상위 계층을, h6은 최하위 계층을 의미하며 h의 숫자가 커질수록 실제 크기는 작게 표현됩니다.

01 메모장을 실행한 후, 다음과 같이 HTML 코드를 작성하고 '제목크기.html'로 저장합니다.

```
<!DOCTYPE html>
<html>
   <head>
      <title> 글자 꾸미기 </title>
   </head>
   <body>
      <h1> 제목 글자 크기-1 </h1>
      <h2> 제목 글자 크기-2 </h2>
      <h3> 제목 글자 크기-3 </h3>
      <h4> 제목 글자 크기-4 </h4>
      <h5> 제목 글자 크기-5 </h5>
      <h6> 제목 글자 크기-6 </h6>
   </body>
</html>
```

02 저장한 위치(폴더)를 찾아 **'제목크기.html'** 파일을 더블 클릭하여 실행한 후, 결과를 확인합니다.

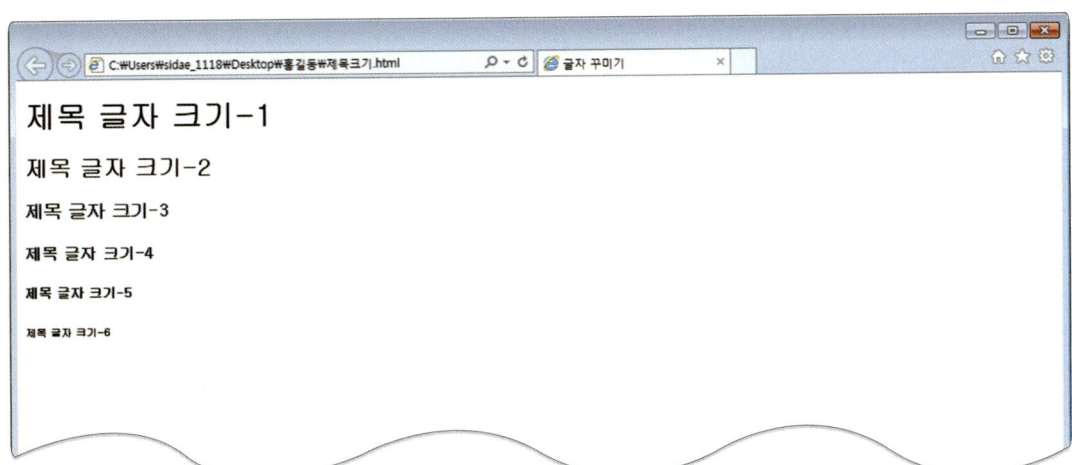

02 단락 구분하기

입력하기

01 메모장에서 [파일]-[새로 만들기]를 선택한 후, 다음과 같이 HTML 코드를 작성하고 '**세미나안내.html**'로 **저장**합니다. '▷'와 '※'는 한글 자음 ㅁ 키를 누른 후 한자 키를 눌러 특수 문자 목록이 나타나면 찾아서 선택합니다.

```
<!DOCTYPE html>
<html>
    <head>
        <title> 공지사항 </title>
    </head>

    <body>
        <h1> 정보화교육 "즐겁게 열공" </h1>

        UCC 제작을 위한 특별 강좌를 시작합니다.

        ▷ 신청 접수 기간 : 10월 20일~30일
        ▷ 모  집  인  원 : 20명 (선착순)
        ▷ 강  좌  일  정 : 11월 매주 토요일(2:00~4:00)

        ※ 수강료는 없습니다.
    </body>
</html>
```

빈 칸 삽입 : Spacebar 2번

배움터

키보드를 통해 입력한 기호들 중 일부가 화면에 제대로 표시되지 않을 때가 있습니다. 그런 경우 기호를 직접 입력하지 않고 다음과 같은 코드를 활용합니다.

코드	표시	코드	표시	코드	표시
&amp;	&	&lt;	〈	&quot;	"
	(공백)	&gt;	〉	&apos;	'

02 저장한 위치(폴더)를 찾아 '**세미나안내.html**' **파일을 더블 클릭**하여 실행한 후, 결과를 확인합니다. 〈h1〉 태그로 묶인 부분은 단락(문단)으로 구분되었지만 나머지 문단들은 한 문단으로 인식되어 나란히 나열된 것을 확인할 수 있습니다. 여러 개의 띄어쓰기한 부분도 한 칸만 표시된 것을 확인할 수 있습니다.

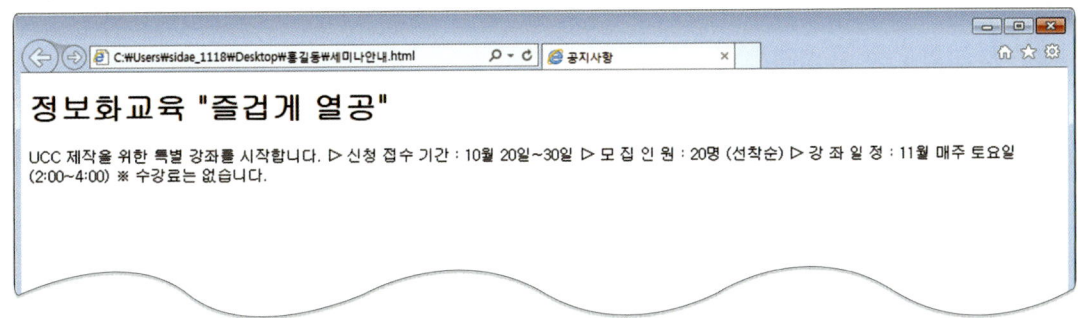

〈pre〉 태그

01 메모장으로 돌아와 〈body〉 태그 영역에 다음과 같이 **〈pre〉 태그를 삽입**한 후 Ctrl + S 키를 눌러 저장(덮어쓰기)합니다.

```
〈body〉
    〈h1〉 정보화교육 "즐겁게 열공" 〈/h1〉
    〈pre〉
UCC 제작을 위한 특별 강좌를 시작합니다.

    ▷ 신청 접수 기간 : 10월 20일~30일
    ▷ 모 집 인 원 : 20명 (선착순)
    ▷ 강 좌 일 정 : 11월 매주 토요일(2:00~4:00)

    ※ 수강료는 없습니다.
    〈/pre〉
〈/body〉
```

02 브라우저 창으로 돌아가 F5 키를 눌러 열려 있는 HTML 문서를 새로 고침하여 결과를 확인합니다. 입력한 대로 빈 줄과 띄어쓰기가 적용된 것을 확인할 수 있습니다.

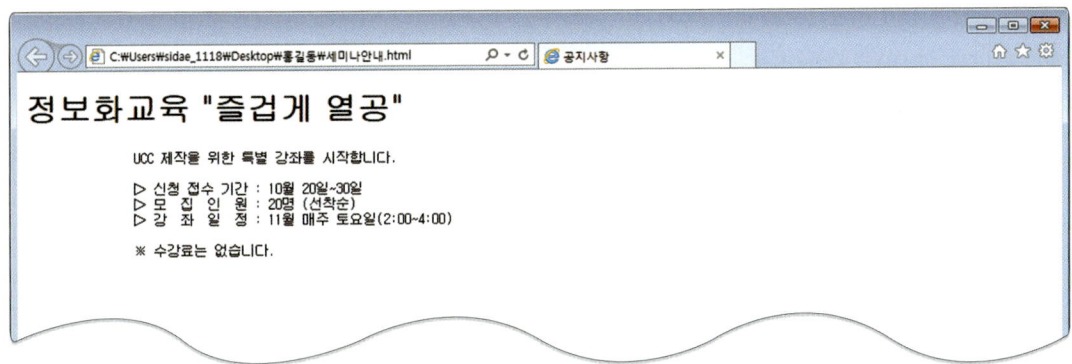

⑭
 태그

01 메모장으로 돌아와 〈body〉 태그 영역에서 〈pre〉 태그를 **삭제**한 후, 다음과 같이 〈br〉 태그를 **삽입**하고 Ctrl + S 키를 눌러 저장(덮어쓰기)합니다.

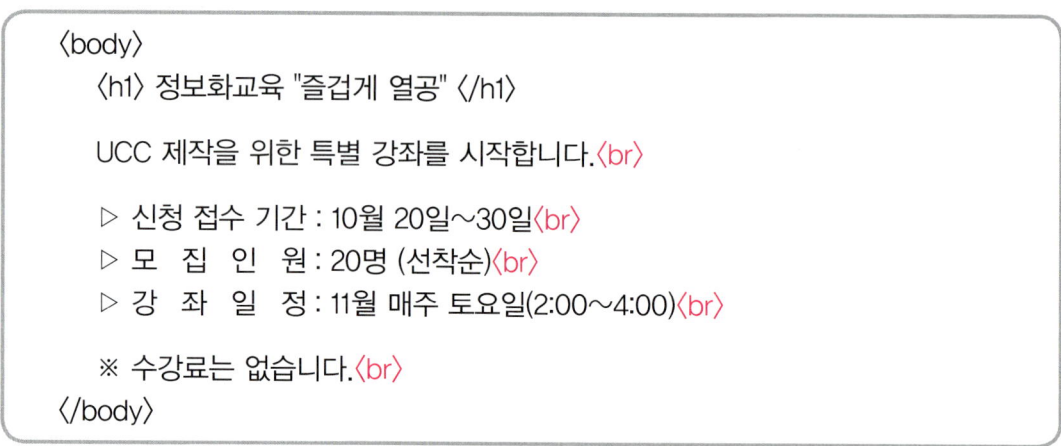

02 브라우저 창으로 돌아가 F5 키를 눌러 결과를 확인합니다. 〈br〉 태그가 입력된 곳을 기준으로 Enter 키를 누른 것처럼 줄이 바뀐 것을 확인할 수 있습니다. 중간에 삽입된 빈 줄은 표시되지 않았고, 2개 이상의 띄어쓰기를 적용한 부분도 1개의 띄어쓰기로 표시된 것을 확인할 수 있습니다.

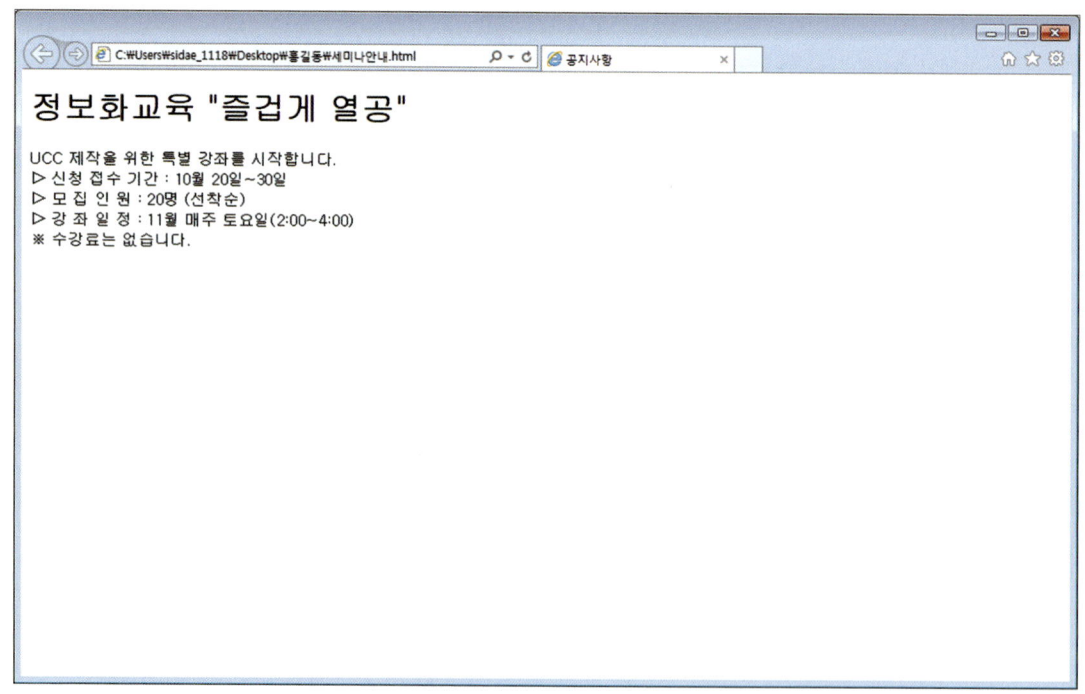

ⓐ ⟨p⟩ 태그

01 메모장으로 돌아와 ⟨body⟩ 태그 영역에서 **⟨br⟩ 태그를 삭제**한 후, 다음과 같이 **⟨p⟩ 태그를 삽입**한 후 Ctrl + S 키를 눌러 저장(덮어쓰기)합니다.

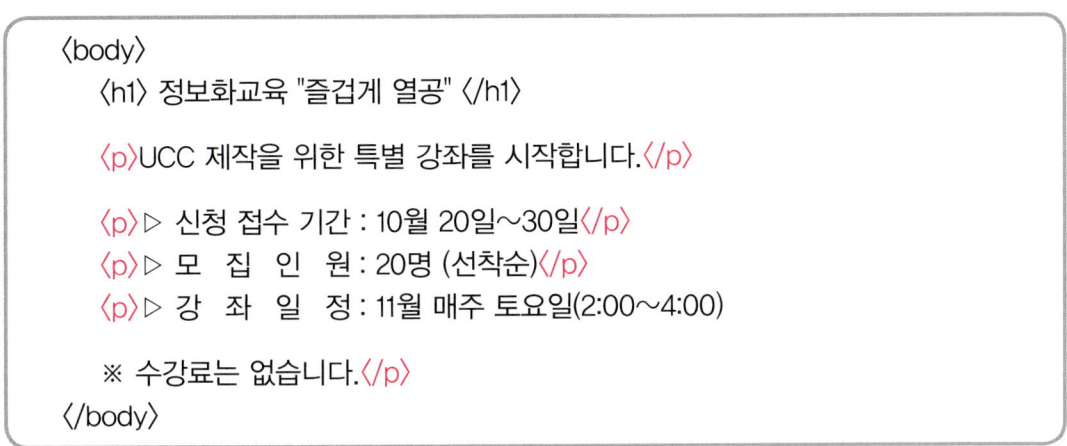

02 브라우저 창으로 돌아가 F5 키를 눌러 결과를 확인합니다. ⟨p⟩ 태그로 묶인 부분이 하나의 단락(문단)으로 묶입니다. 중간에 삽입된 빈 줄은 표시되지 않았고, 2개 이상의 띄어쓰기를 적용한 부분도 1개의 띄어쓰기로 표시된 것을 확인할 수 있습니다. ⟨br⟩ 태그와 달리 단락 사이의 간격이 넓어진 것을 확인할 수 있습니다.

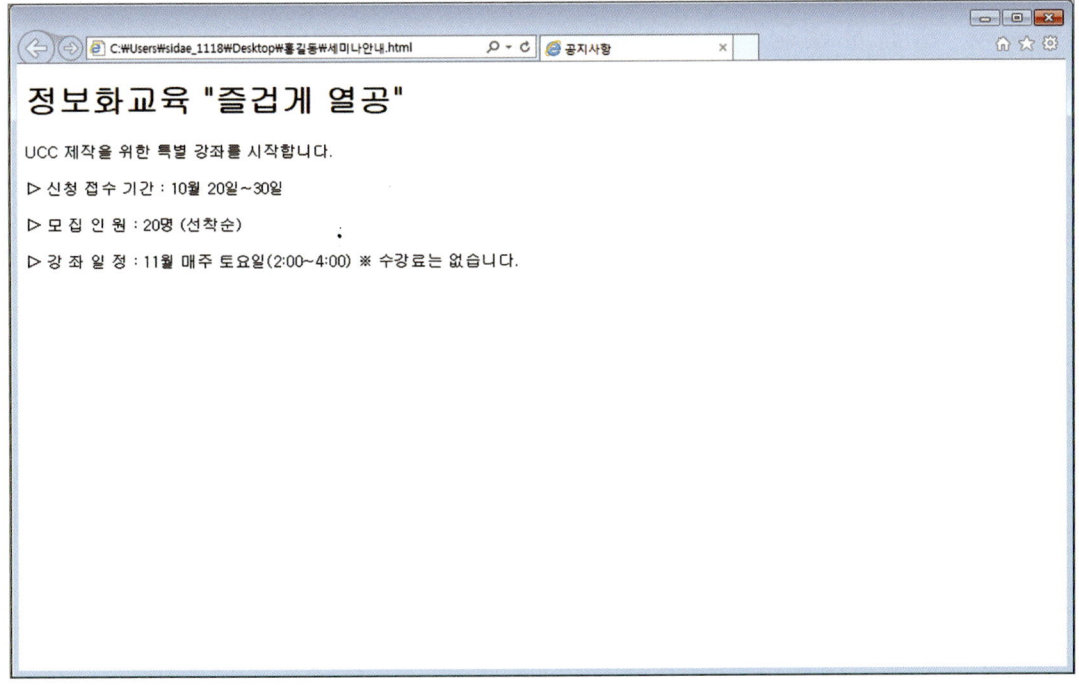

빈 칸 추가하기

01 **메모장으로 돌아와** ⟨body⟩ 태그 영역의 HTML 코드를 다음과 같이 **수정**한 후 Ctrl + S 키를 눌러 **저장(덮어쓰기)**합니다. 2개 이상의 빈 칸을 표시할 때는 를 삽입합니다.

```
<body>
    <h1> 정보화교육 "즐겁게 열공" </h1>

    <p>UCC 제작을 위한 특별 강좌를 시작합니다.</p>

    <p>▷ 신청 접수 기간 : 10월 20일~30일</p>
    <p>▷ 모   집   인   원 : 20명 (선착순)</p>
    <p>▷ 강   좌   일   정 : 11월 매주 토요일(2:00~4:00)</p>

    <p>※ 수강료는 없습니다.</p>
</body>
```

02 브라우저 창으로 돌아가 F5 키를 눌러 결과를 확인합니다. 띄어쓰기가 추가된 것을 확인할 수 있습니다.

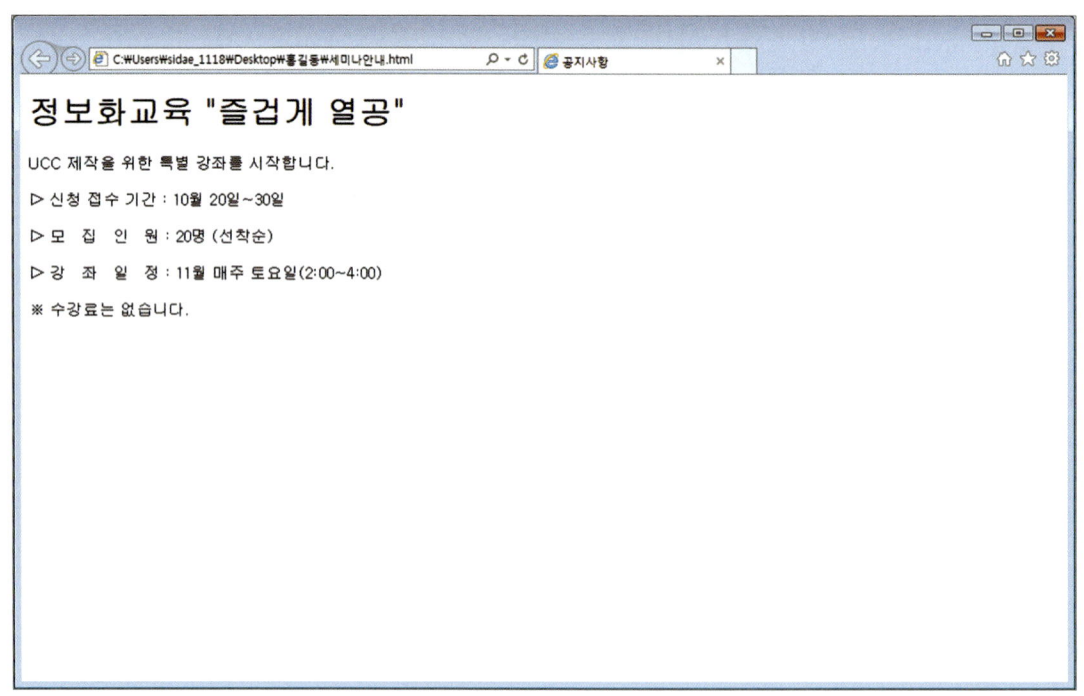

문단 정렬하기

01 메모장으로 돌아와 〈body〉 태그 영역의 **마지막 〈p〉 태그**를 다음과 같이 **수정**한 후 `Ctrl` + `S` 키를 눌러 저장(덮어쓰기)합니다.

```
<body>
    <h1 style="text-align:center;"> 정보화교육 "즐겁게 열공" </h1>

    <p>UCC 제작을 위한 특별 강좌를 시작합니다.</p>

    <p>▷ 신청 접수 기간 : 10월 20일~30일</p>
    <p>▷ 모   집   인   원 : 20명 (선착순)</p>
    <p>▷ 강   좌   일   정 : 11월 매주 토요일(2:00~4:00)</p>

    <p style="text-align:right;">※ 수강료는 없습니다.</p>
</body>
```

배움터 text-align 속성 값

- left : 왼쪽 정렬
- right : 오른쪽 정렬
- center : 가운데 정렬
- justify : 양쪽 정렬

02 브라우저 창으로 돌아가 `F5` 키를 눌러 결과를 확인합니다.

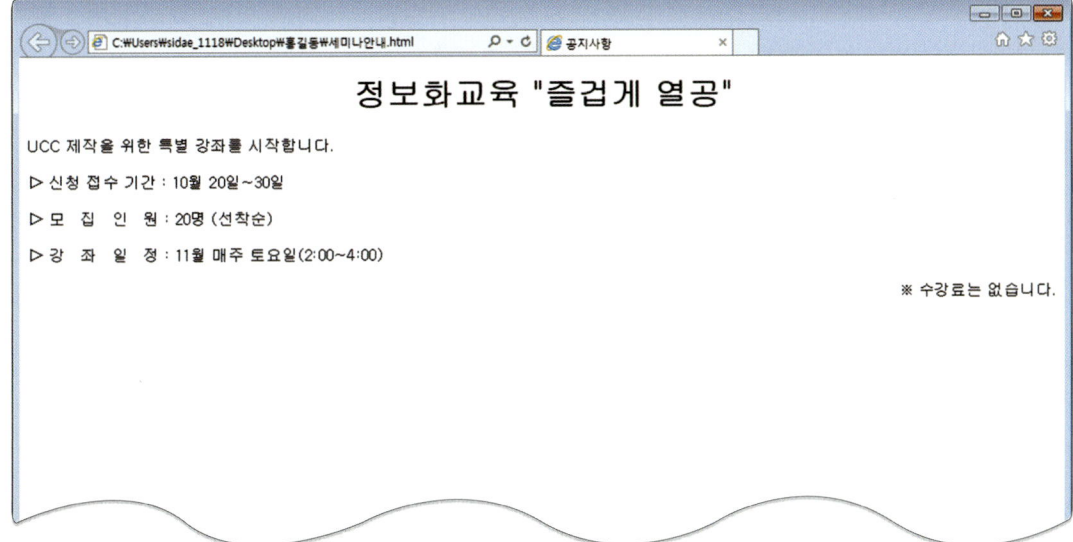

배움터 단락(문단)의 정렬 방식을 지정할 때 활용되었던 〈h1〉~〈h6〉, 〈p〉 태그의 align 속성은 HTML5 버전에서는 폐지되었습니다.
예 〈p align="center"〉가운데 정렬〈/p〉

04 문단 배경색 지정하기

〈div〉 태그

01 메모장으로 돌아와 〈body〉 태그 영역에 다음과 같이 **〈div〉 태그를 삽입**한 후 **Ctrl** + **S** 키를 눌러 저장(덮어쓰기)합니다.

```html
<body>
    <div style="background-color:pink;">
        <h1 style="text-align:center;"> 정보화교육 "즐겁게 열공" </h1>

        <p>UCC 제작을 위한 특별 강좌를 시작합니다.</p>

        <p>▷ 신청 접수 기간 : 10월 20일~30일</p>
        <p>▷ 모   집   인   원 : 20명 (선착순)</p>
        <p>▷ 강   좌   일   정 : 11월 매주 토요일(2:00~4:00)</p>

        <p style="text-align:right;">※ 수강료는 없습니다.</p>
    </div>
</body>
```

02 브라우저 창으로 돌아가 **F5** 키를 눌러 결과를 확인합니다. 특정 범위가 묶여 같은 스타일(서식)이 적용되는 것을 확인할 수 있습니다.

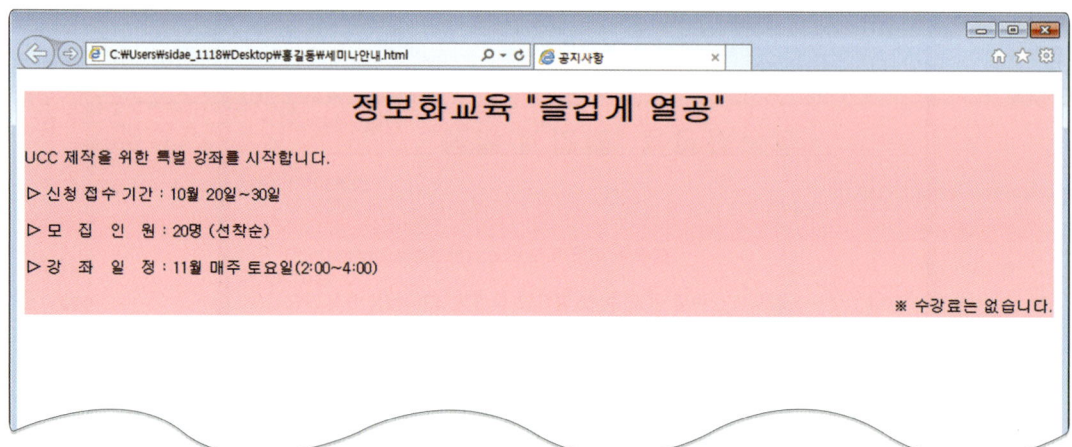

배움터 · 색상 지정하기

- **방법-1** : 색 이름을 직접 입력하여 지정합니다. 이때 대소문자의 구분은 없습니다.
- **방법-2** : 『#RRGGBB』 방식으로 입력하여 지정합니다. R은 '빨강', G는 '녹색', B는 '파랑'을 각각 의미합니다. 각 값은 16진수, 즉 0~F(10~15까지의 값을 A~F로 표현)로 표현하여 그 농도를 지정합니다.
- **방법-3** : 『RGB(n, n, n)』 방식으로 입력하여 지정합니다. n은 0~255까지의 범위를 이용하여 그 농도를 지정합니다. ('n%'로 표시하는 경우 n은 0~100까지의 범위 안에서 지정)

05 경계선 넣기

〈hr〉 태그

01 메모장으로 돌아와 〈body〉 태그 영역에 다음과 같이 **〈hr〉 태그를 삽입**한 후 Ctrl + S 키를 눌러 저장(덮어쓰기)합니다.

```
<body>
    <div style="background-color:pink;">
        <h1 style="text-align:center;"> 정보화교육 "즐겁게 열공" </h1>
        <hr>
        <p>UCC 제작을 위한 특별 강좌를 시작합니다.</p>

        <p>▷ 신청 접수 기간 : 10월 20일~30일</p>
        <p>▷ 모   집   인   원 : 20명 (선착순)</p>
        <p>▷ 강   좌   일   정 : 11월 매주 토요일(2:00~4:00)</p>

        <p style="text-align:right;">※ 수강료는 없습니다.</p>
    </div>
</body>
```

02 브라우저 창으로 돌아가 F5 키를 눌러 결과를 확인합니다. 가로 선이 들어간 것을 확인할 수 있습니다.

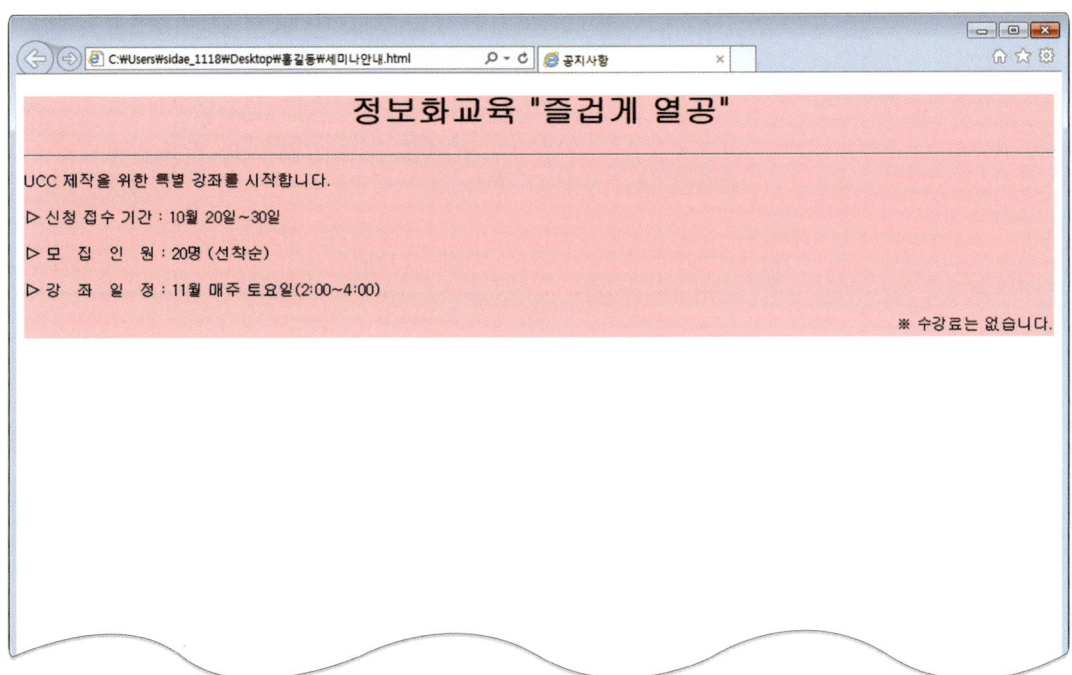

> **배움터** 이전의 〈hr〉 태그는 단순히 시각적인 표현을 하기 위한 가로선으로 활용되었지만, HTML5부터는 단락 단위에서 의미가 바뀌는 부분을 나타낼 때 사용하는 요소입니다.

1 다음과 같은 HTML 코드를 작성한 후, '나눔사랑.html'로 저장해 봅니다.

```html
<!DOCTYPE html>
<html>
    <head>
        <title> 나눔&amp;사랑&amp;배려&amp;실천 </title>
    </head>
    <body>
        <div style="background-color:#ffcc33; text-align:center;">
            <br>
            <h2> &quot;나눔 사랑&quot;은 </h2>
            <p>
                &lt;모두가 행복한 세상을 꿈꾸는 사람들&gt;의 작은 실천 모임입니다.
            </p>
            <hr>
            <p>
                행복을 나누고 싶은 사람들 <br>
                즐거움을 나누고 싶은 사람들 <br>
                기쁨을 나누고 싶은 사람들 <br>
                재능을 나누고 싶은 사람들
            </p>
            <br>
        </div>
    </body>
</html>
```

▲ 결과 화면

03 글자 관련 태그 살펴보기-2

이번 장에서는 글자의 속성을 변경하는 방법에 대해 살펴봅니다. 또한, 스타일시트(CSS)를 이용하여 여러 서식을 한 번에 묶어 등록하고 사용하는 방법에 대해서도 알아보도록 하겠습니다.

무엇을 배울까요?

- 글자 꾸미기 : 진하게(⟨strong⟩|⟨b⟩), 기울임꼴(⟨em⟩|⟨i⟩), 밑줄(⟨ins⟩|⟨u⟩), 취소선(⟨del⟩|⟨s⟩), 위첨자(⟨sup⟩), 아래첨자(⟨sub⟩), 형광펜(⟨mark⟩)
- 영역 설정하기 : ⟨span⟩
- 글꼴/크기/색상/음영색 지정하기 : style 속성(font-family, font-size, color, background-color)
- 스타일시트(CSS) 활용하기 : ⟨style⟩, * 선택자, 태그 선택자, 클래스 선택자

글자 꾸미기-1 : 글자 진하게/기울임/밑줄/취소선 표시하기

01 메모장을 실행한 후, 다음과 같이 HTML 코드를 작성하고 '**글자꾸미기-1.html**'로 **저장**합니다.

```
<!DOCTYPE html>
<html>
    <head>
        <title> 글자 꾸미기 </title>
    </head>
    <body>
        <p>글자 진하게 (예) <strong> strong 태그 사용 </strong></p>
        <p>글자 진하게 (예) <b> b 태그 사용 </b></p>
        <p>글자 기울임 (예) <em> em 태그 사용 </em></p>
        <p>글자 기울임 (예) <i> i 태그 사용 </i></p>
        <p>글자 밑줄 (예) <ins> ins 태그 사용 </ins></p>
        <p>글자 밑줄 (예) <u> u 태그 사용 </u></p>
        <p>글자 삭제 표시 (예) <del> del 태그 사용 </del></p>
        <p>글자 취소 표시 (예) <s> s 태그 사용 </s></p>
    </body>
</html>
```

02 저장한 위치(폴더)를 찾아 '**글자꾸미기-1.html**' 파일을 **더블 클릭**하여 실행한 후, 결과를 확인합니다.

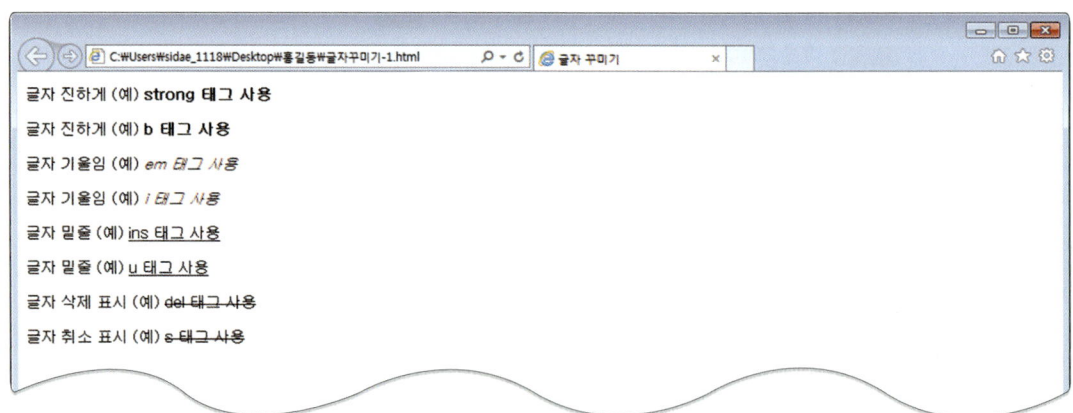

> **배움터** `<strong>`과 `<b>`, `<em>`과 `<i>`, `<u>`와 `<ins>`, `<del>`과 `<s>`는 나타나는 모습은 동일합니다. 그러나 단순 강조인지, 중요도를 표시하는 것인지 등 담고 있는 의미(사용처)가 약간 씩 다릅니다. 의미 있는 것과 없는 코드를 구분하여 HTML 코드를 작성하면 다른 사람도 코드만 보고 그 의도와 구성을 파악할 수 있어 수정이 쉬워집니다.

02 글자 꾸미기-2 : 글자 크기/글꼴/색상 변경하기

01 메모장에서 [파일]-[새로 만들기]를 선택한 후, 다음과 같이 HTML 코드를 작성하고 '**글자꾸미기-2.html**'로 저장합니다.

```
<!DOCTYPE html>
<html>
    <head>
        <title> 글자 꾸미기 </title>
    </head>
    <body>
        <p>위첨자 (예) 2 <sup> 3 </sup> = 8 </p>
        <p>아래첨자 (예) H <sub> 2 </sub> O </p>
        <p>글자 크기 변경 (예) <span style="font-size:24pt;">HTML</span> 공부하기</p>
        <p>글자 글꼴 변경 (예) <span style="font-family:궁서;">HTML</span> 공부하기</p>
        <p>글자 색상 변경 (예) <span style="color:orange;">HTML</span> 공부하기</p>
        <p>글자 배경 색상 변경 (예) <span style="background-color:pink;"> HTML </span> 공부하기</p>
        <p>마크(형광펜) 표시 (예) <mark> HTML </mark> 공부하기</p>
    </body>
</html>
```

02 저장한 위치(폴더)를 찾아 '**글자꾸미기-2.html**' 파일을 더블 클릭하여 실행한 후, 결과를 확인합니다.

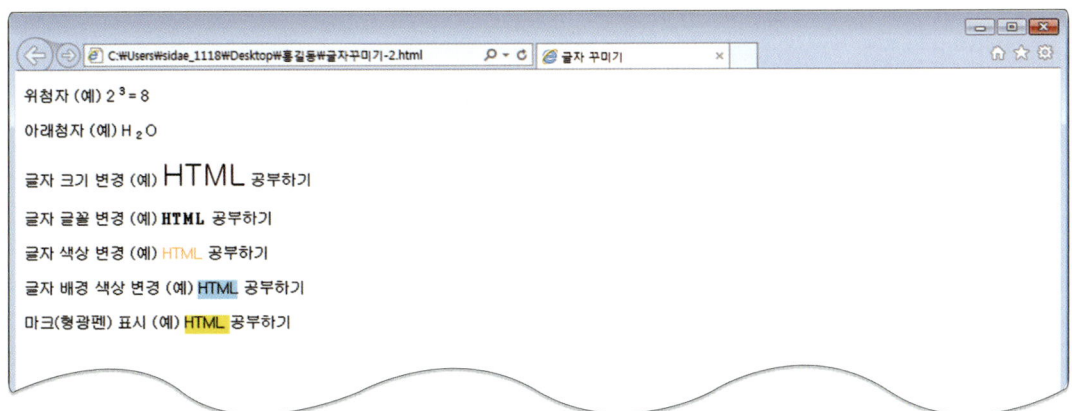

> **배움터** <span> 태그는 <div> 태그와 달리 글자의 일부분을 영역(범위)으로 설정할 때 활용할 수 있습니다.

03 스타일시트(CSS)

스타일시트란?

- 스타일시트(CSS)는 'Cascading Style Sheets'의 약어로, 웹 문서의 디자인적인 부분을 관리합니다. 내용과 디자인을 분리하여, 반복되는 서식이나 추후 서식 변경 시 작업을 간단하고 빠르게 해줍니다.
- HTML5의 경우 'text/css' 스타일시트가 기본으로 설정되어 있습니다.

스타일시트 가져오기

- **방법-1** : style 속성을 사용하여 직접 스타일 지정하기 → 각 요소별
- **방법-2** : 모아서 스타일 지정하기 → 〈head〉 태그 사이에 〈style〉 태그로 묶어 입력
- **방법-3** : 지정하고 싶은 스타일만 모아 놓은 텍스트 파일(*.css), 즉 외부 스타일 시트 가져오기 → link 또는 @import 사용

스타일시트의 기본 형태

스타일시트(CSS)는 기본적으로 선택자(Selector), 속성(Atribute), 값(Value)으로 구성됩니다.

- **선택자** : 속성이 적용될 대상을 지칭합니다. '*'을 입력하면 웹 문서 내의 모든 요소를 대상으로 하며, 특정 태그의 스타일을 변경하여 적용하려면 태그 이름을 입력합니다. 특정 부분에 스타일을 적용하려면 '.클래스명'이나 '태그.클래스명', '#id이름' 형식을 이용합니다. 이외에 여러 선택자 종류들이 있습니다.
- **속성** : 실질적인 기능으로, 어떤 스타일을 부여할지를 지정합니다. { } 안에 ;(세미콜론)으로 구분하여 여러 개를 지정할 수 있습니다.
- **값** : 속성에 따라 지정되는 값 형태 및 범위는 달라집니다.

04 글자 꾸미기-3 : 스타일시트(CSS) 활용하여 일괄 적용하기

같은 서식을 여러 곳에 사용할 때 효율적인 스타일시트(CSS)를 활용하는 방법에 대하여 살펴보도록 하겠습니다.

기본 형태 입력하기

01 **메모장에서 [파일]-[새로 만들기]를 선택**한 후, 다음과 같이 **HTML 코드를 작성**하고 **'단계별학습.html'로 저장**합니다.

```
〈!DOCTYPE html〉
〈html〉
    〈head〉
        〈title〉 정보화교육을 위한 Step by Step 〈/title〉
    〈/head〉
    〈body〉
        〈h2〉1단계 | 정보화 교육 기초 입문서〈/h2〉
        〈p〉뚝딱뚝딱 배우는 한글 2010〈/p〉
        〈p〉뚝딱뚝딱 배우는 엑셀 2010〈/p〉
        〈p〉뚝딱뚝딱 배우는 파워포인트 2010〈/p〉
        〈br〉
        〈h2〉2단계 | 정보화 교육 기본 활용서〈/h2〉
        〈p〉스마트한 생활을 위한 한글 2010〈/p〉
        〈p〉스마트한 생활을 위한 엑셀 2010〈/p〉
        〈p〉스마트한 생활을 위한 파워포인트 2010〈/p〉
        〈br〉
        〈h2〉3단계 | 도전~자격증〈/h2〉
        〈p〉스마트한 생활을 위한 한글 2010〈/p〉
        〈p〉스마트한 생활을 위한 엑셀 2010〈/p〉
        〈p〉스마트한 생활을 위한 파워포인트 2010〈/p〉
    〈/body〉
〈/html〉
```

02 저장한 위치(폴더)를 찾아 **'단계별학습.html' 파일을 더블 클릭**하여 실행한 후, 결과를 확인합니다.

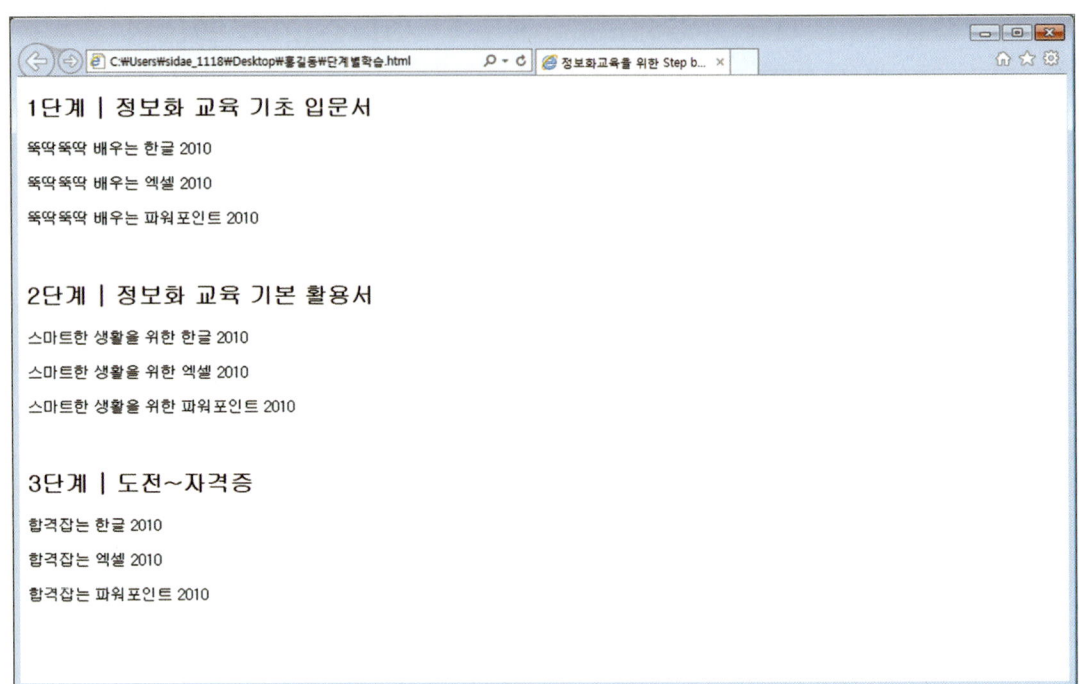

* 선택자 활용하기

문서 내의 모든 요소에 지정한 스타일을 적용합니다.

01 **메모장으로 돌아와** 〈head〉 태그 영역에 다음과 같이 **〈style〉 태그를 삽입**한 후 **Ctrl + S** 키를 눌러 **저장(덮어쓰기)**합니다.

```
〈head〉
    〈title〉 정보화교육을 위한 Step by Step 〈/title〉
    〈style〉
        * {font-family:궁서;}
    〈/style〉
〈/head〉
```

> **배움터** font 태그는 글자의 스타일(서식)을 지정하는 태그로, HTML5에서는 폐지되었습니다.
> **예** 〈font face="궁서" size="3" color="orange"〉 font 태그서식 〈/font〉

02 브라우저 창으로 돌아가 F5 키를 눌러 열려 있는 HTML 문서를 새로 고침하여 결과를 확인합니다. 모든 글자의 스타일(서식)이 변경되어 있는 것을 확인할 수 있습니다.

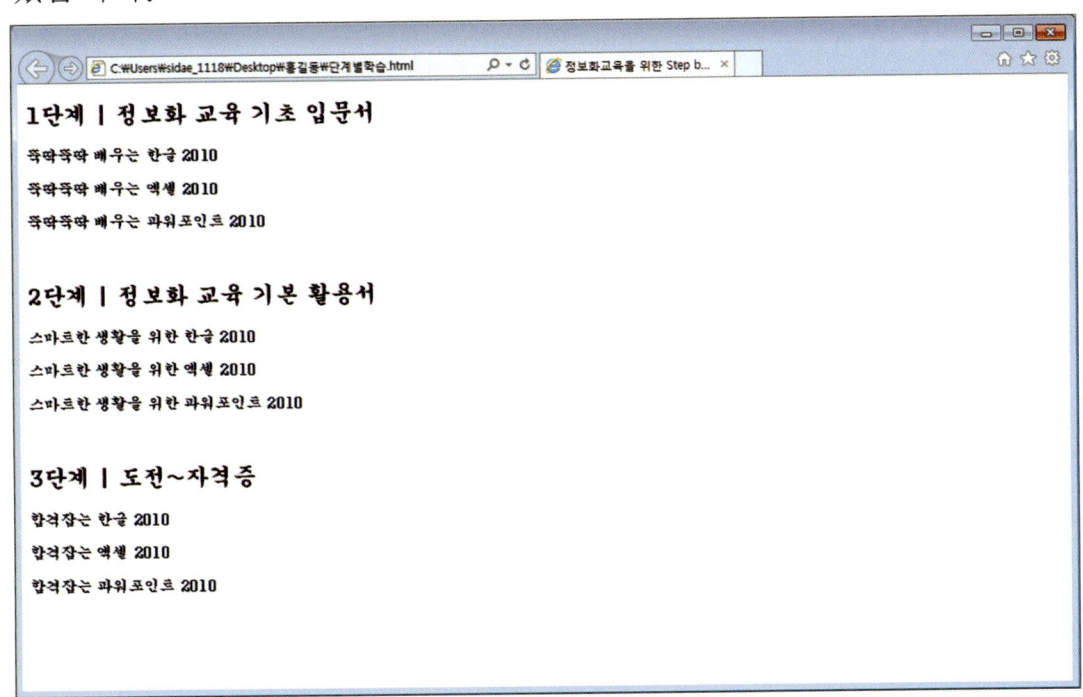

태그 선택자 활용하기

문서 내에 지정한 태그가 사용된 모든 요소에 스타일을 적용합니다.

01 메모장으로 돌아와 〈style〉 태그 영역에 다음과 같은 **내용을 추가**한 후 Ctrl + S 키를 눌러 저장(덮어쓰기)합니다.

```
〈head〉
    〈title〉 정보화교육을 위한 Step by Step 〈/title〉
    〈style〉
        * {font-family:궁서;}
        h2 {color:purple;}
    〈/style〉
〈/head〉
```

02 브라우저 창으로 돌아가 F5 키를 눌러 결과를 확인합니다.〈h2〉 태그를 사용한 제목 부분에만 스타일(서식)이 변경되어 있는 것을 확인할 수 있습니다.

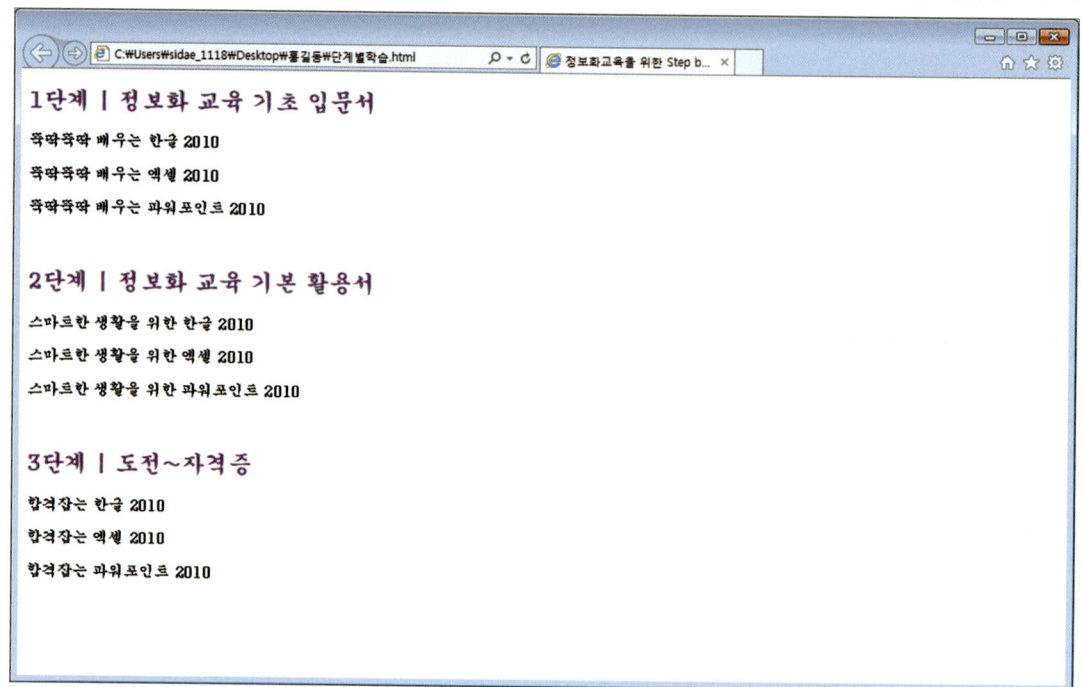

클래스 선택자 활용하기

문서 내에 특정 부분에만 스타일을 적용합니다. 클래스 이름은 태그로 사용되지 않고 있는 영문자로 사용자가 임의로 설정합니다. 정의할 때는 이름 앞에 마침표(.)를 붙이지만, 적용할 때는 붙이지 않습니다.

01 메모장으로 돌아와 〈style〉 태그 영역에 다음과 같은 **내용을 추가**합니다.

```
<head>
    <title> 정보화교육을 위한 Step by Step </title>
    <style>
        * {font-family:궁서;}
        h2 {color:purple;}
        .series1 {
            background-color:orange;
            color:white;
            font-size:10pt;
            }
    </style>
</head>
```

02 〈body〉 태그 영역에 다음과 같이 〈span〉 태그를 삽입한 후 Ctrl + S 키를 눌러 저장(덮어쓰기)합니다.

```
〈body〉
    〈h2〉1단계 | 정보화 교육 기초 입문서〈/h2〉
    〈p〉〈span class="series1"〉뚝딱뚝딱 배우는〈/span〉 한글 2010〈/p〉
    〈p〉〈span class="series1"〉뚝딱뚝딱 배우는〈/span〉 엑셀 2010〈/p〉
    〈p〉〈span class="series1"〉뚝딱뚝딱 배우는〈/span〉 파워포인트 2010〈/p〉
    〈br〉
    〈h2〉2단계 | 정보화 교육 기본 활용서〈/h2〉
    〈p〉스마트한 생활을 위한 한글 2010〈/p〉
    〈p〉스마트한 생활을 위한 엑셀 2010〈/p〉
    〈p〉스마트한 생활을 위한 파워포인트 2010〈/p〉
    〈br〉
    〈h2〉3단계 | 도전~자격증〈/h2〉
    〈p〉합격잡는 한글 2010〈/p〉
    〈p〉합격잡는 엑셀 2010〈/p〉
    〈p〉합격잡는 파워포인트 2010〈/p〉
〈/body〉
```

03 브라우저 창으로 돌아가 F5 키를 눌러 결과를 확인합니다.

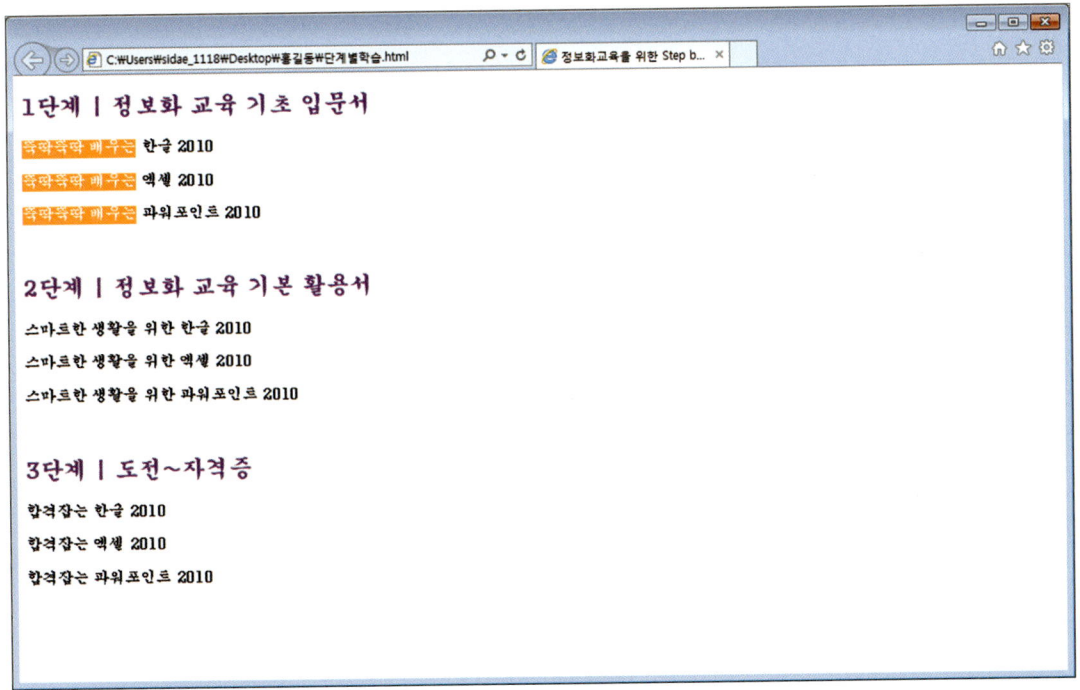

04 메모장으로 돌아와 〈style〉 태그 영역에 다음과 같은 **내용을 추가**합니다.

```
<head>
    <title> 정보화교육을 위한 Step by Step </title>
    <style>
        * {font-family:궁서;}
        h2 {color:purple;}
        .series1 {
            background-color:orange;
            color:white;
            font-size:10pt;
            }
        .series2 {
            background-color:skyblue;
            font-size:10pt;
            }
    </style>
</head>
```

05 〈body〉 태그 영역에 다음과 같이 〈span〉 태그를 **삽입**한 후 Ctrl + S 키를 눌러 **저장(덮어쓰기)**합니다.

```
<body>
    <h2>1단계 | 정보화 교육 기초 입문서</h2>
    <p><span class="series1">뚝딱뚝딱 배우는</span> 한글 2010</p>
    <p><span class="series1">뚝딱뚝딱 배우는</span> 엑셀 2010</p>
    <p><span class="series1">뚝딱뚝딱 배우는</span> 파워포인트 2010</p>
    <br>
    <h2>2단계 | 정보화 교육 기본 활용서</h2>
    <p><span class="series2">스마트한 생활을 위한</span> 한글 2010</p>
    <p><span class="series2">스마트한 생활을 위한</span> 엑셀 2010</p>
    <p><span class="series2">스마트한 생활을 위한</span> 파워포인트 2010</p>
    <br>
    <h2>3단계 | 도전~자격증</h2>
    <p>합격잡는 한글 2010</p>
    <p>합격잡는 엑셀 2010</p>
    <p>합격잡는 파워포인트 2010</p>
</body>
```

06 브라우저 창으로 돌아가 F5 키를 눌러 결과를 재확인합니다.

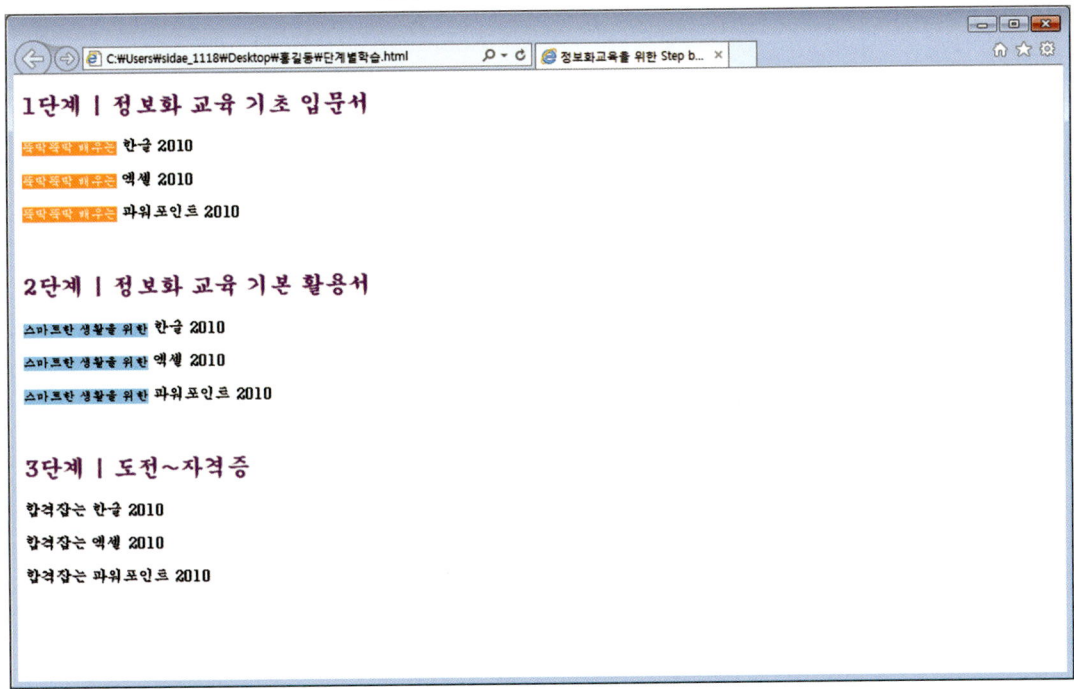

07 메모장으로 돌아와 〈style〉 태그 영역에 다음과 같은 **내용을 추가**합니다.

```
〈head〉
    〈title〉 정보화교육을 위한 Step by Step 〈/title〉
    〈style〉
        * {font-family:궁서;}
        h2 {color:purple;}
        .series1 {
            background-color:orange;
            color:white;
            font-size:10pt;
            }
        .series2 {
            background-color:skyblue;
            font-size:10pt;
            }
        .series3 {
            background-color:yellowgreen;
            color:red;
            font-size:10pt;
            }
    〈/style〉
〈/head〉
```

08 ⟨body⟩ 태그 영역에 다음과 같이 ⟨span⟩ 태그를 삽입한 후 Ctrl + S 키를 눌러 저장(덮어쓰기)합니다.

```
<body>
    <h2>1단계 | 정보화 교육 기초 입문서</h2>
    <p><span class="series1">뚝딱뚝딱 배우는</span> 한글 2010</p>
    <p><span class="series1">뚝딱뚝딱 배우는</span> 엑셀 2010</p>
    <p><span class="series1">뚝딱뚝딱 배우는</span> 파워포인트 2010</p>
    <br>
    <h2>2단계 | 정보화 교육 기본 활용서</h2>
    <p><span class="series2">스마트한 생활을 위한</span> 한글 2010</p>
    <p><span class="series2">스마트한 생활을 위한</span> 엑셀 2010</p>
    <p><span class="series2">스마트한 생활을 위한</span> 파워포인트 2010</p>
    <br>
    <h2>3단계 | 도전~자격증</h2>
    <p><span class="series3">합격잡는</span> 한글 2010</p>
    <p><span class="series3">합격잡는</span> 엑셀 2010</p>
    <p><span class="series3">합격잡는</span> 파워포인트 2010</p>
</body>
```

09 브라우저 창으로 돌아가 F5 키를 눌러 결과를 확인합니다.

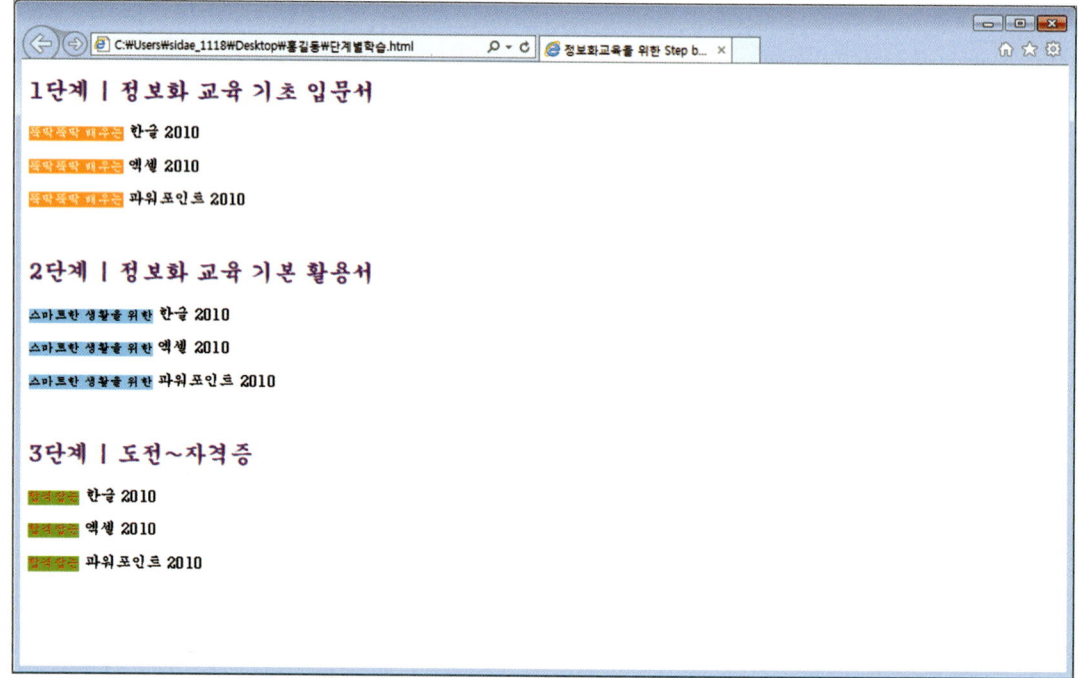

1 다음과 같은 HTML 코드를 작성한 후, '컴퓨터의구성.html'로 저장해 봅니다.

```
<!DOCTYPE html>
<html>
    <head>
        <title> 컴퓨터 입문 </title>
        <style>
            h2 {
                font-family:궁서;
                }
            .highlighter {
                color: brown;
                background-color:wheat;
                }
        </style>
    </head>

    <body>
        <h2 class="highlighter">컴퓨터의 구성</h2>
        <p>컴퓨터는 크게 <strong><em>하드웨어와 소프트웨어</em></strong>로 구성된다.</p>
        <p><span class="highlighter">하드웨어</span>는 키보드, 마우스, 스캐너 등과
            같은 <ins>입력 장치</ins>, 모니터, 프린터, 스피커 등과 같은 <ins>출력 장치
            </ins>, 본체(CPU, 메모리 등)를 구성하는 <ins>연산/제어 및 저장 장치</ins>
            등을 말하며, 사람의 육체와 같다.</p>
        <p><span class="highlighter">소프트웨어</span>는 윈도우, 리눅스, 맥OS Si-
            erra 등과 같은 <ins>운영체제</ins>, 한글 2010, 엑셀 2010, 파워포인트 2010
            등과 같은 <ins>응용 프로그램</ins>으로 구분되며, 사람의 정신과 같다.</p>
    </body>
</html>
```

> 클래스 이름은 사용자 마음대로 설정하세요.
> 단, 태그와 중복되지 않도록 주의하세요.

▲ 결과 화면

04 목록 관련 태그 살펴보기

이번 장에서는 순서가 없는 목록과 순서가 있는 목록을 만드는 방법에 대해 살펴보도록 하겠습니다. 또한 특정 용어에 대한 설명을 할 때 사용하는 태그에 대해서도 알아보도록 하겠습니다. 목록 관련 태그는 CSS와 함께 활용하여 메뉴를 구성할 때도 활용되지만, 여기서는 간단하게 내용을 정리하는 용도로만 살펴봅니다.

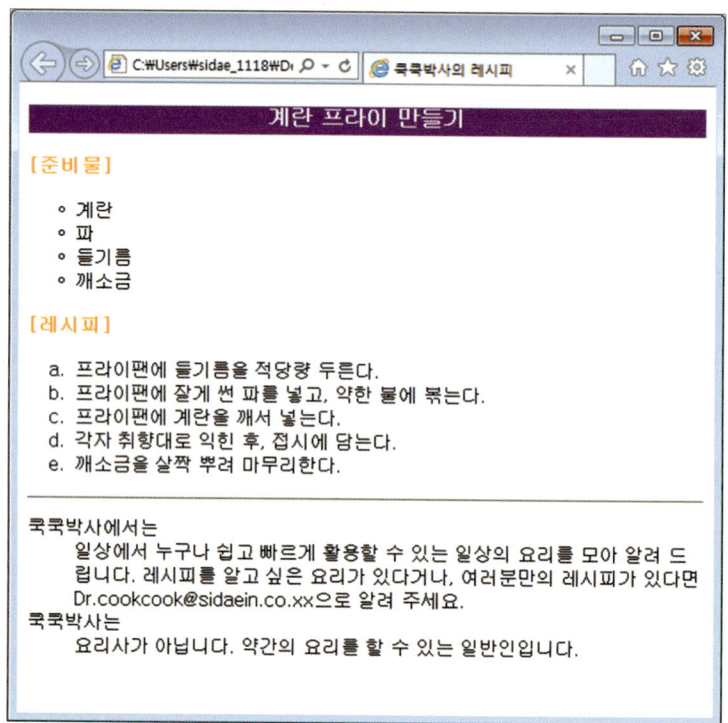

무엇을 배울까요?

- 순서가 없는 목록 만들기 : ⟨ul⟩, ⟨li⟩
- 목록 기호의 모양(종류) 변경하기 : list-style-type 속성
- 순서가 있는 목록 만들기 : ⟨ol⟩, ⟨li⟩
- 목록 번호의 모양(종류) 변경하기 : type 속성
- 설명(정의) 목록 만들기 : ⟨dl⟩, ⟨dt⟩, ⟨dd⟩

 ## 순서가 없는 목록 만들기

기본 형태 입력하기

01 **메모장을 실행**한 후, 다음과 같이 **HTML 코드를 작성**하고 '**레시피.html**'로 **저장**합니다.

```
<!DOCTYPE html>
<html>
    <head>
        <title> 쿡쿡박사의 레시피 </title>
    </head>

    <body>
        <h3>계란 프라이 만들기</h3>

        <p>[준비물]</p>
        계란
        파
        들기름
        깨소금

        <p>[레시피]</p>
        프라이팬에 들기름을 적당량 두른다.
        프라이팬에 잘게 썬 파를 넣고, 약한 불에 볶는다.
        프라이팬에 계란을 깨서 넣는다.
        각자 취향대로 익힌 후, 접시에 담는다.
        깨소금을 살짝 뿌려 마무리한다.
    </body>
</html>
```

02 저장한 위치(폴더)를 찾아 '**레시피.html**' **파일을 더블 클릭**하여 실행한 후, 결과를 확인합니다.

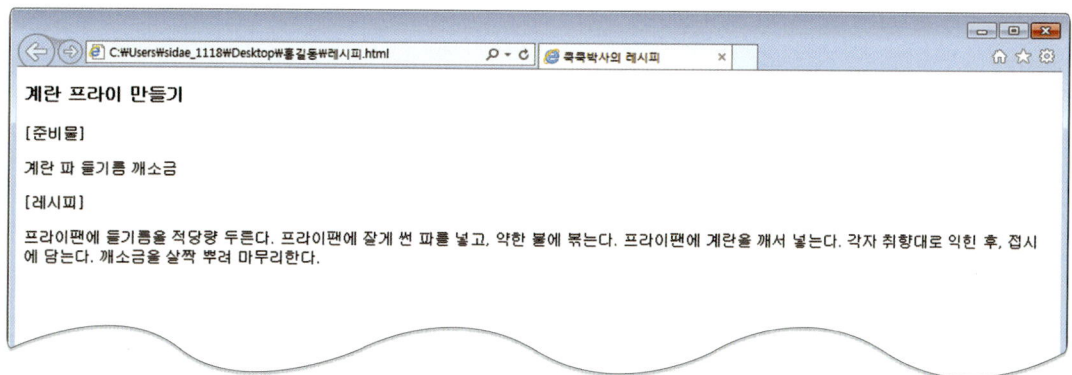

서식 꾸미기

01 〈head〉 태그 영역에 다음과 같은 내용의 **〈style〉 태그를 삽입**합니다.

```
〈head〉
    〈title〉 쿡쿡박사의 레시피 〈/title〉
    〈style〉
        h3 {
            background-color:purple;
            color:white;
            text-align:center;
        }    ┈┈┈ 클래스 이름 : 사용자 임의 설정
        .sojemok {
            color:orange;
            font-size:13pt;
        }
    〈/style〉
〈/head〉
```

02 〈body〉 태그 영역에 다음과 같이 **〈span〉 태그를 삽입**한 후, `Ctrl`+`S` 키를 눌러 **저장(덮어쓰기)**합니다.

```
〈body〉
    〈h3〉계란 프라이 만들기〈/h3〉

    〈p〉〈span class="sojemok"〉[준비물]〈/span〉〈/p〉
        계란
        파
        들기름
        깨소금

    〈p〉〈span class="sojemok"〉[레시피]〈/span〉〈/p〉
        프라이팬에 들기름을 적당량 두른다.
        프라이팬에 잘게 썬 파를 넣고, 약한 불에 볶는다.
        프라이팬에 계란을 깨서 넣는다.
        각자 취향대로 익힌 후, 접시에 담는다.
        깨소금을 살짝 뿌려 마무리한다.
〈/body〉
```

03 브라우저 창으로 돌아가 F5 키를 눌러 열려 있는 HTML 문서를 새로 고침하여 결과를 확인합니다

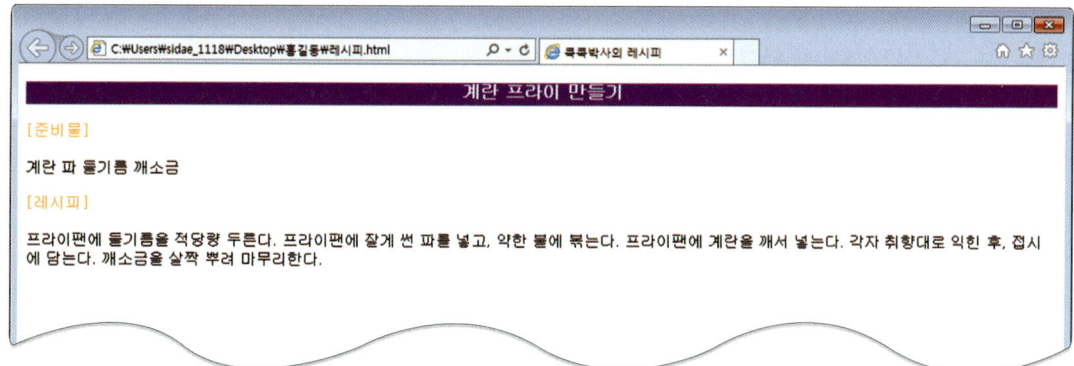

04 메모장으로 돌아와 〈style〉 태그 영역에 다음과 같은 **내용을 추가**한 후 Ctrl + S 키를 눌러 저장(덮어쓰기)합니다.

```
〈style〉
    h3 {
        background-color:purple;
        color:white;
        text-align:center;
    }
    .sojemok {
        color:orange;
        font-size:13pt;
        font-weight:bolder; /*글자의 두께를 굵게 지정합니다.*/
    }
〈/style〉
```

/* 와 */사이의 내용은 주석으로, CSS에서 사용됩니다. 주석은 코드에 영향을 주지 않습니다.

05 브라우저 창으로 돌아가 F5 키를 눌러 결과를 확인합니다. 〈body〉 태그 내의 요소를 수정하지 않아도 한번에 바뀐 것을 확인할 수 있습니다.

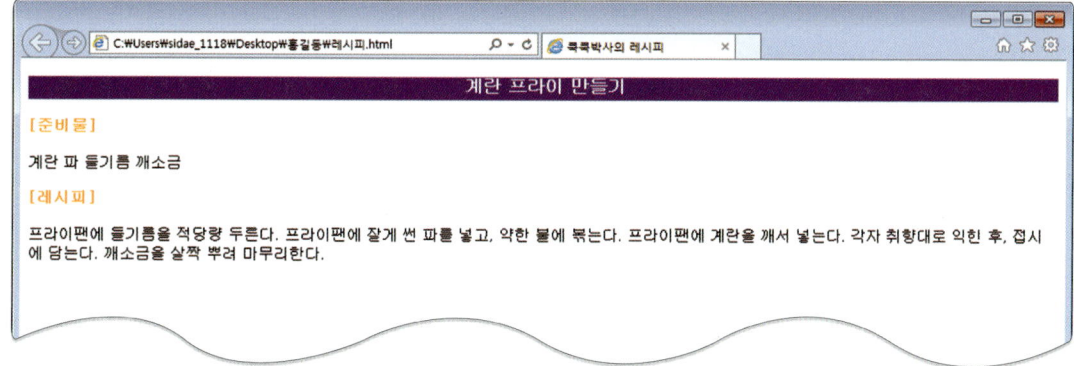

⑦ ⟨ul⟩ 태그

01 메모장으로 돌아와 ⟨body⟩ 태그 영역에 다음과 같이 ⟨ul⟩ 태그를 삽입한 후, Ctrl + S 키를 눌러 저장(덮어쓰기)합니다.

```
⟨body⟩
    ⟨h3⟩계란 프라이 만들기⟨/h3⟩

    ⟨p⟩⟨span class="sojemok"⟩[준비물]⟨/span⟩⟨/p⟩
    ⟨ul⟩
        ⟨li⟩계란⟨/li⟩
        ⟨li⟩파⟨/li⟩
        ⟨li⟩들기름⟨/li⟩
        ⟨li⟩깨소금⟨/li⟩
    ⟨/ul⟩
    ⟨p⟩⟨span class="sojemok"⟩[레시피]⟨/span⟩⟨/p⟩
        프라이팬에 들기름을 적당량 두른다.
        프라이팬에 잘게 썬 파를 넣고, 약한 불에 볶는다.
        프라이팬에 계란을 깨서 넣는다.
        각자 취향대로 익힌 후, 접시에 담는다.
        깨소금을 살짝 뿌려 마무리한다.
⟨/body⟩
```

배움터 ⟨li⟩ 태그

각 항목(목록 요소)을 의미합니다. ⟨ul⟩ 태그나 ⟨ol⟩ 태그를 구성합니다.

02 브라우저 창으로 돌아가 F5 키를 눌러 결과를 확인합니다.

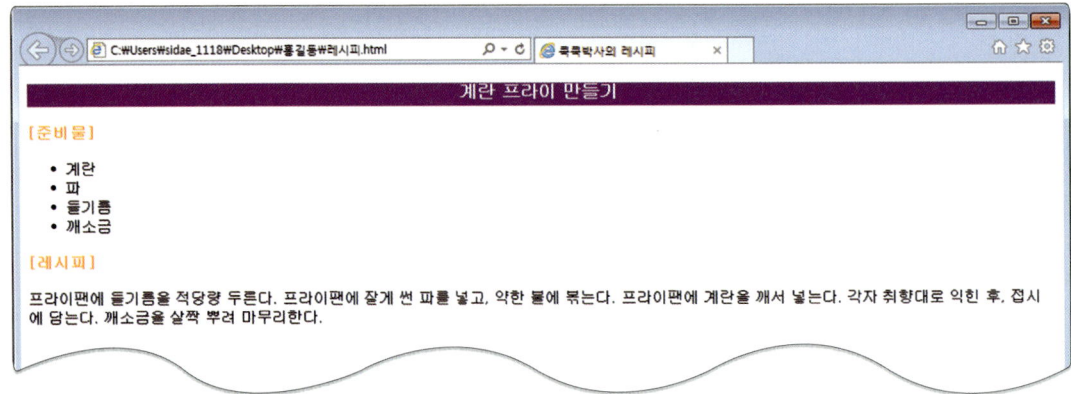

목록 모양 바꾸기

01 메모장으로 돌아와 〈style〉 태그 영역에 다음과 같은 **내용을 추가**한 후 Ctrl + S 키를 눌러 저장(덮어쓰기)합니다.

```
〈style〉
    h3 {
        background-color:purple;
        color:white;
        text-align:center;
        }
    .sojemok {
        color:orange;
        font-size:13pt;
        font-weight:bolder; /*글자의 두께를 굵게 지정합니다.*/
        }
    ul {list-style-type:circle;} /* 목록 기호 모양을 변경합니다.*/
〈/style〉
```

> **배움터** HTML5에서는 〈ul〉 태그의 type 속성은 폐지되었습니다.(〈ol〉 태그에서는 사용되고 있습니다.) 〈ul〉 태그의 기호 모양을 변경하려면 스타일시트(CSS)의 list-style-type 속성을 이용합니다.
>
> **[속성 값]** square : 속이 채워진 사각형 / circle : 속이 빈 원

02 브라우저 창으로 돌아가 F5 키를 눌러 결과를 확인합니다.

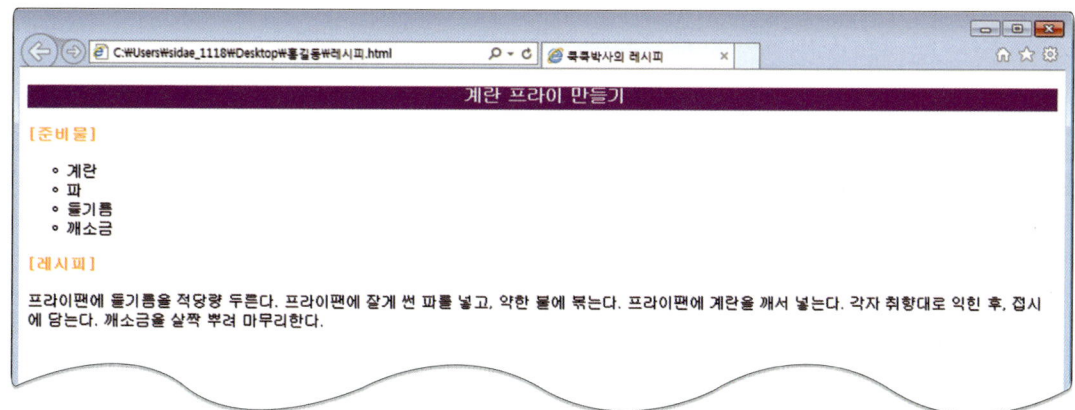

02 순서가 있는 목록 만들기

🖱 <ol> 태그

01 메모장으로 돌아와 <body> 태그 영역에 다음과 같이 <ol> 태그를 **삽입**한 후 Ctrl + S 키를 눌러 저장(덮어쓰기)합니다.

```
<body>
    <h3>계란 프라이 만들기</h3>

    <p><span  class="sojemok">[준비물]</span></p>
    <ul>
        <li>계란</li>
        <li>파</li>
        <li>들기름</li>
        <li>깨소금</li>
    </ul>
    <p><span  class="sojemok">[레시피]</span></p>
    <ol>
        <li>프라이팬에 들기름을 적당량 두른다.</li>
        <li>프라이팬에 잘게 썬 파를 넣고, 약한 불에 볶는다.</li>
        <li>프라이팬에 계란을 깨서 넣는다.</li>
        <li>각자 취향대로 익힌 후, 접시에 담는다.</li>
        <li>깨소금을 살짝 뿌려 마무리한다.</li>
    </ol>
</body>
```

02 브라우저 창으로 돌아가 F5 키를 눌러 결과를 확인합니다.

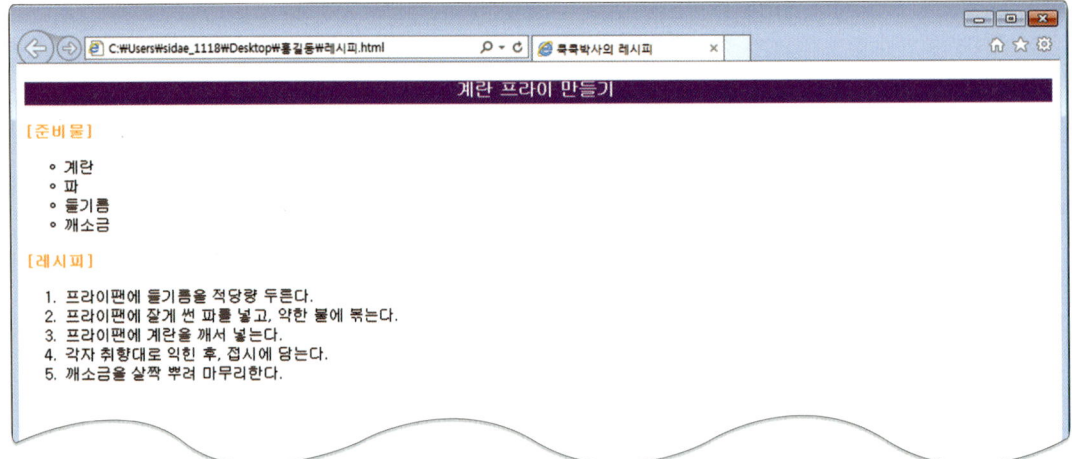

목록 번호 모양 바꾸기

01 메모장으로 돌아와 〈ol〉 태그를 다음과 같이 **수정**한 후 Ctrl + S 키를 눌러 저장(**덮어쓰기**)합니다.

```
〈ol type="a"〉
    〈li〉프라이팬에 들기름을 적당량 두른다.〈/li〉
    〈li〉프라이팬에 잘게 썬 파를 넣고, 약한 불에 볶는다.〈/li〉
    〈li〉프라이팬에 계란을 깨서 넣는다.〈/li〉
    〈li〉각자 취향대로 익힌 후, 접시에 담는다.〈/li〉
    〈li〉깨소금을 살짝 뿌려 마무리한다.〈/li〉
〈/ol〉
```

> **배움터** 〈ol〉 태그의 type 속성 값에 따른 번호 모양
> - 1 : 숫자(기본값)
> - a : 영어 소문자
> - A : 영어 대문자
> - i : 로마 숫자 소문자
> - I : 로마 숫자 대문자

02 브라우저 창으로 돌아가 F5 키를 눌러 결과를 확인합니다.

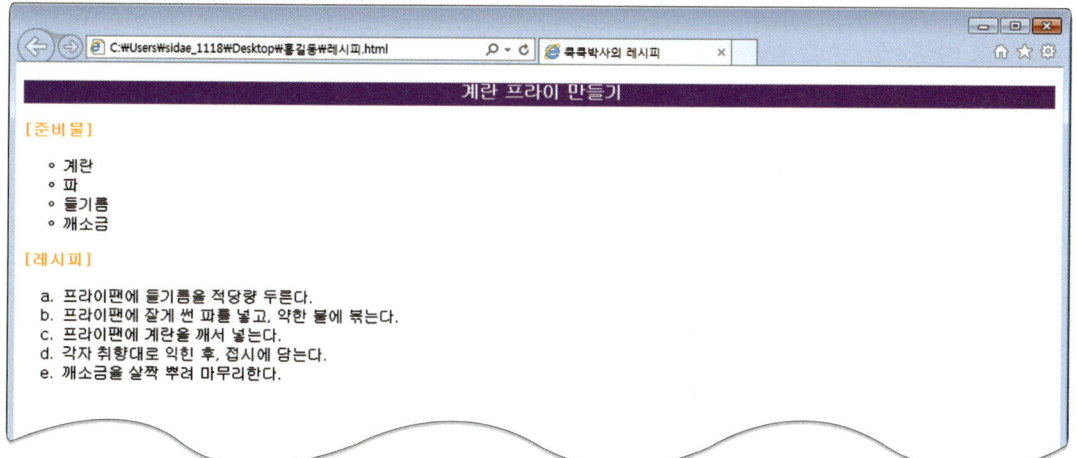

> **배움터** 〈ol〉 태그에서도 〈ul〉 태그에서 다뤘던 list-style-type 속성을 활용해 번호 표시를 변경할 수 있습니다.
> - decimal : 십진수(1부터 시작)로 표시
> - lower-roman : 로마 숫자(소문자)로 표시
> - upper-roman : 로마 숫자(대문자)로 표시
> - lower-greek : 그리스 문자로 표시
> - lower-alpha : 알파벳(소문자)으로 표시
> - upper-alpha : 알파벳(대문자)으로 표시

03 설명(정의) 목록 만들기

〈dl〉, 〈dt〉, 〈dd〉 태그

01 메모장으로 돌아와 〈body〉 태그 영역에 다음과 같이 〈hr〉 태그와 〈dl〉 태그를 삽입한 후, 〈dt〉 태그와 〈dd〉 태그를 이용하여 설명을 입력하고 Ctrl + S 키를 눌러 저장(덮어쓰기)합니다.

```
<body>
    <h3>계란 프라이 만들기</h3>
    <p><span class="sojemok">[준비물]</span></p>
    <ul>
        <li>계란</li>
            ⋮
        <li>각자 취향대로 익힌 후, 접시에 담는다.</li>
        <li>깨소금을 살짝 뿌려 마무리한다.</li>
    </ol>
    <hr>
    <dl>
        <dt>쿡쿡박사에서는</dt>    ← <dt> 태그 : 설명하고 싶은 용어(제목)
        <dd>일상에서 누구나 쉽고 빠르게 활용할 수 있는 일상의 요리를 모아 알려 드립니다. 레시피를 알고 싶은 요리가 있다거나, 여러분만의 레시피가 있다면 Dr.cookcook@sidaein.co.xx으로 알려 주세요.</dd>
        <dt>쿡쿡박사는</dt>
        <dd>요리사가 아닙니다. 약간의 요리를 할 수 있는 일반인입니다.</dd>    ← <dd> 태그 : 용어 설명(내용)
    </dl>
</body>
```

02 브라우저 창으로 돌아가 F5 키를 눌러 결과를 확인합니다.

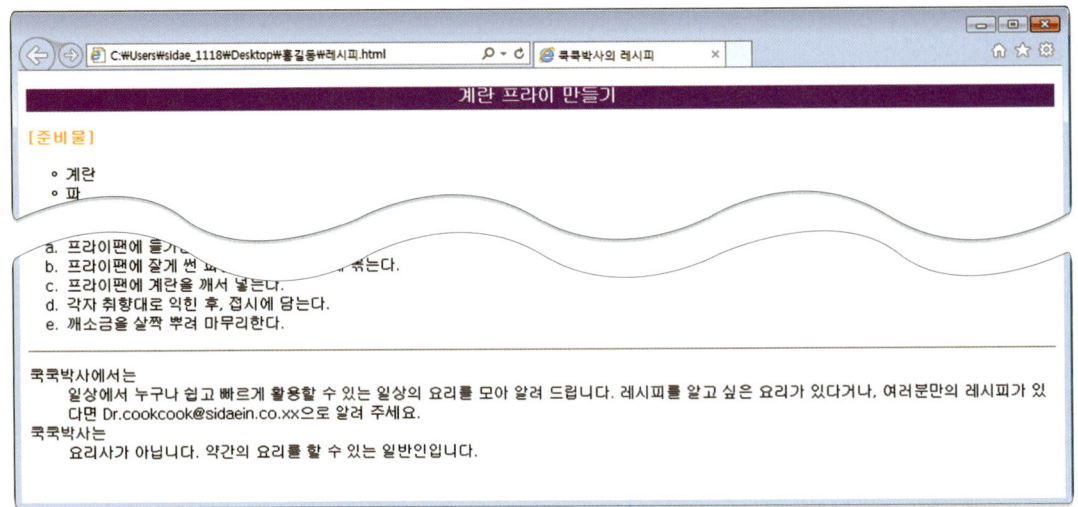

1 앞에서 작성한 '레시피.html'을 다음과 같이 수정해 봅니다.

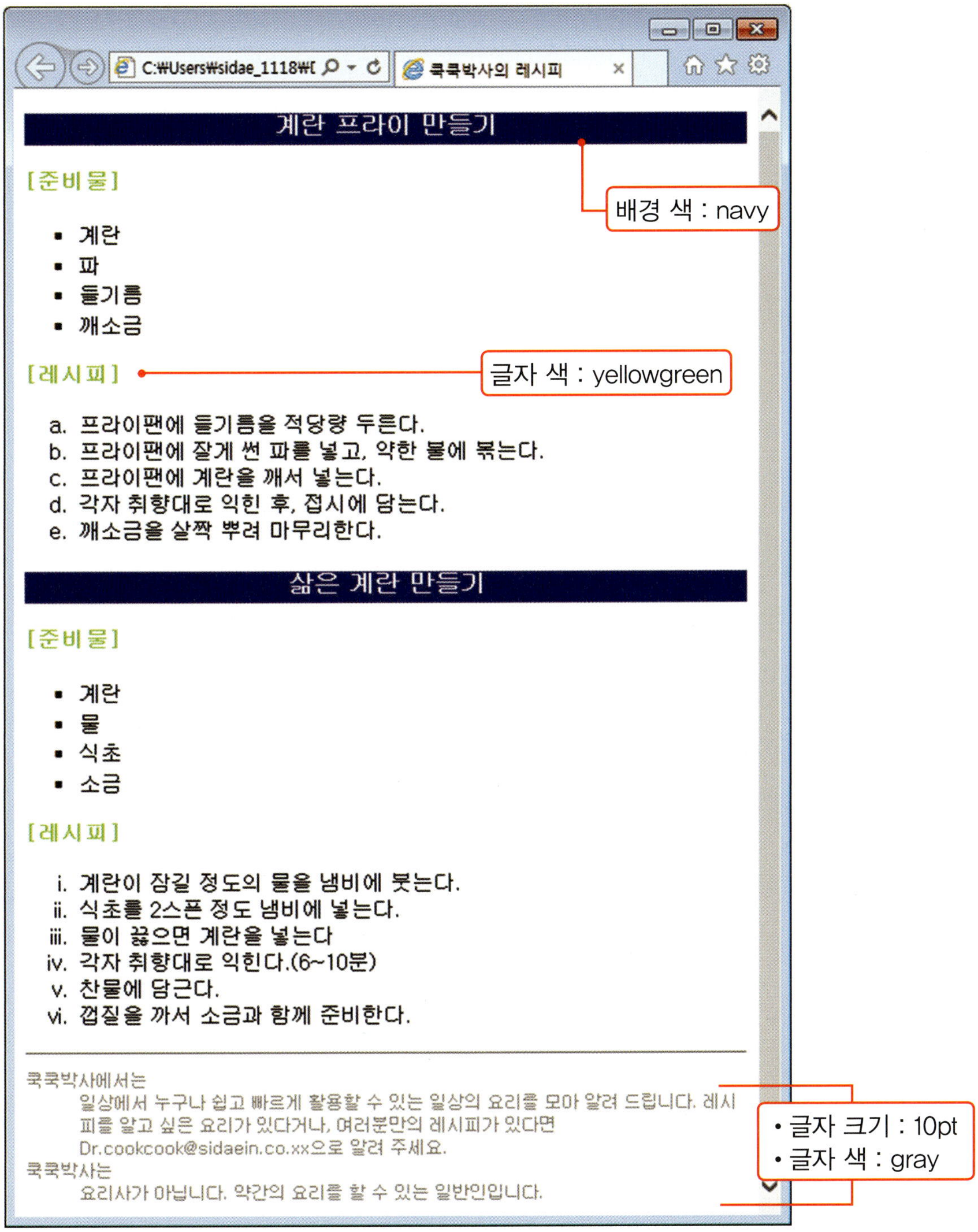

- 배경 색 : navy
- 글자 색 : yellowgreen
- 글자 크기 : 10pt
- 글자 색 : gray

> **도움터**
>
> • 앞에서 작성해 둔 '레시피.html' 파일이 없다면 제공하는 예제 파일 중 '레시피2.html' 파일을 불러와 작업을 진행합니다.

- **HTML 문서 열기** : HTML 문서를 마우스 오른쪽 단추로 클릭한 후, 바로 가기 메뉴에서 [연결 프로그램]-[메모장]을 선택합니다.

- 〈style〉 태그를 다음과 같이 수정합니다.

```
<style>
    h3 {
        background-color:navy;
        color:white;
        text-align:center;
    }
    .sojemok {
        color:yellowgreen;
        font-size:13pt;
        font-weight:bolder;
    }
    ul {list-style-type:square;}
    dl {
        font-size:10pt;
        color:gray;
    }
</style>
```

- 〈body〉 태그에 다음 내용을 추가합니다.

```
<h3>삶은 계란 만들기</h3>

<p><span class="sojemok">[준비물]</span></p>
<ul>
    <li>계란</li>
    <li>물</li>
    <li>식초</li>
    <li>소금</li>
</ul>
<p><span class="sojemok">[레시피]</span></p>
<ol type="i">
    <li>계란이 잠길 정도의 물을 냄비에 붓는다.</li>
    <li>식초를 2스푼 정도 냄비에 넣는다.</li>
    <li>물이 끓으면 계란을 넣는다</li>
    <li>각자 취향대로 익힌다.(6~10분)</li>
    <li>찬물에 담근다.</li>
    <li>껍질을 까서 소금과 함께 준비한다.</li>
</ol>
```

05 이미지 및 배경 관련 태그 살펴보기

이번 장에서는 HTML 문서에 이미지를 넣는 방법에 대해 살펴봅니다. 더불어 배경을 채우는 방법에 대해서도 알아보도록 하겠습니다.

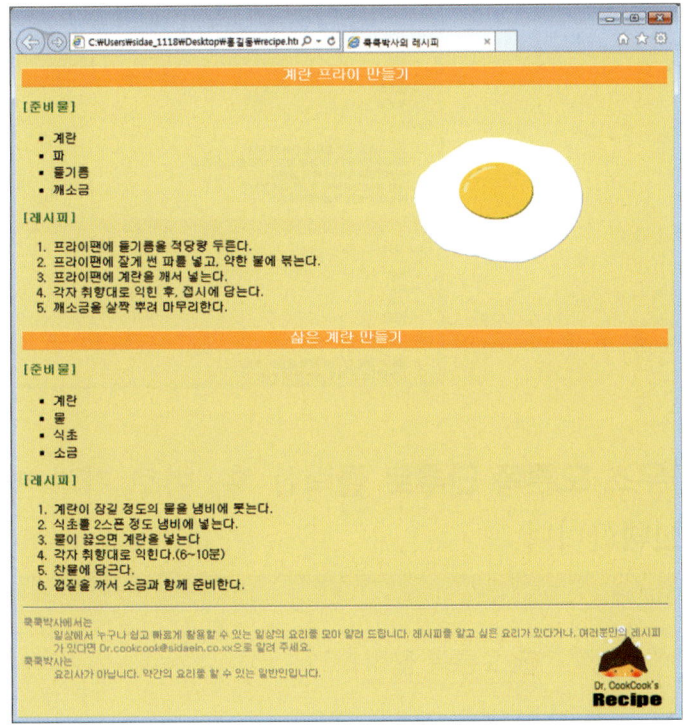

무엇을 배울까요?

- ⋯ HTML 문서 메모장으로 열기
- ⋯ 이미지 삽입하기 : ⟨img⟩, src 속성
- ⋯ 이미지 크기 조정하기 : width 속성, height 속성
- ⋯ 이미지 위치 조정하기 : float 속성
- ⋯ 이미지에 설명 달기 : alt 속성, title 속성
- ⋯ 배경에 이미지 삽입하기 : ⟨body⟩, background-image 속성
- ⋯ 배경에 이미지 반복하기 : background-repeat 속성
- ⋯ 배경에 이미지 위치 지정하기 : background-position 속성
- ⋯ 배경에 이미지 고정하기 : background-attachment 속성
- ⋯ 배경에 색 삽입하기 : background-color 속성

 예제파일 : recipe.html, [img] 폴더/fried_eggs.png

이미지 삽입하기

HTML 문서 메모장에서 열기

01 HTML 문서 파일(recipe.html)을 더블 클릭하여 해당 문서가 웹 브라우저에서 어떤 모습을 하고 있는지 확인합니다.

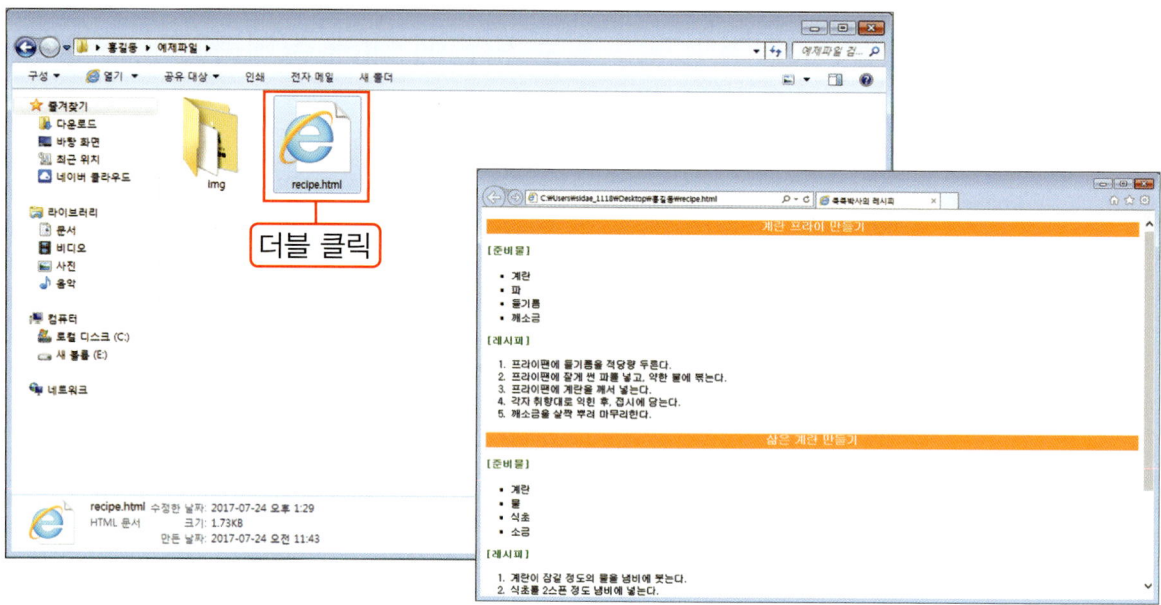

02 HTML 문서를 마우스 오른쪽 단추로 클릭한 후, 바로 가기 메뉴에서 [연결 프로그램]-[메모장]을 선택합니다.

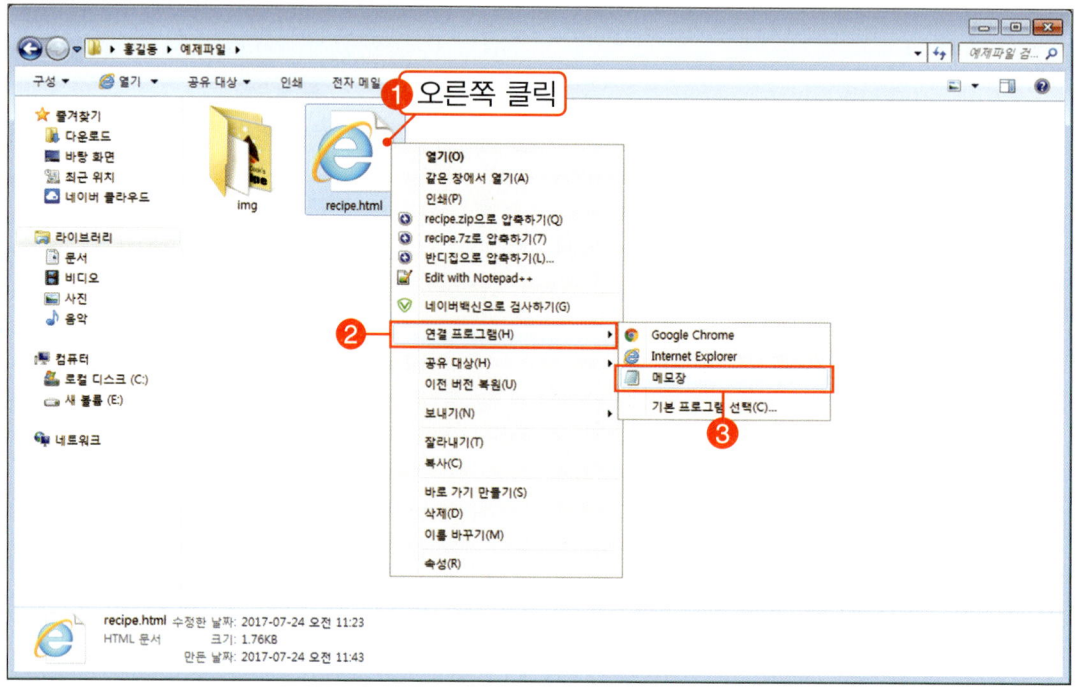

52 • 스마트한 생활을 위한 HTML 기초&활용

03 메모장에 코드가 표시됩니다.

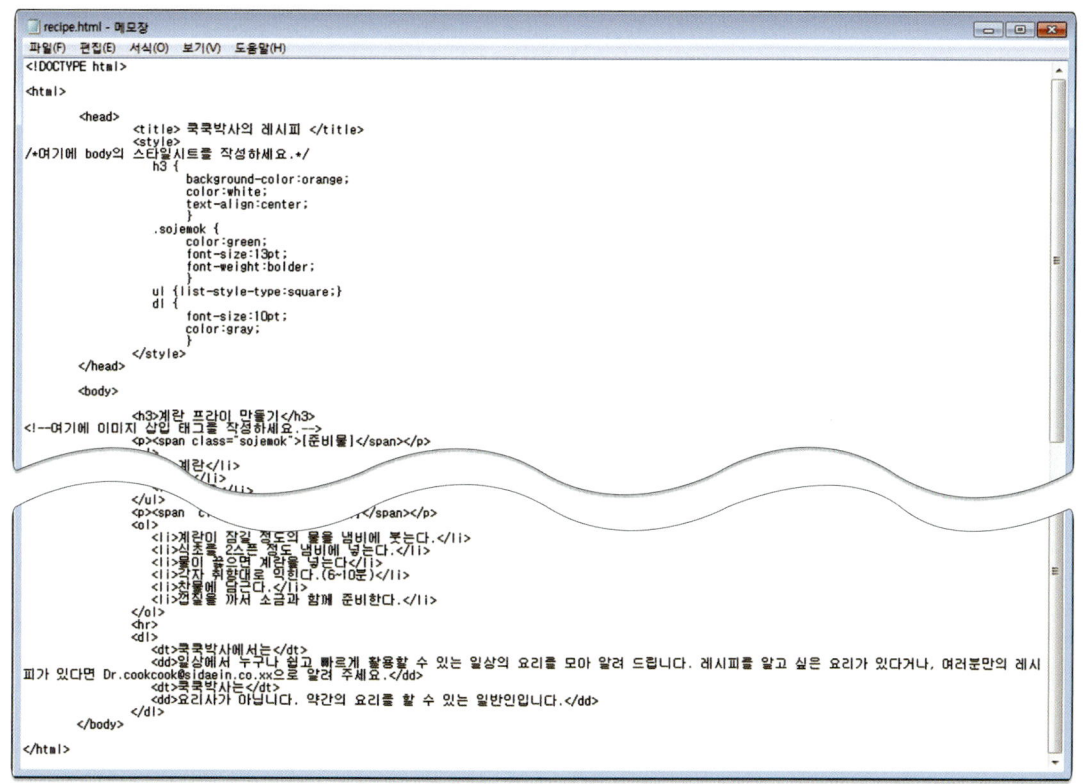

배움터 또 다른 방법

01 메모장 프로그램을 실행한 후 [파일]-[열기]를 선택합니다.
02 [열기] 대화상자가 나타나면 HTML 문서 파일이 있는 장소(폴더)를 찾아 선택합니다.
03 표시할 파일 형식을 [모든 파일(*.*)]로 선택하여 HTML 문서 파일을 목록에 표시하고, 불러올 파일을 선택한 후 [열기] 단추를 클릭합니다.

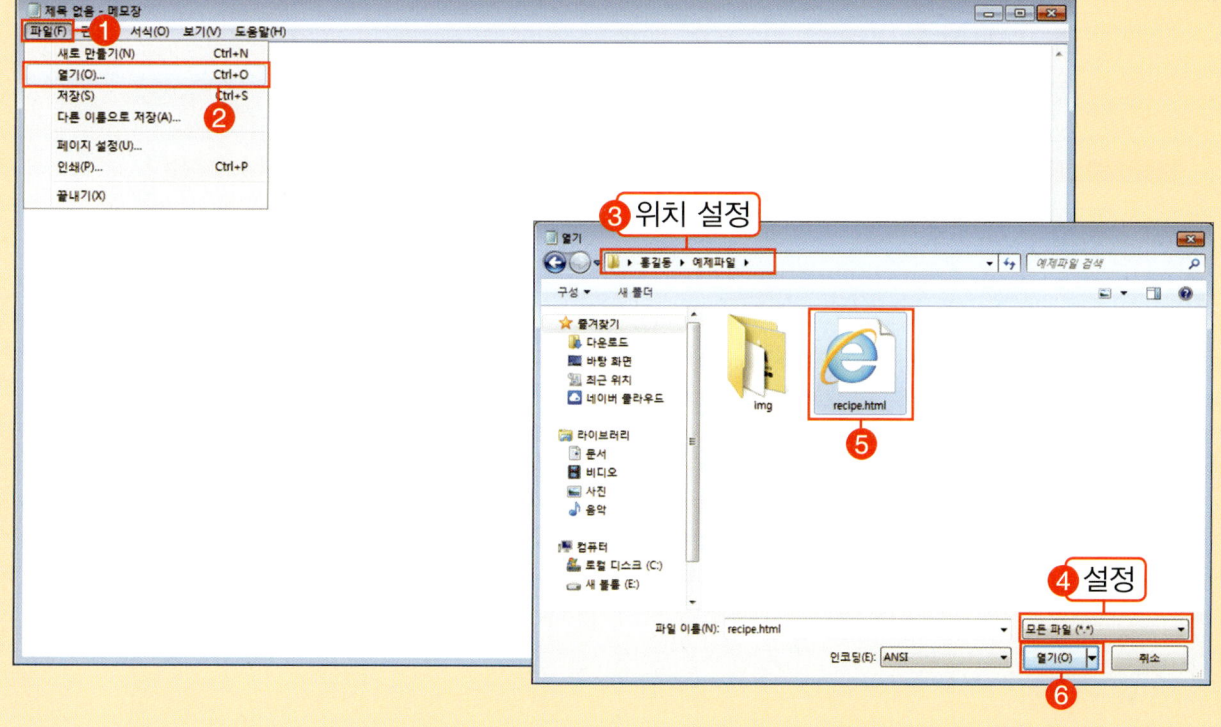

ⓓ ⟨img⟩ 태그

01 ⟨body⟩ 태그 영역에 다음과 같이 ⟨img⟩ 태그를 삽입한 후 Ctrl + S 키를 눌러 저장(덮어쓰기)합니다.

```
⟨body⟩
    ⟨h3⟩계란 프라이 만들기⟨/h3⟩
    ⟨img src="img/fried_eggs.png"⟩
    ⟨p⟩⟨span class="sojemok"⟩[준비물]⟨/span⟩⟨/p⟩
    :
⟨/body⟩
```

⟨!--여기에 이미지 삽입 태그를 작성하세요.--⟩ 라고 써 있던 주석을 지우고 입력하세요.

폴더명 : [img] 폴더는 작업 중인 HTML 문서(recipe.html)와 같은 장소에 위치해 있어야 합니다.

배움터 일반적으로 웹에서는 '*.gif', '*.jpg', '*.png' 형식의 이미지 파일을 사용할 수 있습니다. HTML5에서는 pdf 파일도 지정할 수 있습니다.

배움터 HTML 문서와 이미지 파일이 같은 장소(폴더)에 있으면 파일명만 적으면 되지만, 다른 장소에 있는 이미지 파일의 경우에는 경로를 적어 주어야 합니다.

src="폴더경로/파일명" 또는 src="파일명"

02 브라우저 창으로 돌아가 F5 키를 눌러 열려 있는 HTML 문서를 새로 고침하여 결과를 확인합니다.

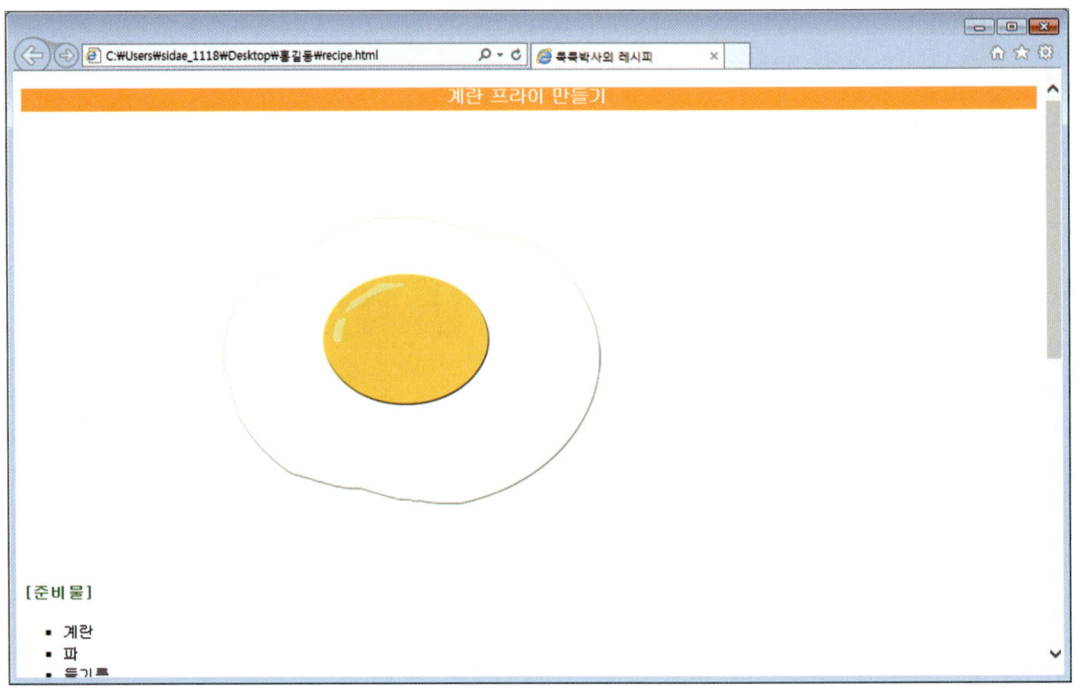

이미지 크기 및 위치 지정하기

이미지 크기 조정하기

01 메모장으로 돌아와 〈img〉 태그에 다음과 같이 **추가**한 후 Ctrl + S 키를 눌러 저장 (**덮어쓰기**)합니다.

```
<body>
    <h3>계란 프라이 만들기</h3>
    <img src="img/fried_eggs.png" width="450" height="250">
    <p><span class="sojemok">[준비물]</span></p>
                    ⋮
</body>
```

> **배움터** width 속성은 이미지의 너비를, height는 이미지의 높이를 지정할 때 사용합니다.

02 브라우저 창으로 돌아가 F5 키를 눌러 결과를 확인합니다.

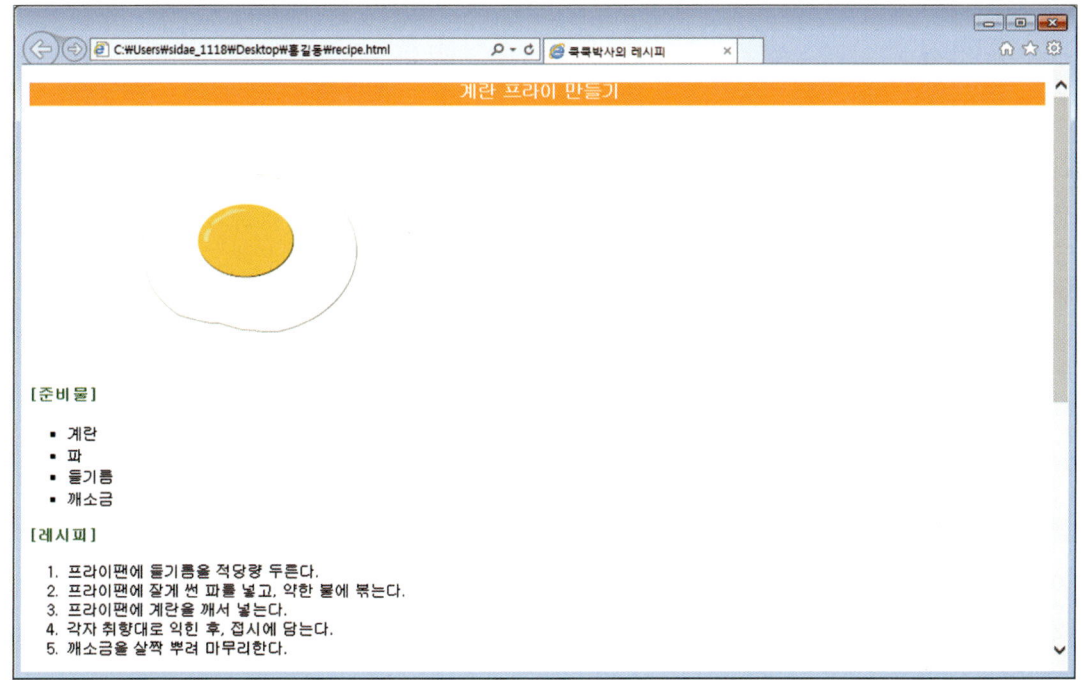

이미지 위치 조정하기

01 메모장으로 돌아와 〈img〉 태그에 다음과 같이 **추가**한 후 Ctrl + S 키를 눌러 저장(**덮어쓰기**)합니다.

```
<body>
    <h3>계란 프라이 만들기</h3>
    <img src="img/fried_eggs.png" width="450" height="250" style="float:right;">
    <p><span class="sojemok">[준비물]</span></p>
        ⋮
</body>
```

> 배움터 float 속성의 값을 'left'로 설정하면 왼쪽에 배치됩니다.

02 브라우저 창으로 돌아가 F5 키를 눌러 결과를 확인합니다.

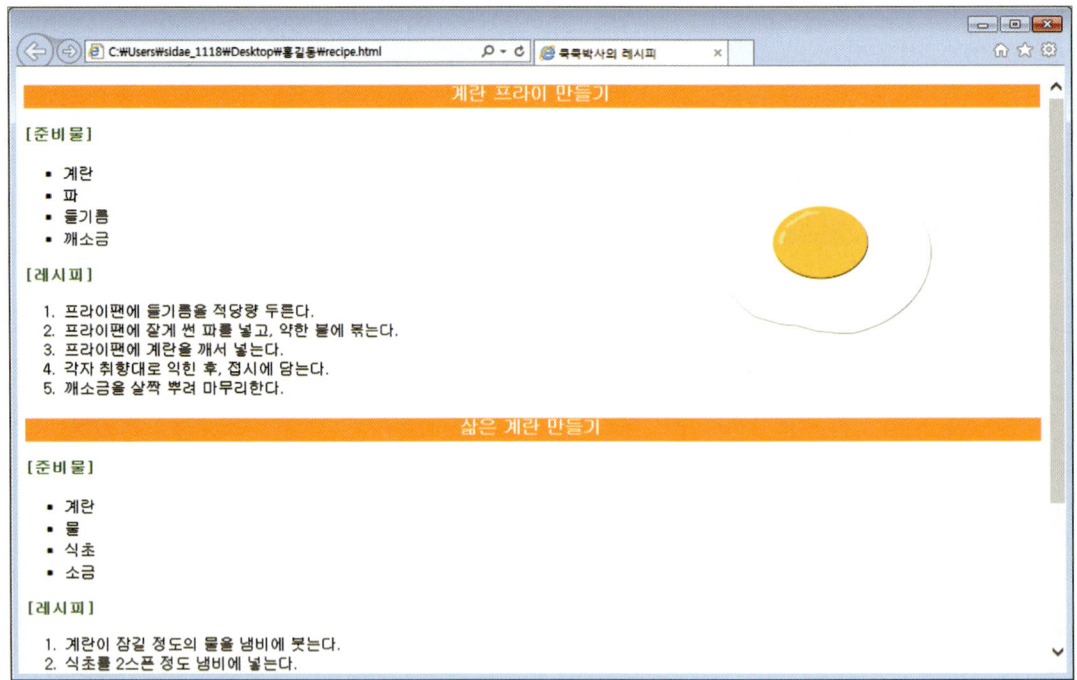

> 배움터 이미지와 글자의 위치 관계를 설정하는 〈img〉 태그의 align 속성은 HTML5부터 폐지되었습니다.
> 예 〈img src="img/fried_eggs.png" align="right"〉

이미지에 설명 달기

이미지 대체하는 설명 넣기

01 메모장으로 돌아와 〈img〉 태그에 다음과 같이 **추가**한 후 Ctrl + S 키를 눌러 저장(**덮어쓰기**)합니다.

```
<body>
    <h3>계란 프라이 만들기</h3>
    <img src="img/fried_eggs.png" width="450" height="250" style="float:right;"
         alt="그림이 없습니다.">
    <p><span class="sojemok">[준비물]</span></p>
                        ⋮
</body>
```

02 브라우저 창으로 돌아가 F5 키를 눌러 결과를 확인합니다. src 속성을 통해 가져온 경로에 이미지가 없을 경우 활용되는 속성이므로 변화를 느낄 수 없을 것입니다. [img] 폴더를 찾아 선택한 후 F2 키를 눌러 폴더의 이름을 변경하고, 브라우저 창으로 돌아가 F5 키를 눌러 확인해 봅니다. 확인 후 폴더 이름은 원래대로 되돌려 놓습니다.

배움터

alt 속성은 지정한 위치에 이미지가 없을 때 이미지 대신 출력(표시)하는 글자입니다. " " 안에 이미지 대신에 표시할 글자를 입력합니다.

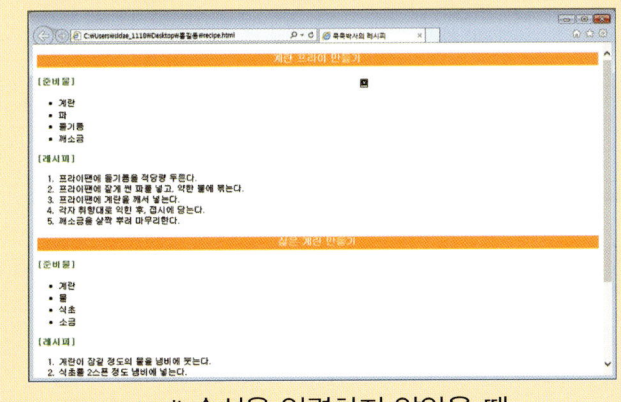

▲ alt 속성을 입력하지 않았을 때

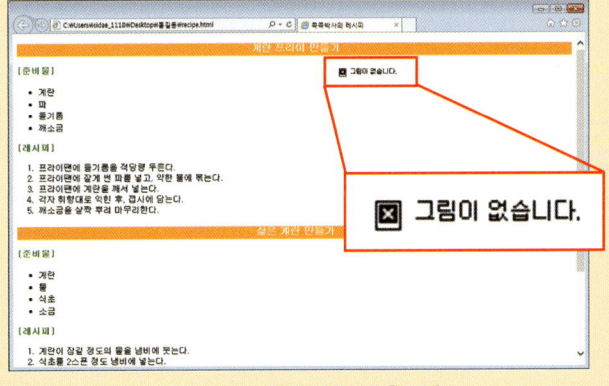

▲ alt 속성을 입력했을 때

05 이미지 및 배경 관련 태그 살펴보기 • **57**

이미지 툴팁(작은 설명) 넣기

01 메모장으로 돌아와 〈img〉 태그에 다음과 같이 **추가**한 후 Ctrl + S 키를 눌러 저장(**덮어쓰기**)합니다.

```
<body>
    <h3>계란 프라이 만들기</h3>
    <img src="img/fried_eggs.png" width="450" height="250" style="float:right;"
        alt="그림이 없습니다." title="계란프라이일러스트">
    <p><span class="sojemok">[준비물]</span></p>
                    ⋮
</body>
```

02 브라우저 창으로 돌아가 F5 키를 눌러 결과를 확인합니다. **마우스 포인터를 이미지 위로 이동**하면 다음과 같이 title 속성에 입력한 내용이 표시되는 것을 확인할 수 있습니다.

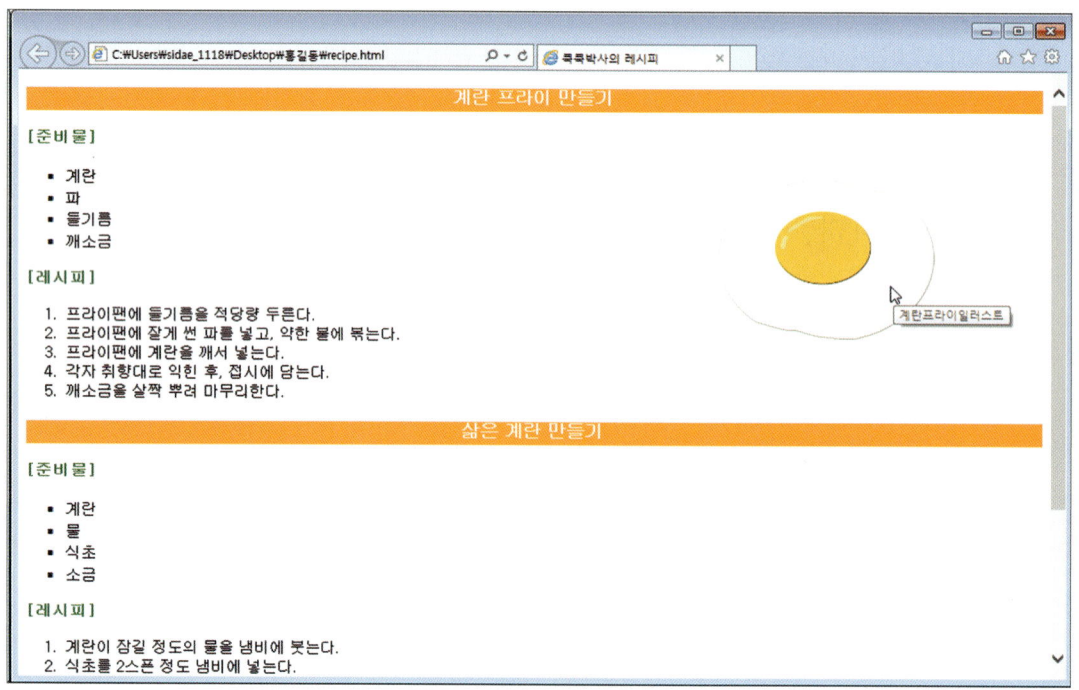

배경에 이미지 삽입하기

배경에 이미지 지정하기

01 메모장으로 돌아와 〈head〉 태그 영역의 〈style〉 태그 영역에 다음과 같은 **내용을 삽입**한 후 Ctrl + S 키를 눌러 저장(덮어쓰기)합니다.

```
〈head〉
    〈title〉 쿡쿡박사의 레시피 〈/title〉
    〈style〉
        body{
            background-image:url(img/banner.jpg);
        }
            ⋮
    〈/style〉
〈/head〉
```

/*여기에 body의 스타일시트를 작성하세요.*/라고 써 있던 주석을 지우고 입력하세요.

02 브라우저 창으로 돌아가 F5 키를 눌러 결과를 확인합니다.

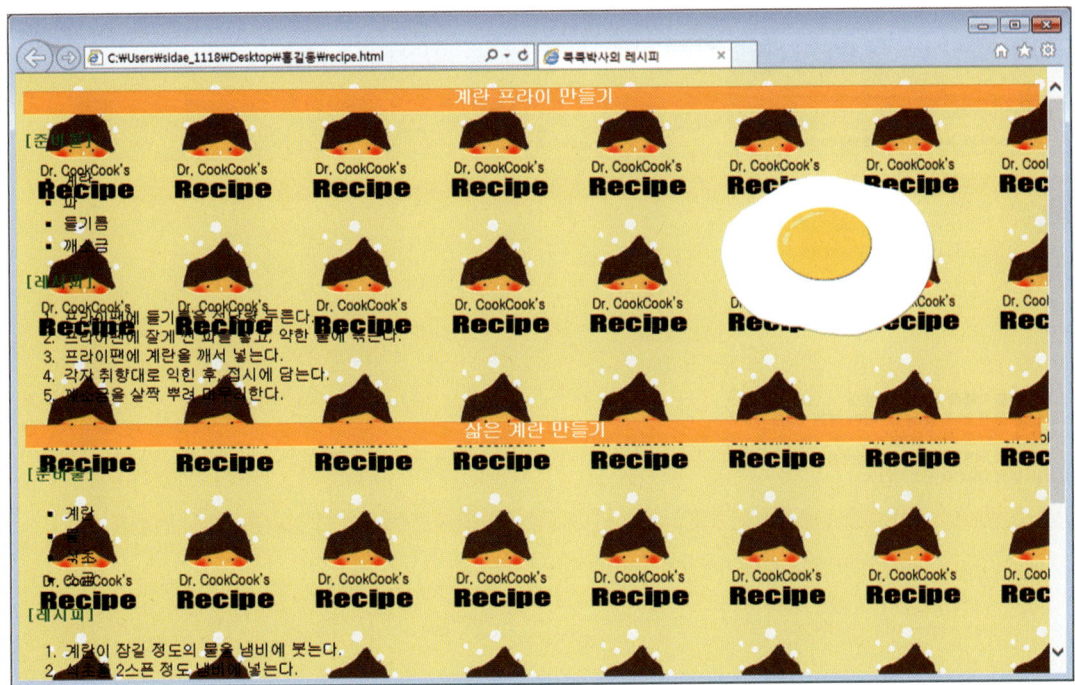

배움터 body 태그에 직접 설정해도 됩니다.
예 〈body style="background-image:url(img/banner.jpg);"〉

배경 이미지 반복 해제하기

01 메모장으로 돌아와 〈style〉 태그의 body 속성에 다음과 같이 **추가**한 후 Ctrl + S 키를 눌러 저장(덮어쓰기)합니다.

```
<style>
    body{
        background-image:url(img/banner.jpg);
        background-repeat:no-repeat;
        }
        ⋮
</style>
```

> **배움터** background-repeat 속성 값
> - repeat-y : 세로로 반복
> - repeat-x : 가로로 반복
> - no-repeat : 한 번만 표시

02 브라우저 창으로 돌아가 F5 키를 눌러 결과를 확인합니다.

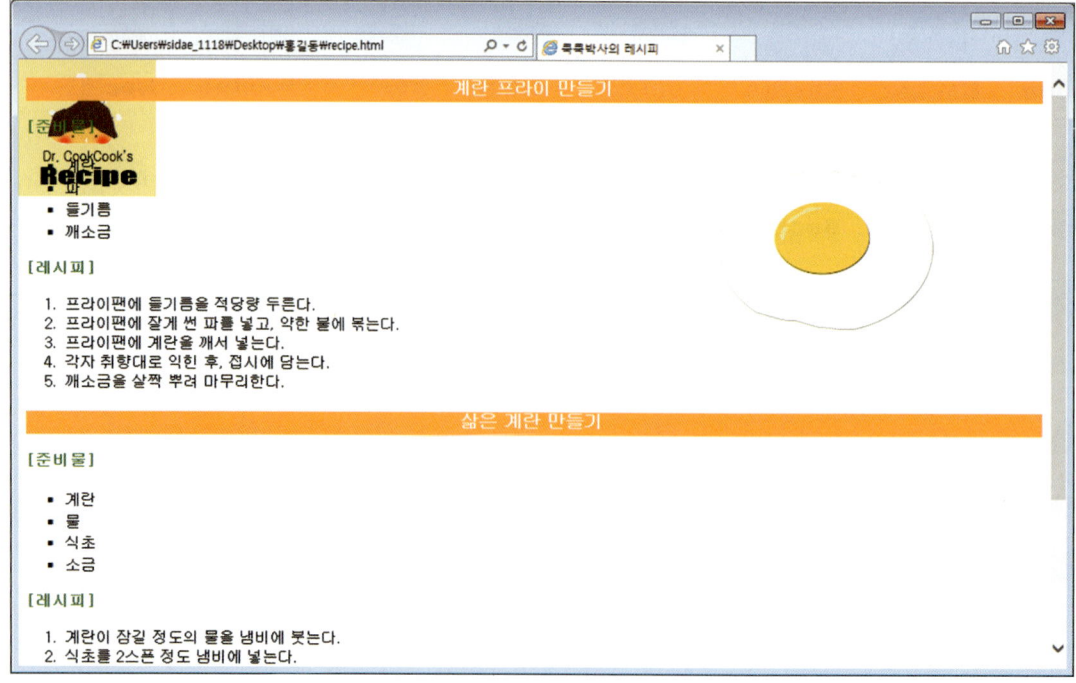

05 배경 이미지 크기 및 위치 조정하기

배경 이미지 크기 조정하기

01 **메모장으로 돌아와** 〈style〉 태그의 body 속성에 다음과 같이 **추가**한 후 Ctrl + S 키를 눌러 저장(덮어쓰기)합니다.

```
〈style〉
    body{
        background-image:url(img/banner.jpg);
        background-repeat:no-repeat;
        background-size:180px 250px;
    }
            ⋮
〈/style〉
```

> **배움터** CSS3에서부터 background-size 속성을 이용하여 배경 이미지의 크기를 조정할 수 있게 되었습니다.
> 백분율(%)이나 길이(px) 등으로 지정할 수 있으며 백분율이나 길이는 가로(너비), 세로(길이) 값 순으로 입력합니다. 값이 하나로 주어지면 주어진 값은 너비로 인식하고 높이는 자동으로 설정하게 됩니다.

02 브라우저 창으로 돌아가 F5 키를 눌러 결과를 확인합니다.

배경 이미지 위치 지정하기

01 메모장으로 돌아와 〈style〉 태그의 body 속성에 다음과 같이 **추가**한 후 Ctrl + S 키를 눌러 저장(덮어쓰기)합니다.

```
<style>
    body{
        background-image:url(img/banner.jpg);
        background-repeat:no-repeat;
        background-size:180px 250px;
        background-position:right top;
    }
             ⋮
</style>
```

background-position 속성 값

- 백분율(%)이나 길이(px), 키워드로 지정할 수 있습니다. 왼쪽의 값이 가로, 오른쪽의 값이 세로 위치가 됩니다.
  예) background-position:50% 50%; → 중앙에 위치
  예) background-position:300px 100px;
- 키워드의 경우 가로 위치는 left, center, right로, 세로 위치는 top, center, bottom으로 표시합니다.

02 브라우저 창으로 돌아가 F5 키를 눌러 결과를 확인합니다.

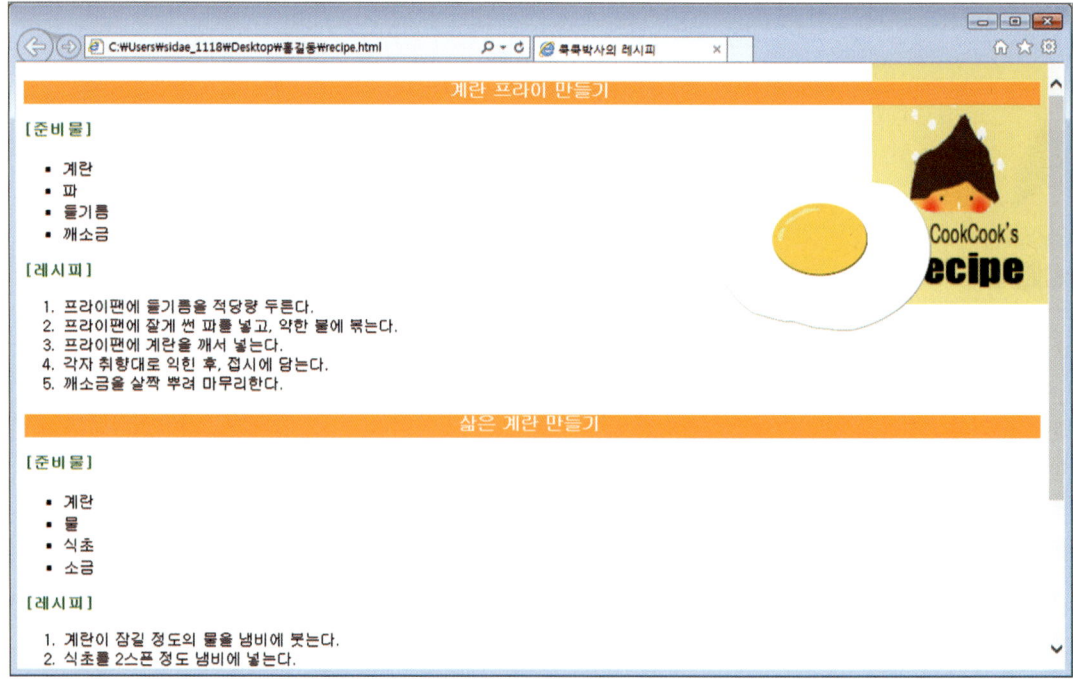

03 오른쪽의 **상하막대를 조정**해 봅니다. 배경 이미지가 따라 움직이는 것을 확인할 수 있습니다.

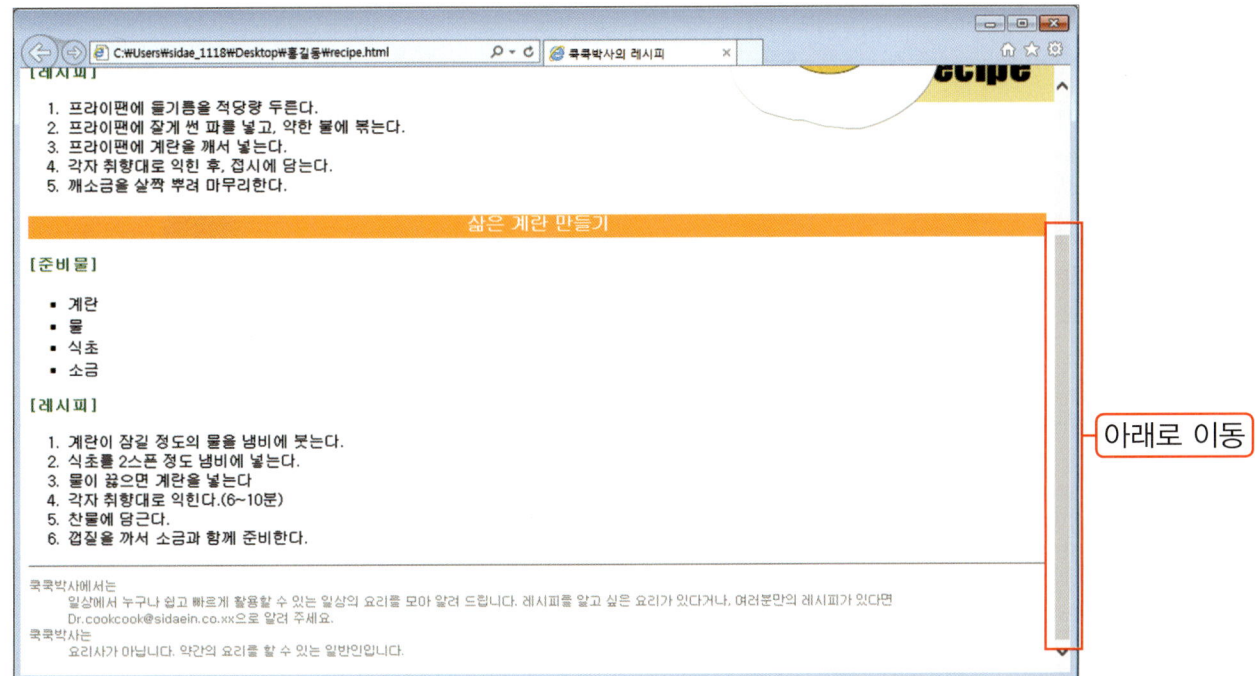

아래로 이동

> **배움터** 기본적으로 배경 이미지는 상하막대를 이용하면 문서의 내용과 함께 이동합니다.

배경 이미지 고정하기

01 **메모장으로 돌아와** 〈style〉 태그의 body 속성에 다음과 같이 **추가**한 후 Ctrl + S 키를 눌러 저장(덮어쓰기)합니다.

```
〈style〉
    body{
        background-image:url(img/banner.jpg);
        background-repeat:no-repeat;
        background-size:180px 250px;
        background-position:right top;
        background-attachment:fixed;
    }
            ⋮
〈/style〉
```

02 브라우저 창으로 돌아가 F5 키를 누른 후 오른쪽의 **상하막대를 조정**해 봅니다. 배경 이미지가 따라 움직이지 않고 지정한 위치(여기서는 오른쪽 위)에 그대로 있음을 확인할 수 있습니다.

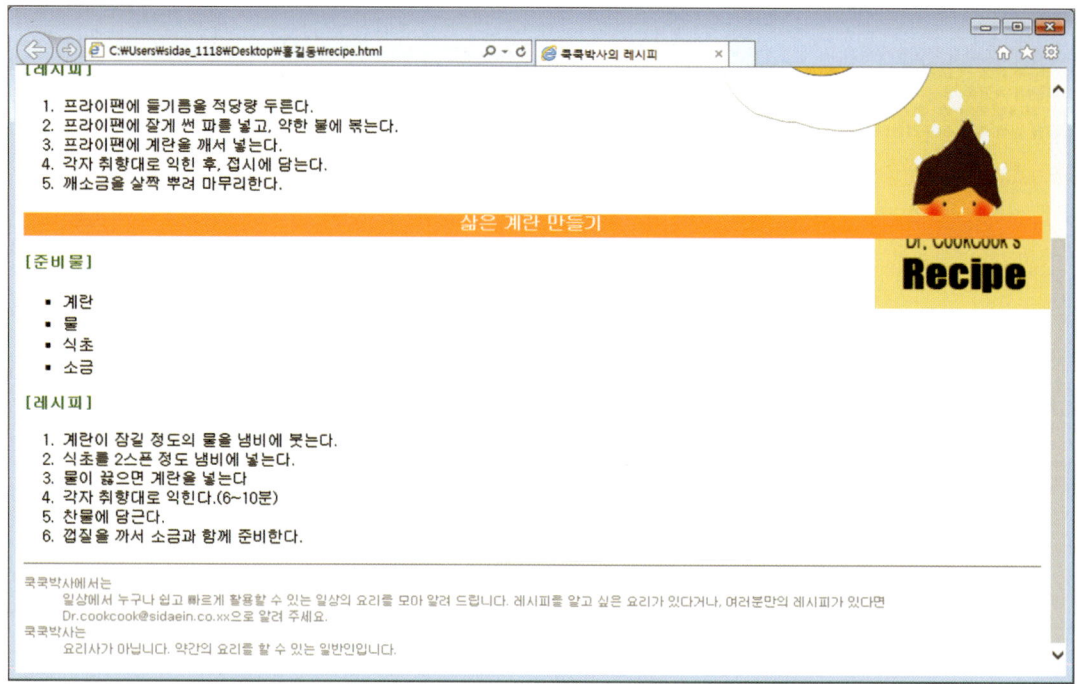

배경 크기와 위치 수정하기

01 **메모장으로 돌아와** ⟨style⟩ **태그의 body 속성에 다음과 같이 수정한 후** Ctrl **+** S **키를 눌러 저장(덮어쓰기)합니다.**

```
⟨style⟩
    body{
        background-image:url(img/banner.jpg);
        background-repeat:no-repeat;
        background-size:15%;
        background-position:right bottom;
        background-attachment:fixed;
        }

              ⋮

⟨/style⟩
```

02 브라우저 창으로 돌아가 F5 키를 눌러 결과를 확인합니다.

06 배경에 색 채우기

01 메모장으로 돌아와 〈style〉 태그의 body 속성에 다음과 같이 **추가**한 후 Ctrl + S 키를 눌러 저장(덮어쓰기)합니다.

```
〈style〉
    body{
        background-image:url(img/banner.jpg);
        background-repeat:no-repeat;
        background-size:15%;
        background-position:right bottom;
        background-attachment:fixed;
        background-color:#f4e48c;
    }
          ⋮
〈/style〉
```

02 브라우저 창으로 돌아가 F5 키를 눌러 결과를 확인합니다.

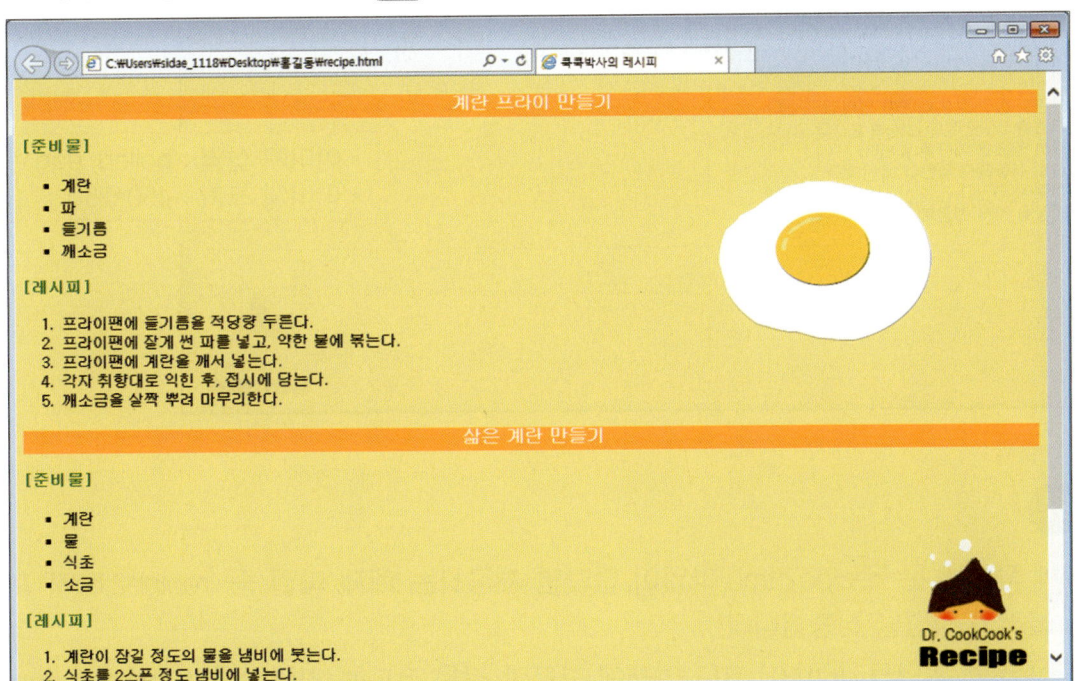

배움터 background 속성

background-color와 background-image, background-repeat, background-position, background-attachment 속성 등은 background로 줄여서 표시할 수 있습니다.
예) background:#f4e48c url(img/banner.jpg) no-repeat right bottom fixed;

1 앞에서 작성한 'recipe.html' 파일을 다음과 같이 수정해 봅니다.

📁 예제파일 : [img] 폴더/boiled_egg.png

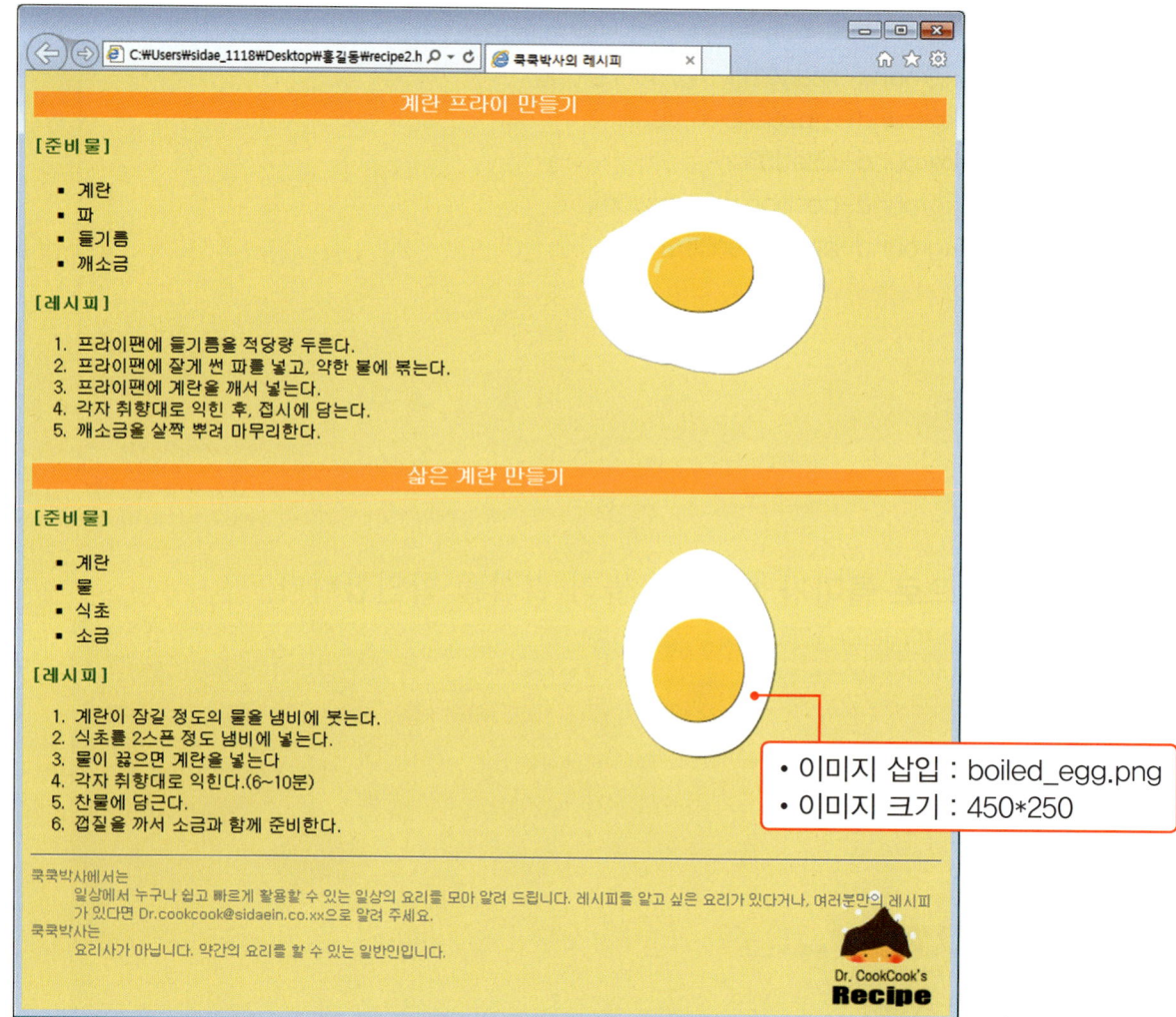

- 이미지 삽입 : boiled_egg.png
- 이미지 크기 : 450*250

도움터

- 앞에서 작성해 둔 'recipe.html' 파일이 없다면 제공하는 예제 파일 중 'recipe2.html' 파일을 불러와 작업을 진행합니다.
- '〈h3〉삶은 계란 만들기〈/h3〉' 코드 아래에 다음과 같은 코드를 입력합니다. 'boiled_egg.png' 파일은 [img] 폴더에서 제공하고 있습니다.

    〈img src="img/boiled_egg.png" width="450" height="250" style="float:right;"〉

2 'computer.html' 파일을 불러와 다음과 같이 이미지와 배경을 수정해 봅니다.

예제파일 : computer.html, [img] 폴더/computer.jpg, banner2.jpg

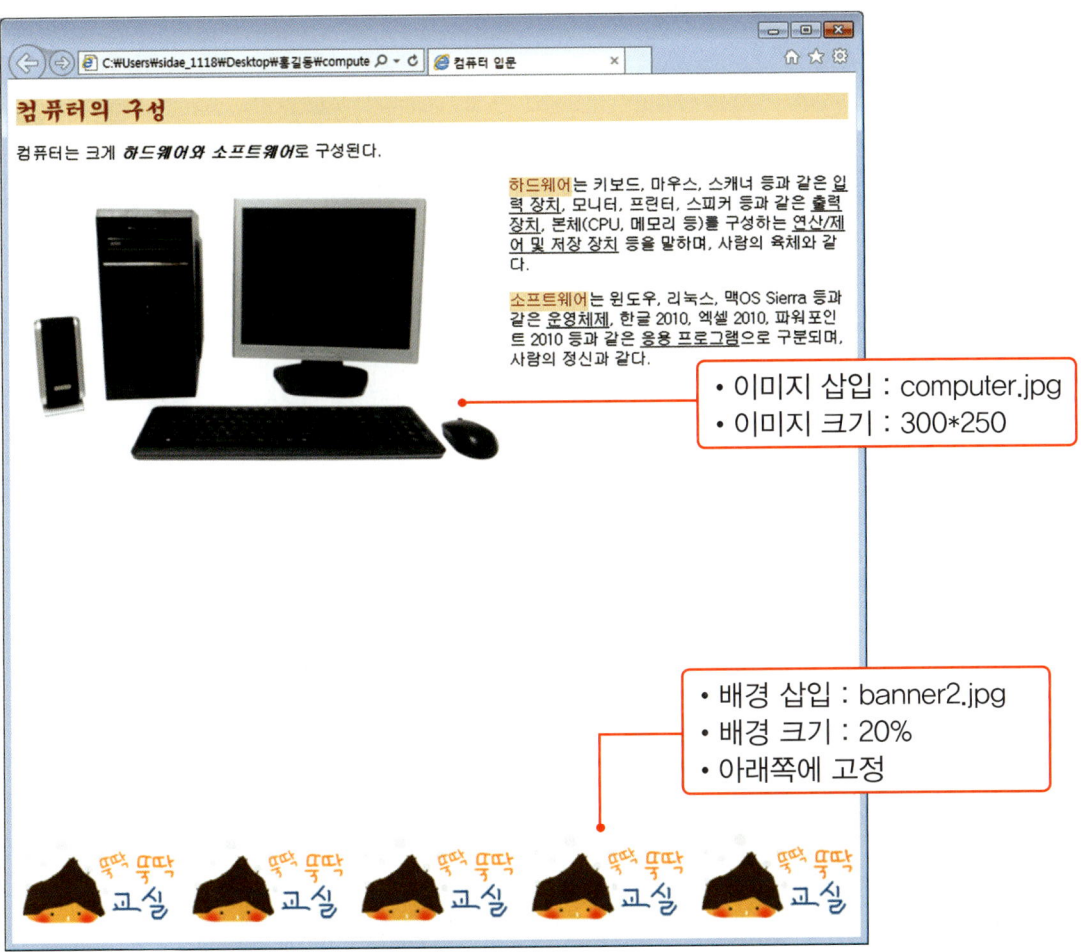

- 이미지 삽입 : computer.jpg
- 이미지 크기 : 300*250

- 배경 삽입 : banner2.jpg
- 배경 크기 : 20%
- 아래쪽에 고정

도움터

- **이미지 삽입** : 〈body〉 태그 영역에 다음 내용을 추가합니다. 'computer.jpg' 파일은 [img] 폴더에서 제공하고 있습니다.

```
<img src="img/computer.jpg" width="500" height="300" style="float:left;">
```

- **배경 삽입** : 〈head〉 태그 내 〈style〉 태그 영역에 다음 내용을 추가합니다.

```
body{
    background-image:url(img/banner2.jpg);
    background-repeat:repeat-x;
    background-size:20%;
    background-position:bottom;
    background-attachment:fixed;
}
```

06 멀티미디어 관련 태그 살펴보기

이번 장에서는 오디오와 비디오 파일을 HTML 문서에 삽입하는 방법에 대해 살펴봅니다. HTML5에서는 〈video〉와 〈audio〉 태그를 이용하여 플러그인을 이용하지 않고 재생할 수 있지만, 일부 파일만 지원됩니다. 지원되는 오디오나 비디오의 파일 형식으로 변경하는 방법에 대해서도 알아보도록 하겠습니다.

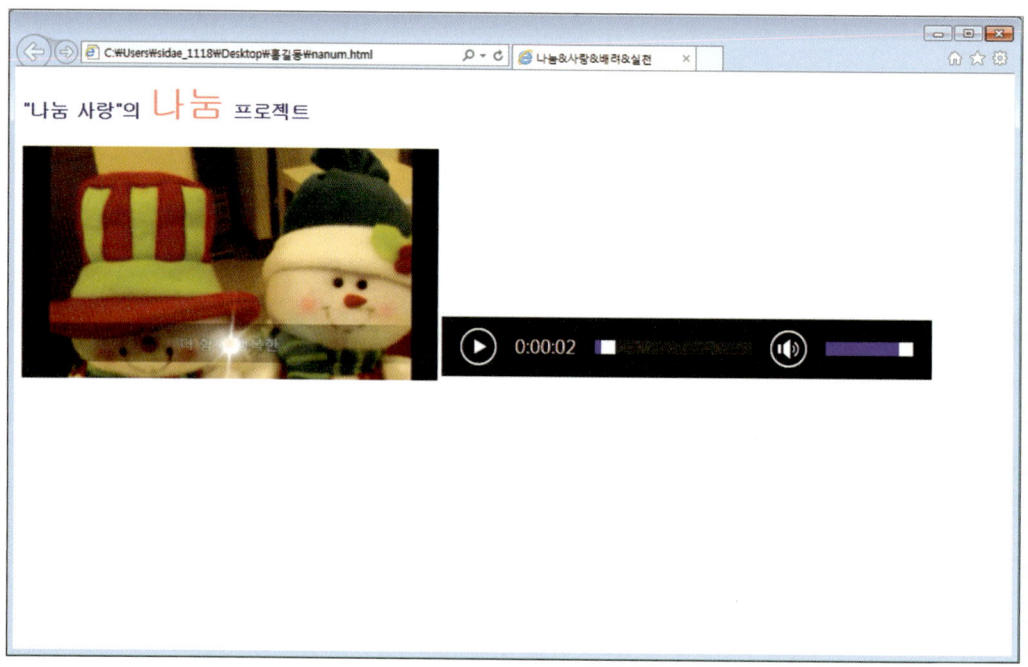

 무엇을 배울까요?

- 파일 형식 변환하기
- 비디오 파일 삽입하기 : 〈video〉, src 속성, width 속성, height 속성, controls 속성
- 오디오 파일 삽입하기 : 〈audio〉, src 속성, autoplay 속성, loop 속성, controls 속성

 예제파일 : [video] 폴더/winter.wmv, [sound] 폴더/music.wma

01 파일 변환하기

인코더 프로그램 다운받아 설치하기

01 네이버 자료실(software.naver.com)에 접속한 후, '인코더'로 검색합니다. 검색 결과에서 인코더 프로그램 중 하나를 선택합니다. 여기서는 '샤나인코더'를 선택했습니다.

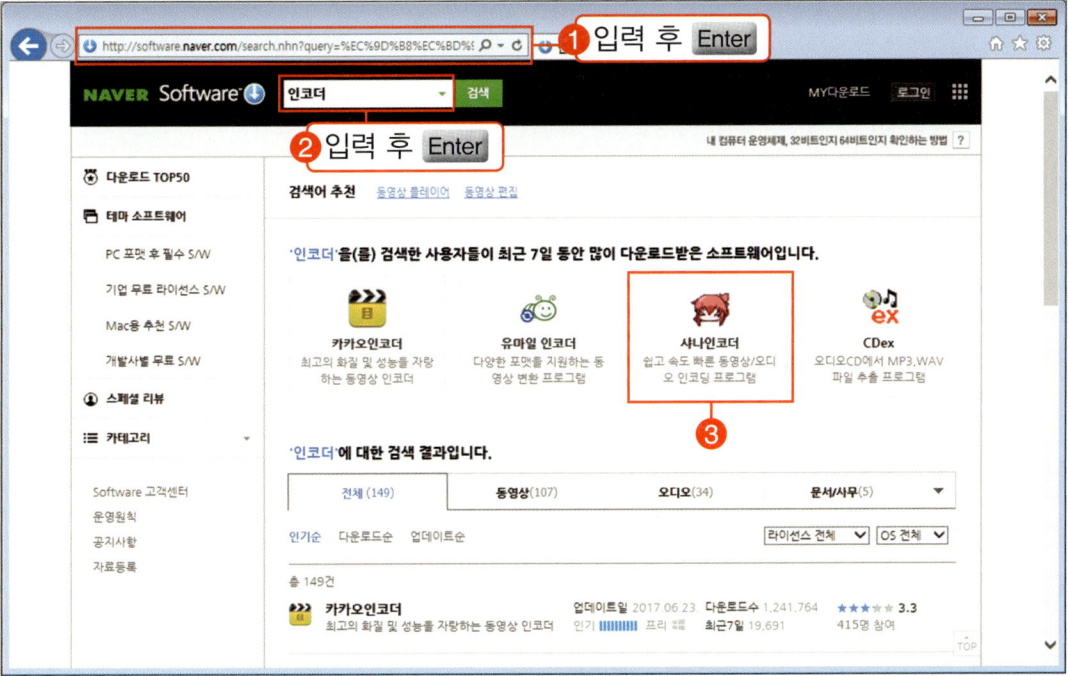

02 선택한 프로그램의 다운로드 페이지가 나타나면 [무료 다운로드] 단추를 클릭합니다.

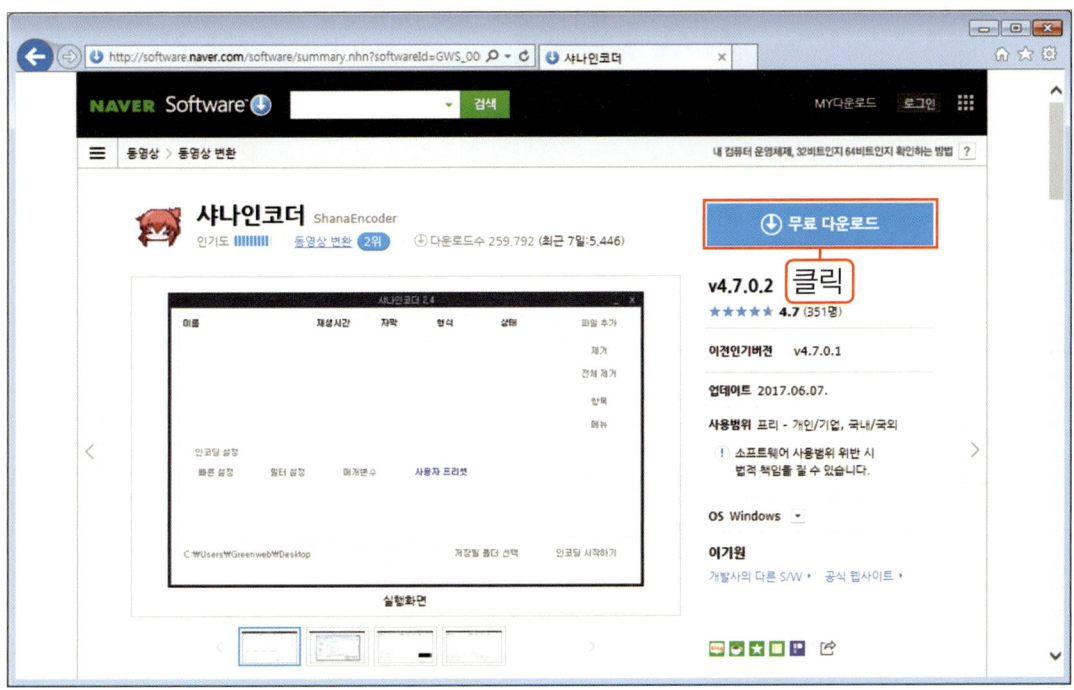

06 멀티미디어 관련 태그 살펴보기 • **69**

03 [확인 후 다운로드] 단추를 클릭한 후 [다운로드] 단추를 클릭합니다. 다시 나타나는 화면에서 [다운로드]를 클릭합니다.

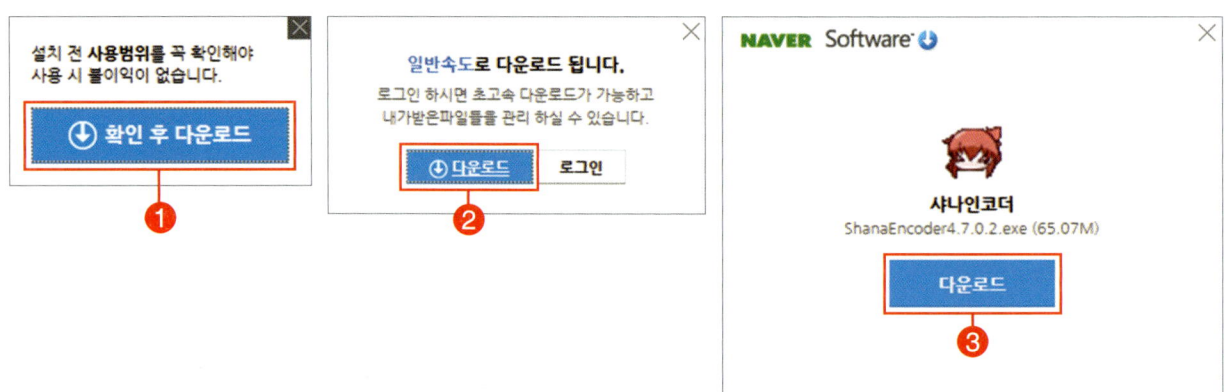

04 다운받은 프로그램을 바로 실행할 것인지 저장할 것인지 묻는 메시지가 나타나면 선택합니다. 여기서는 [실행] 단추를 클릭합니다.

05 인스톨할 언어 선택 창이 나타나면 'Korean'이 선택되어 있는 상태에서 [OK] 단추를 클릭합니다. 설치 화면이 나타나면 [다음] 단추를 클릭합니다.

06 사용권 계약 화면이 나타나면 읽은 후 [위 사항에 동의합니다.]를 선택한 후 [다음] 단추를 클릭합니다. 또 다른 사용권 계약 화면이 나타나면 읽은 후 [위 사항에 동의합니다.]를 선택해 체크한 후 [다음] 단추를 클릭합니다.

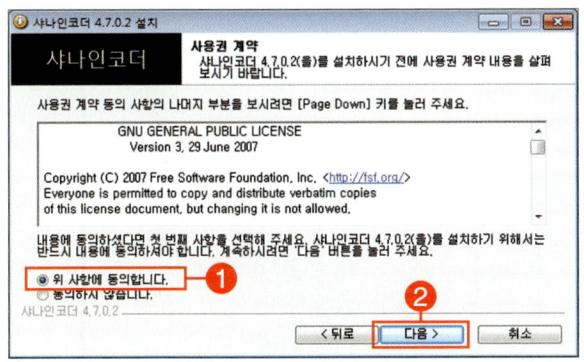
▲ GNU 일반 공중 사용 허가서

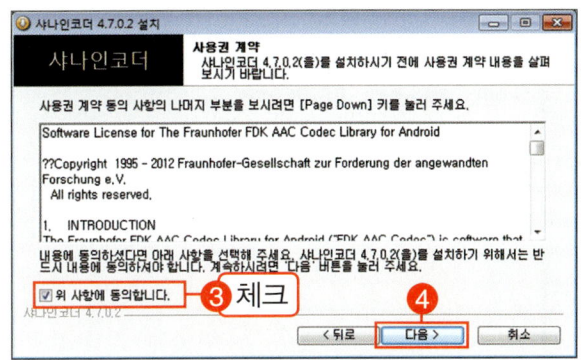
▲ 안드로이드용 Fraunhofer FDK AAC 코덱 라이브러리의 소프트웨어 라이센스

07 구성 요소 선택 화면이 나타나면 [다음] 단추를 클릭합니다. 설치 위치 선택 화면이 나타나면 설치할 폴더를 지정(여기서는 그대로 진행)한 후, [다음] 단추를 클릭합니다.

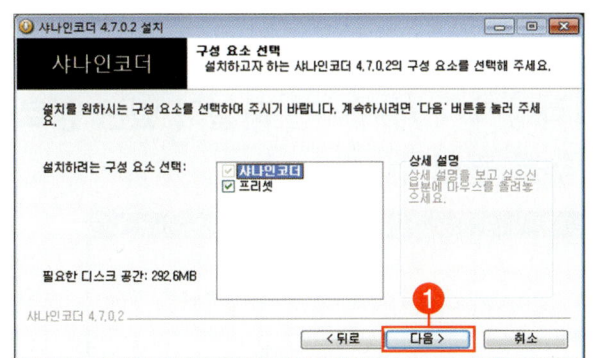

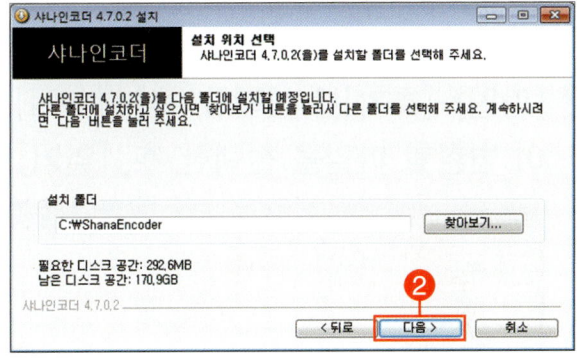

08 시작 메뉴 폴더 선택 화면이 나타나면 폴더 이름을 지정하거나 입력하여 새로 생성(여기서는 그대로 진행)한 후 [설치] 단추를 클릭합니다. 설치 완료 화면이 나타나면 [마침] 단추를 클릭합니다.

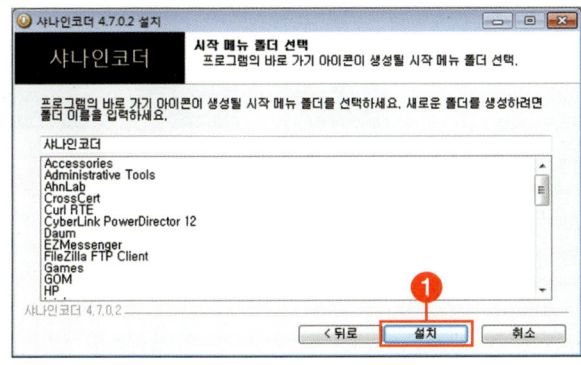

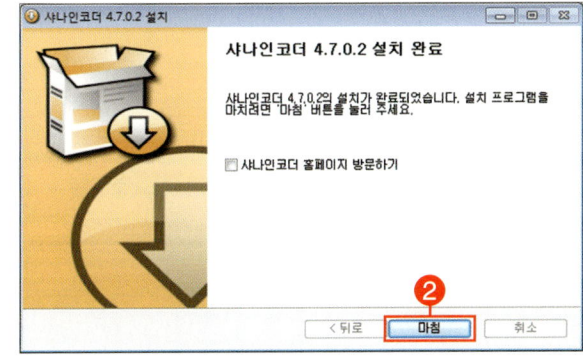

인코더 프로그램으로 비디오 파일 형식 변경하기

01 [시작]–[모든 프로그램]–[샤나인코더]–[샤나인코더]를 **선택**하여 '샤나인코더' 프로그램을 실행합니다.

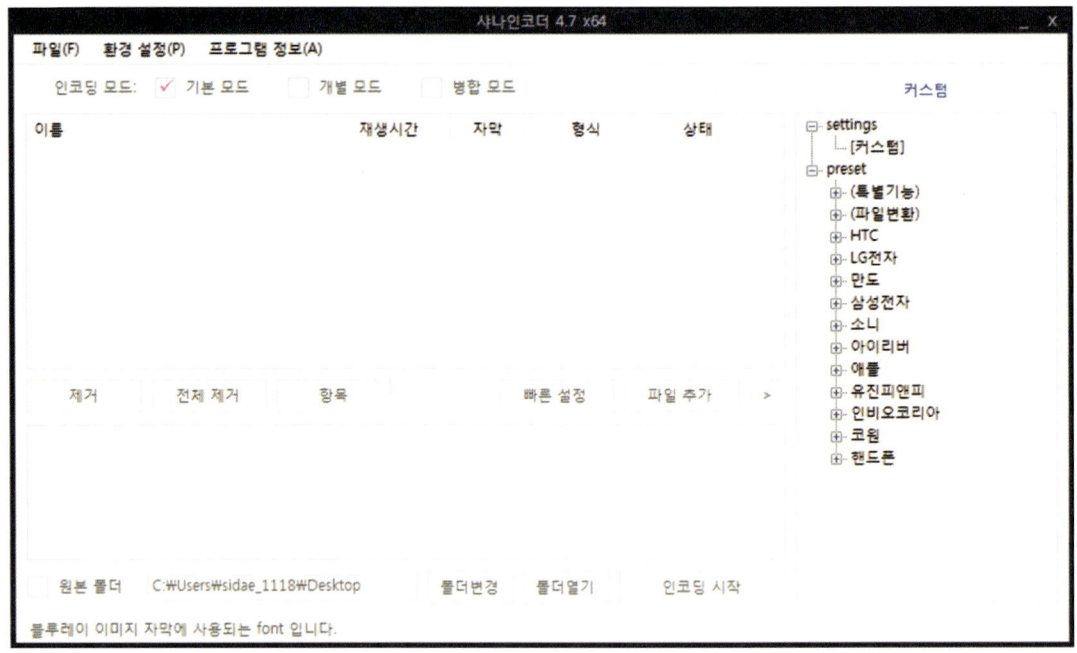

02 [파일]–[추가]를 **선택**합니다. [열기] 대화상자가 나타나면 **파일이 있는 경로를 찾아 변환할 파일을 선택**한 후, [열기] **단추를 클릭**합니다.

72 • 스마트한 생활을 위한 HTML 기초&활용

03 선택한 파일이 목록에 추가되면 오른쪽의 [preset]-[(파일변환)]-[MP4.xml]을 선택합니다. 설정을 불러올 것인지 묻는 메시지가 나타나면 [예] 단추를 클릭합니다.

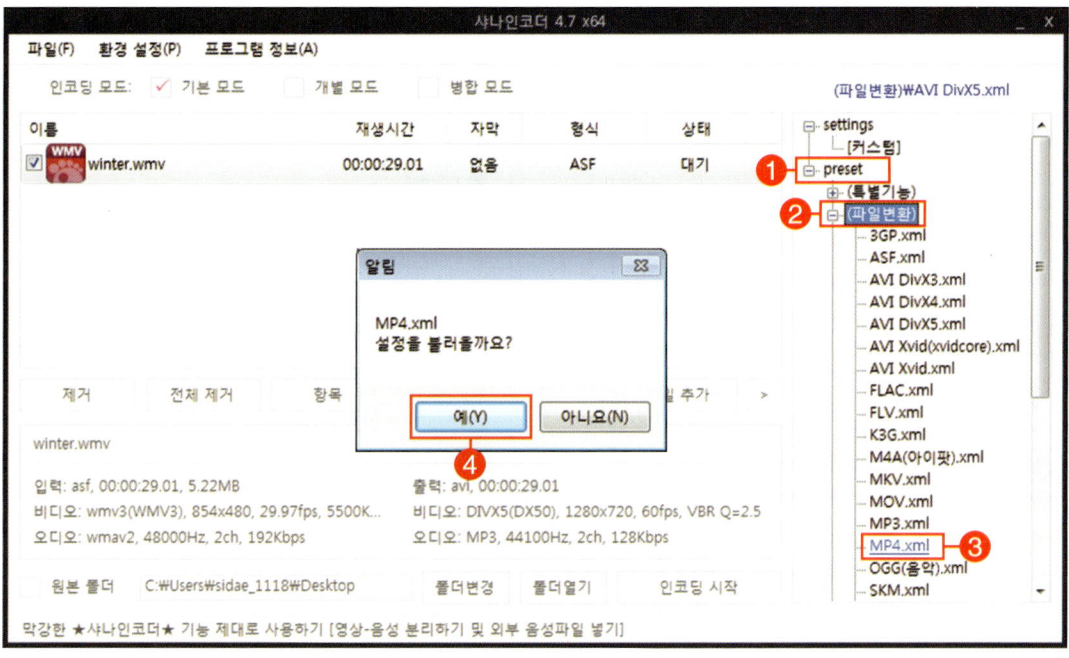

04 [출력] 형식이 변경된 것을 확인할 수 있습니다. 저장 위치를 지정하기 위해 [폴더변경] 단추를 클릭합니다.

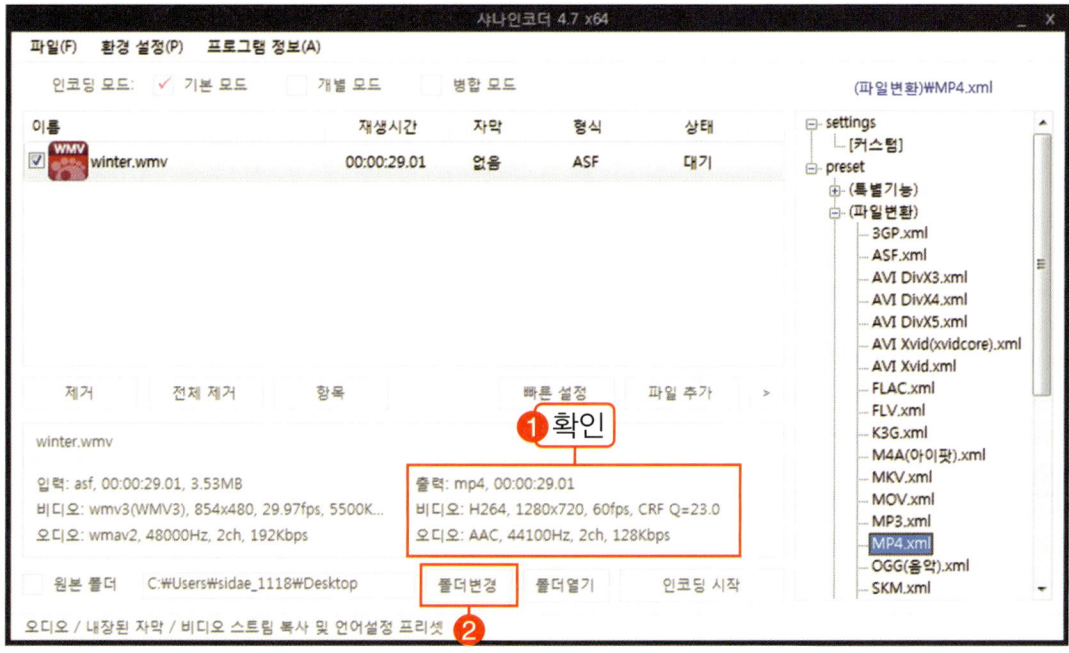

05 [폴더 찾아보기] 대화상자가 나타나면 HTML 문서를 저장할 장소(폴더)를 지정하고 [새 폴더 만들기] 단추를 클릭합니다. 폴더명(여기서는 'multimedia')을 입력한 후 [확인] 단추를 클릭합니다.

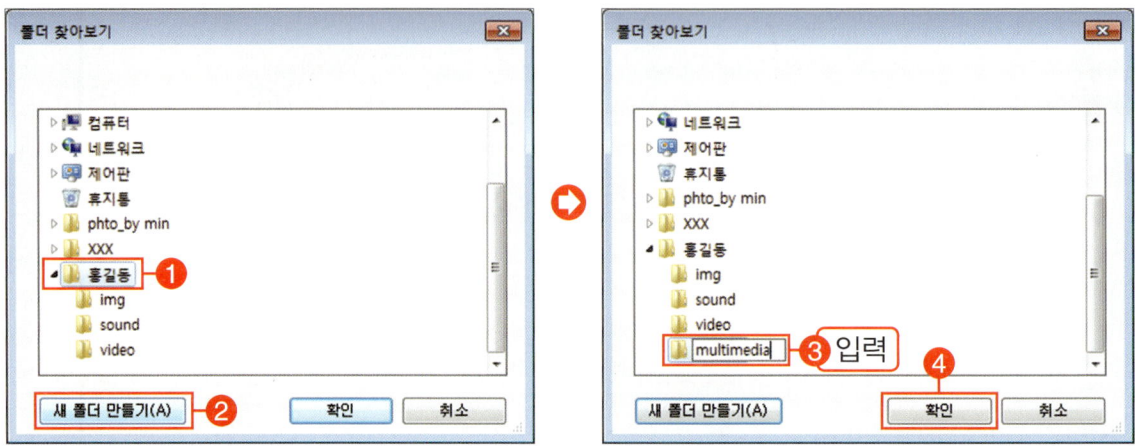

06 저장 위치가 변경되면 [인코딩 시작] 단추를 클릭합니다. 변환이 완료되면 [폴더 열기] 단추를 클릭합니다.

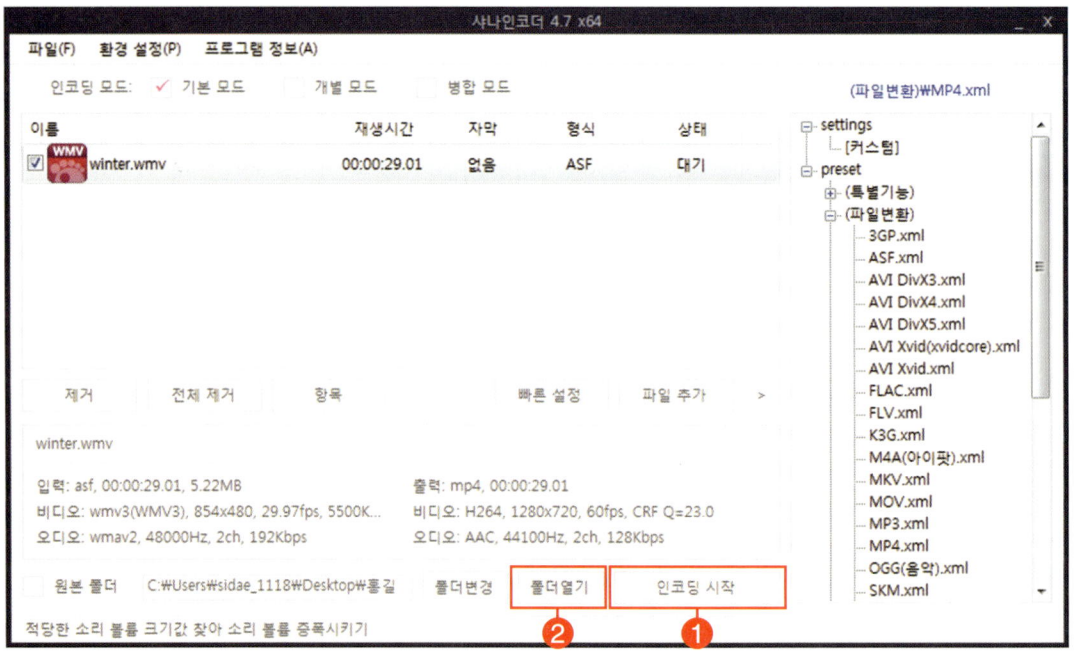

> **배움터** '원본 폴더'를 체크하면 가져온 파일이 있는 장소(폴더)에 이름이 변경되어 저장됩니다.

07 파일 이름 앞에 불필요한 단어가 추가되어 있으므로 **파일을 선택**한 후, F2 키를 누르고 **파일 이름을 수정**합니다.

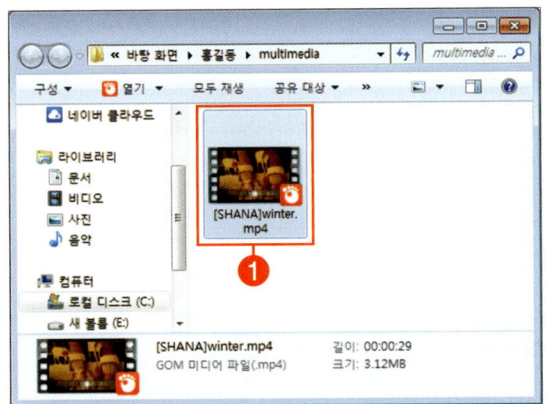 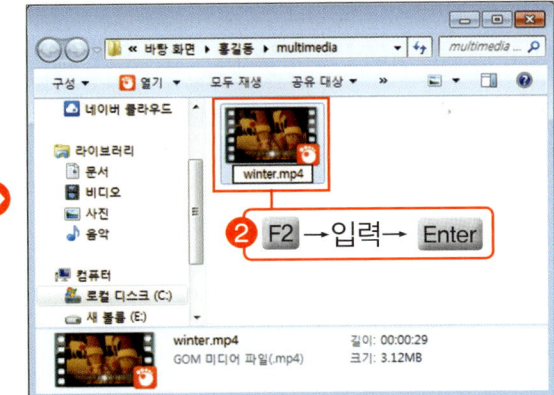

08 목록에 추가되어 있는 파일은 [제거] 단추를 클릭하여 삭제합니다.

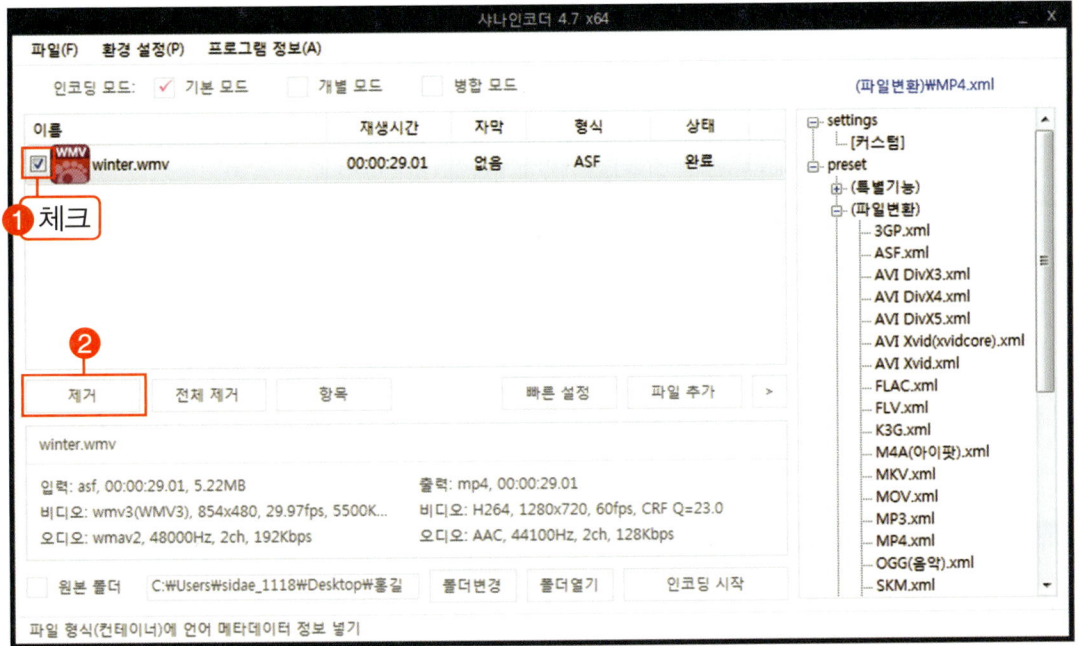

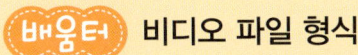 비디오 파일 형식

*.mpg, *.avi, *.wmv, *.mov, *.rm, *.swf, *.ogg, *.webm, *.mp4 등

인코더 프로그램으로 오디오 파일 형식 변경하기

01 [파일]-[추가]를 선택합니다. [열기] 대화상자가 나타나면 파일이 있는 경로를 찾아 변환할 파일을 선택한 후, [열기] 단추를 클릭합니다.

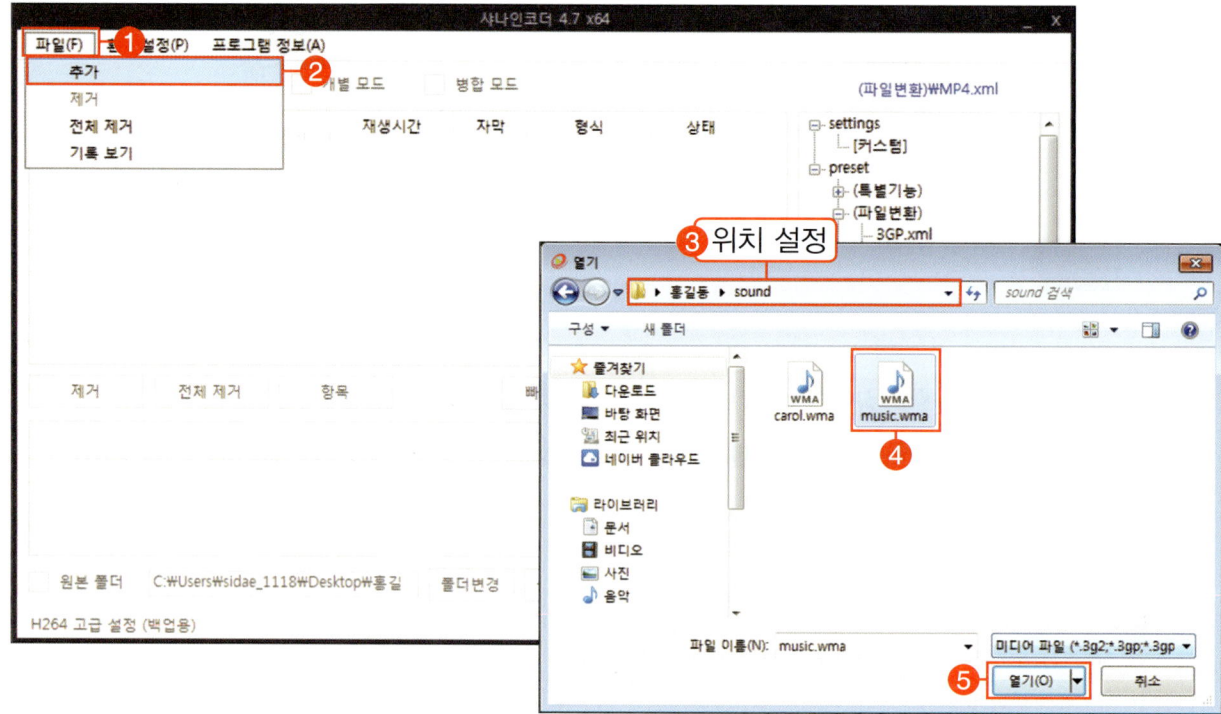

02 선택한 파일이 목록에 추가되면 오른쪽의 [preset]-[(파일변환)]-[MP3.xml]을 선택합니다. 설정을 불러올 것인지 묻는 메시지가 나타나면 [예] 단추를 클릭합니다.

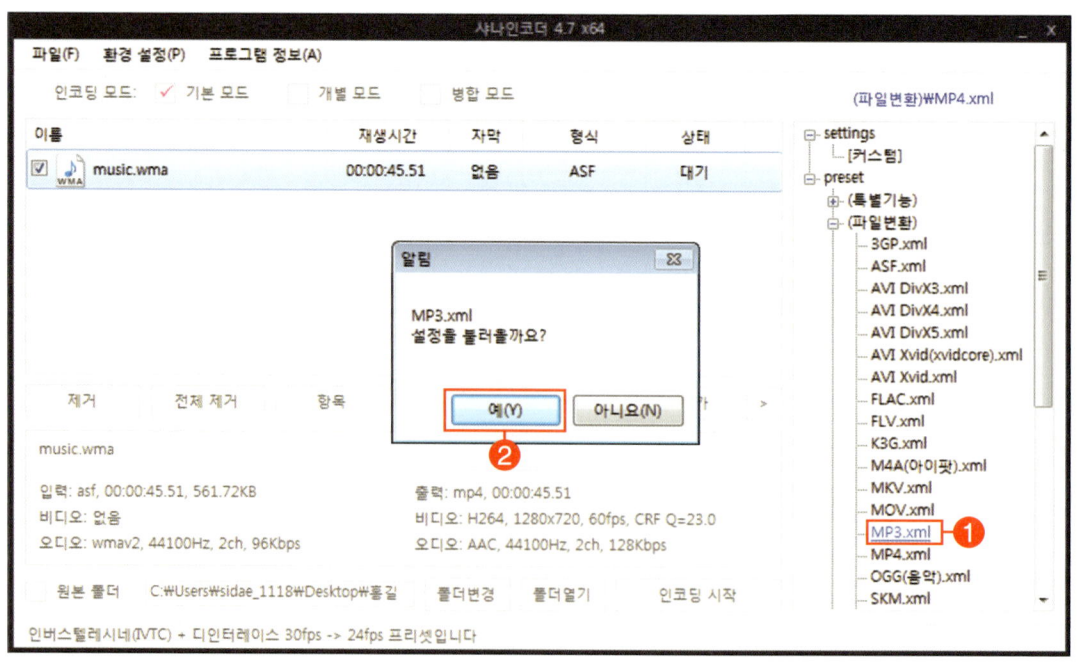

03 [인코딩 시작] 단추를 클릭합니다. 변환이 완료되면 [폴더열기] 단추를 클릭합니다.

04 파일 이름 앞에 불필요한 단어가 추가되어 있으므로 **파일을 선택**한 후, F2 키를 누르고 **파일 이름을 수정**합니다.

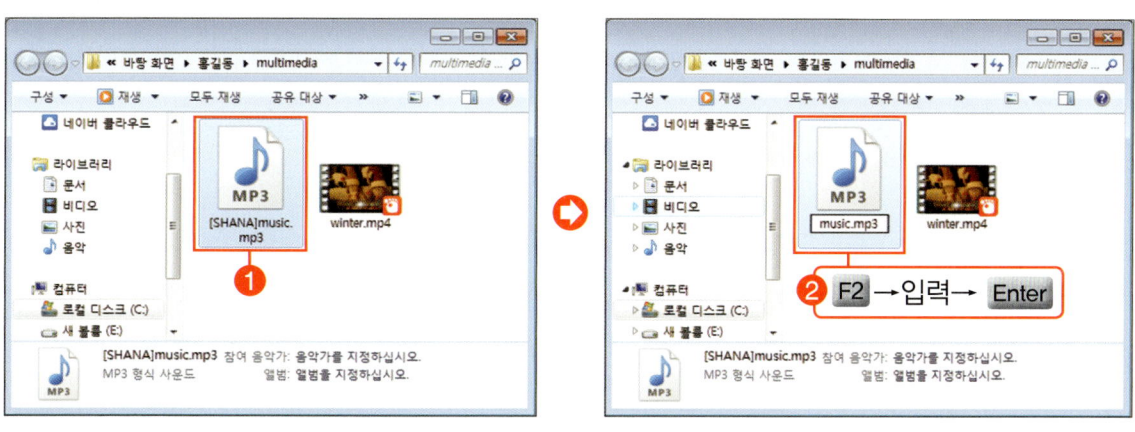

> **배움터** 오디오 파일 형식
>
> *.mid, *.rm, *.wma, *.aac, *.wav, *.ogg, *.mp3, *.mp4 등

06 멀티미디어 관련 태그 살펴보기 • **77**

02 비디오 삽입하기

입력하기

01 **메모장을 실행**한 후, 다음과 같이 HTML **코드를 작성**하고 '**nanum.html**'로 **저장**합니다.

```
<!DOCTYPE html>
<html>
    <head>
        <title> 나눔&amp;사랑&amp;배려&amp;실천 </title>
        <style>
            .text1 {                    &로 표시되는 곳
                color:lightcoral;
                font-size:30pt;
                }
            p {
                color:navy;
                font-size:15pt;
                }
        </style>
    </head>
    <body>
        <p>
        <strong>"나눔 사랑"의 <span class="text1">나눔</span> 프로젝트</strong>
        </p>
    </body>
</html>
```

02 저장한 위치(폴더)를 찾아 '**nanum.html**' **파일을 더블 클릭**하여 실행한 후, 결과를 확인합니다.

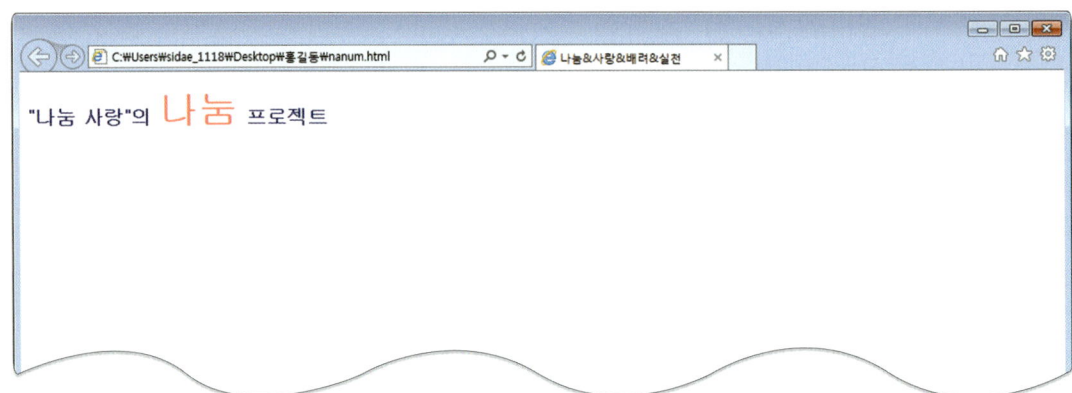

〈video〉 태그

01 메모장으로 돌아와 〈body〉 태그 영역에 다음과 같이 〈video〉 태그를 **삽입**한 후 Ctrl + S 키를 눌러 저장(덮어쓰기)합니다.

```
<body>
  <p>
  <strong>"나눔 사랑"의 <span class="text1">나눔</span> 프로젝트</strong>
  </p>
  <video src="multimedia/winter.mp4"> </video>
</body>
```

'nanum.html' 파일은 [multimedia] 폴더와 같은 위치(동일한 폴더)에 있어야 합니다.

02 브라우저 창으로 돌아가 F5 키를 눌러 열려 있는 HTML 문서를 새로 고침하여 결과를 확인합니다. 화면에 스크립트 또는 액티브 엑스 컨트롤을 실행하는 것을 제한했다는 메시지가 나타나면 [차단된 콘텐츠 허용] 단추를 클릭합니다.

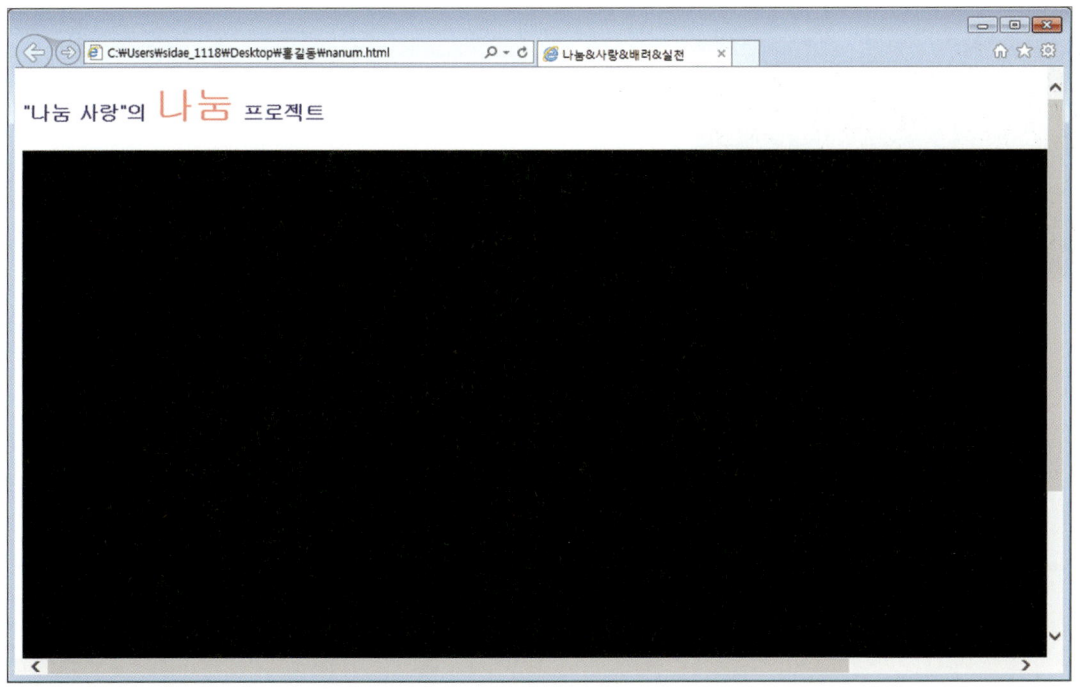

배움터 HTML5에서 지원하는 비디오 형식

HTML5에서는 mp4, webm 및 ogg 등 3가지 비디오 형식이 지원됩니다. 이 형식도 브라우저에 따라, 브라우저의 버전에 따라 지원되지 않는 경우가 있습니다. mp4가 일반적으로 사용되는 형식으로, 유튜브에서도 권장되는 형식입니다.

파일 형식	미디어 타입
mp4	video/mp4
webm	video/webm
ogg	video/ogg

크기 조정하기

01 메모장으로 돌아와 〈video〉 태그에 다음과 같이 **추가**한 후 Ctrl + S 키를 눌러 저장(덮어쓰기)합니다.

```
<body>
    <p>
    <strong>"나눔 사랑"의 <span class="text1">나눔</span> 프로젝트</strong>
    </p>
    <video src="multimedia/winter.mp4" width="450" height="250"> </video>
</body>
```

02 브라우저 창으로 돌아가 F5 키를 눌러 결과를 확인합니다. 화면에 삽입된 비디오 영역(검은색 화면)이 작게 표시된 것을 확인할 수 있습니다.

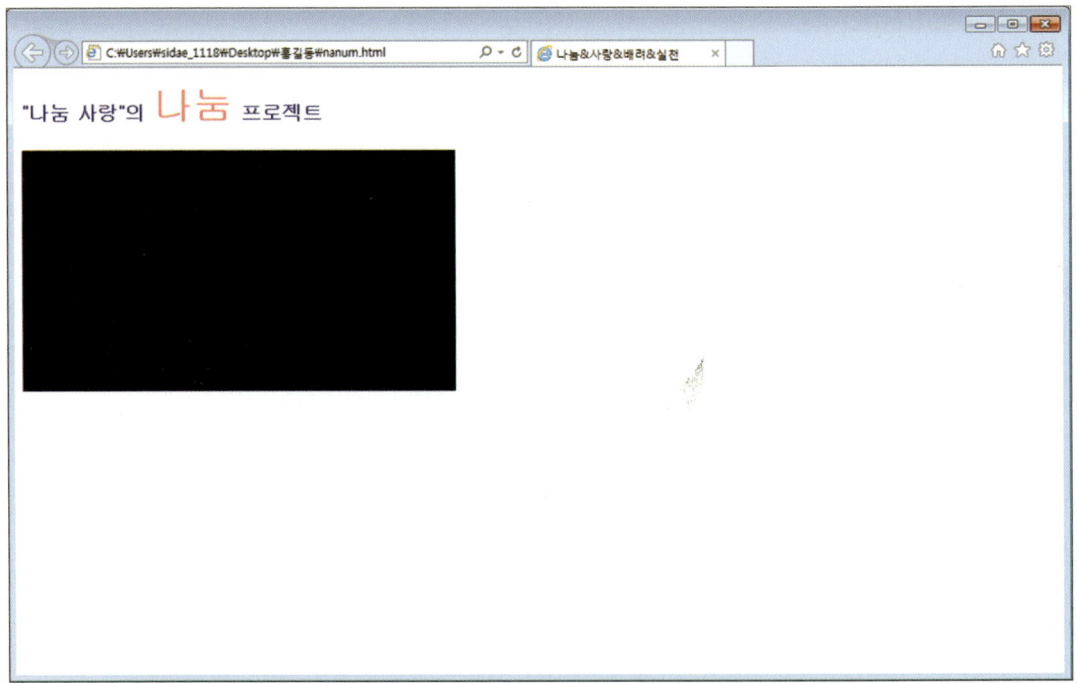

배움터

HTML5 이전 버전에서는 멀티미디어를 재생하기 위해서는 어도비 플래시나 윈도우 미디어 플레이어, ActiveX 등과 같은 플러그인 프로그램의 설치를 필요로 했습니다. 이를 위해 〈embed〉 태그나 〈object〉 태그를 사용했습니다. HTML5에서는 〈video〉나 〈audio〉 태그를 사용하여 플러그인 없이 비디오나 오디오를 재생할 수 있도록 하고 있습니다. 플러그인을 사용해야 하는 경우라면 HTML5에서도 〈embed〉 태그나 〈object〉 태그를 사용합니다.

예) 〈embed src="video/spring.avi"〉

재생하기

01 삽입된 비디오의 영역에서 **마우스 오른쪽 단추를 클릭한 후, [재생]을 선택**합니다.

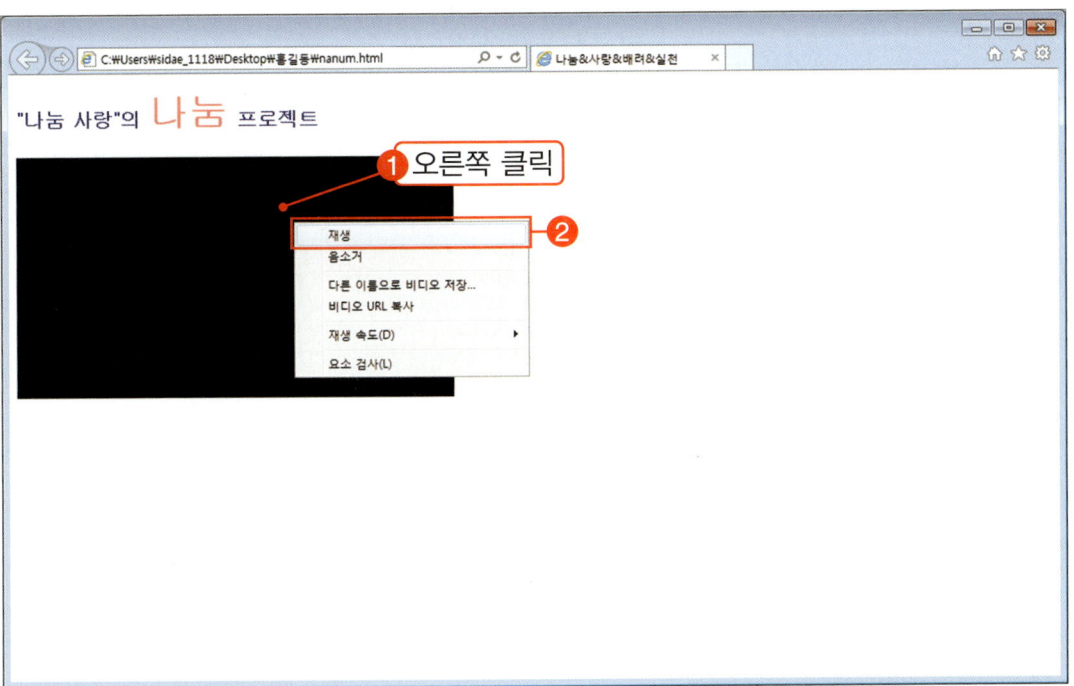

02 영상이 실행되는 것을 확인합니다.

컨트롤 표시하기

01 메모장으로 돌아와 〈video〉 태그에 다음과 같이 **추가**한 후 Ctrl + S 키를 눌러 저장(덮어쓰기)합니다.

```
<body>
  <p>
  <strong>"나눔 사랑"의 <span class="text1">나눔</span> 프로젝트</strong>
  </p>
  <video src="multimedia/winter.mp4" width="450" height="250" controls> </video>
</body>
```

02 브라우저 창으로 돌아가 F5 키를 눌러 결과를 확인합니다. 검은색 화면 아래에 컨트롤 막대가 표시된 것을 확인할 수 있습니다.

03 ▶(재생) 단추를 **클릭**하여 실행해 봅니다.

03 오디오 삽입하기

〈audio〉 태그

01 메모장으로 돌아와 〈body〉 태그 영역에 다음과 같이 〈audio〉 태그를 **삽입**한 후 Ctrl + S 키를 눌러 저장(덮어쓰기)합니다.

```
<body>
  <p>
  <strong>"나눔 사랑"의 <span class="text1">나눔</span> 프로젝트</strong>
  </p>
  <video src="multimedia/winter.mp4" width="450" height="250" controls> </video>
  <audio src="multimedia/music.mp3"> </audio>
</body>
```

02 브라우저 창으로 돌아가 F5 키를 눌러 결과를 확인합니다. 화면에 아무런 변화도 없고, 소리도 안들리는 것을 확인할 수 있습니다.

배움터 · HTML5에서 지원하는 오디오 형식

HTML5에서는 mp3, wav 및 ogg 등 3가지 오디오 형식이 지원됩니다. 이 형식도 브라우저에 따라, 브라우저의 버전에 따라 지원되지 않는 경우가 있습니다. mp3가 일반적으로 사용되는 형식입니다.

파일 형식	미디어 타입
mp3	audio/mpeg
ogg	audio/ogg
wav	audio/wav

자동 재생하기

01 메모장으로 돌아와 〈audio〉 태그에 다음과 같이 **추가**한 후 Ctrl + S 키를 눌러 저장(**덮어쓰기**)합니다.

```
<body>
  <p>
  <strong>"나눔 사랑"의 <span class="text1">나눔</span> 프로젝트</strong>
  </p>
  <video src="multimedia/winter.mp4" width="450" height="250" controls> </video>
  <audio src="multimedia/music.mp3" autoplay> </audio>
</body>
```

02 브라우저 창으로 돌아가 F5 키를 눌러 결과를 확인합니다. 화면에 아무런 변화도 없지만, 소리가 들리는 것을 확인할 수 있습니다. 잠시 후 자동으로 소리가 멈추는 것을 확인할 수 있습니다.

> **배움터** bgsound 태그는 마이크로소프트사의 인터넷 익스플로러에서 구현되었던 명령으로, 배경에 음악이 자동 재생되도록 하고자 할 때 사용하였습니다. HTML5에서는 〈audio〉 태그의 여러 속성을 이용하여 같은 효과를 만들 수 있지만, 이런 기능은 가능한 사용하지 않는 것이 좋습니다.

반복 재생하기

01 메모장으로 돌아와 〈audio〉 태그에 다음과 같이 **추가**한 후 Ctrl + S 키를 눌러 저장(덮어쓰기)합니다.

```
<body>
    <p>
    <strong>"나눔 사랑"의 <span class="text1">나눔</span> 프로젝트</strong>
    </p>
    <video src="multimedia/winter.mp4" width="450" height="250" controls></video>
    <audio src="multimedia/music.mp3" autoplay loop></audio>
</body>
```

02 브라우저 창으로 돌아가 F5 키를 눌러 결과를 확인합니다. 화면에 아무런 변화도 없지만, 소리가 들리는 것을 확인할 수 있습니다. 아까와 달리 계속 소리가 들리는 것을 확인할 수 있습니다.

> **배움터** autoplay 속성, loop 속성
>
> 〈video〉 태그에서도 사용되는 속성으로, autoplay 속성은 비디오나 오디오를 바로 재생하도록 하고, loop 속성은 무한 반복되도록 합니다. HTML5에서는 권장하지 않습니다.
> **예** `<video src="multimedia/winter.mp4" width="450" height="250" controls autoplay loop>`

컨트롤 표시하기

01 메모장으로 돌아와 〈audio〉 태그에 다음과 같이 **추가**한 후 Ctrl + S 키를 눌러 저장(덮어쓰기)합니다.

```
<body>
   <p>
   <strong>"나눔 사랑"의 <span class="text1">나눔</span> 프로젝트</strong>
   </p>
   <video src="multimedia/winter.mp4" width="450" height="250" controls></video>
   <audio src="multimedia/music.mp3" autoplay loop controls></audio>
</body>
```

02 브라우저 창으로 돌아가 F5 키를 눌러 결과를 확인합니다. 화면에 컨트롤바가 생성된 것을 확인할 수 있습니다.

03 ⏸(일시 중지) 단추를 클릭해 무한으로 반복되는 소리를 멈춥니다.

1 〈video〉 태그를 활용하여 다음과 같이 'ladybugs.mp4' 파일이 삽입된 'bugs.html'로 저장해 봅니다.

📁 예제파일 : [video] 폴더/ladybugs.wmv

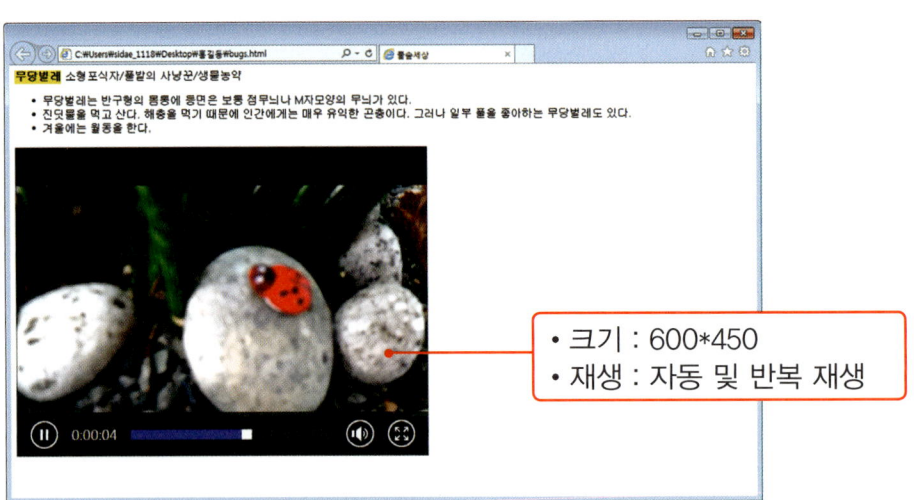

- 크기 : 600*450
- 재생 : 자동 및 반복 재생

도움터

'ladybugs.wmv' 파일을 'mp4' 형식으로 변환한 후 다음과 같은 HTML 코드를 작성합니다.

```
〈!DOCTYPE html〉
〈html〉
    〈head〉
        〈title〉 풀숲세상 〈/title〉
    〈/head〉

    〈body〉
        〈strong〉〈mark〉무당벌레〈/mark〉〈/strong〉 소형포식자/풀밭의 사냥꾼/생물농약
        〈ul〉
            〈li〉무당벌레는 반구형의 몸통에 등면은 보통 점무늬나 M자모양의 무늬가 있다. 〈/li〉
            〈li〉진딧물을 먹고 산다. 해충을 먹기 때문에 인간에게는 매우 유익한 곤충이다. 그러나 일부 풀을 좋아하는 무당벌레도 있다.〈/li〉
            〈li〉겨울에는 월동을 한다.〈/li〉
        〈/ul〉
        〈video src="multimedia/ladybugs.mp4"  width="600" height="450" autoplay loop controls〉
        〈/video〉             파일 변환 시 저장한 위치(폴더명)
    〈/body〉

〈/html〉
```

2 ⟨embed⟩ 태그와 ⟨audio⟩ 태그를 활용하여 다음과 같이 'spring.avi'와 'carol.mp3' 파일이 삽입된 'season.html'로 저장해 봅니다.

예제파일 : [video] 폴더/spring.avi, [sound] 폴더/carol.wma

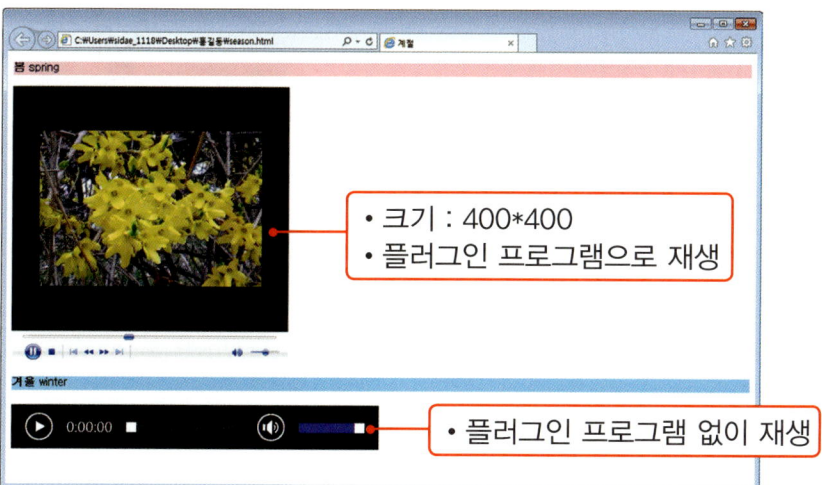

- 크기 : 400*400
- 플러그인 프로그램으로 재생

- 플러그인 프로그램 없이 재생

도움터

- 'carol.wma' 파일을 'mp3' 형식으로 변환한 후 다음과 같은 HTML 코드를 작성합니다.

```
<!DOCTYPE html>
<html>
    <head>
        <title> 계절 </title>
    </head>
    <body>
        <p style="background:pink;">
        <strong> 봄</strong> spring
        </p>
            <embed src="video/spring.avi"  width="400" height="400">
        <p style="background:skyblue;">
        <strong> 겨울</strong> winter
        </p>
        <audio src="multimedia/carol.mp3" controls>   </audio>
    </body>
</html>
```

"video/spring.avi" → 예제 파일이 저장되어 있는 위치(폴더명)
"multimedia/carol.mp3" → 파일 변환 시 저장한 위치(폴더명)

- 'season.html' 파일, [video] 폴더, [multimedia] 폴더는 같은 위치(폴더)에 있어야 합니다.

표 관련 태그 살펴보기

이번 장에서는 표를 작성하는 방법과 꾸미는 방법에 대해 살펴봅니다. 각 셀을 합치거나 나누는 방법에 대해서도 알아보도록 하겠습니다.

 무엇을 배울까요?

- 표 만들기 : ⟨table⟩, ⟨tr⟩, ⟨th⟩, ⟨td⟩, border 속성
- 셀 합치기 : colspan 속성, rowspan 속성
- 셀 채우기(색/이미지) : background 속성
- 표 테두리 지정하기 : border-color 속성, border-style 속성, border-width 속성, border-collapse 속성

표 만들기

〈table〉 태그

01 메모장을 실행한 후, 다음과 같이 HTML 코드를 작성하고 '표.html'로 저장합니다.

```
<!DOCTYPE html>
<html>
    <head>
        <title> 기본 표 작성법 </title>
    </head>
    <body>
        <table border="1">
        </table>
    </body>
</html>
```

표 선언
표를 구성하는 요소는 아직 선언되지 않았습니다.

> **배움터** border="1"
> 표를 만들면 기본적으로 표의 테두리 없이 내용만 표시되므로, 표의 테두리 관련 속성을 지정해 주고 작업을 시작합니다.

02 저장한 위치(폴더)를 찾아 '**표.html**' 파일을 더블 클릭하여 실행한 후, 결과를 확인합니다.

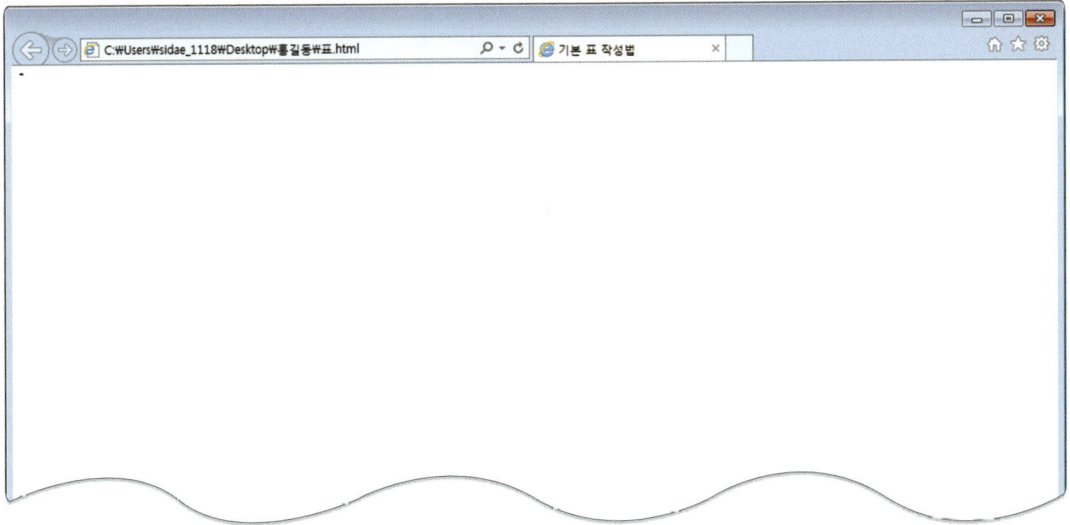

〈tr〉, 〈td〉 태그 : 셀 만들기

01 메모장으로 돌아와 〈body〉 태그 영역의 〈table〉 태그 영역에 다음과 같이 〈tr〉 태그로 줄 수를 설정하고, 〈td〉 태그로 칸 수를 설정한 후, Ctrl + S 키를 눌러 저장(덮어쓰기)합니다.

02 브라우저 창으로 돌아가 F5 키를 눌러 열려 있는 HTML 문서를 새로 고침하여 결과를 확인합니다. 1줄 3칸짜리 표가 표시됨을 확인할 수 있습니다.

```
〈body〉
    〈table border="1"〉
        〈tr〉
            〈td〉 1 〈/td〉
            〈td〉 2 〈/td〉
            〈td〉 3 〈/td〉
        〈/tr〉
    〈/table〉
〈/body〉
```

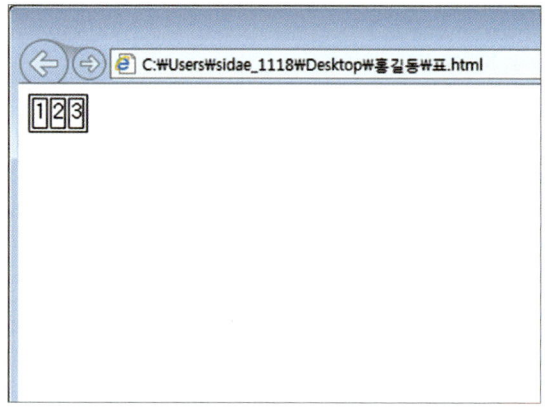

〈tr〉, 〈th〉 태그 : 셀 만들기

01 메모장으로 돌아와 〈body〉 태그 영역의 〈table〉 태그 영역에 다음과 같이 〈tr〉 태그와 〈th〉 태그를 삽입한 후, Ctrl + S 키를 눌러 저장(덮어쓰기)합니다.

02 브라우저 창으로 돌아가 F5 키를 눌러 결과를 확인합니다. 〈th〉 태그는 〈td〉 태그처럼 칸 수를 지정하고 있지만, 좀 더 굵게 표시되는 것을 확인할 수 있습니다. 제목을 삽입할 때 주로 사용됩니다.

```
〈body〉
    〈table border="1"〉
        〈tr〉
            〈th〉 제목 1 〈/th〉
            〈th〉 제목 2 〈/th〉
            〈th〉 제목 3 〈/th〉
        〈/tr〉
        〈tr〉
            〈td〉 1 〈/td〉
            〈td〉 2 〈/td〉
            〈td〉 3 〈/td〉
        〈/tr〉
    〈/table〉
〈/body〉
```

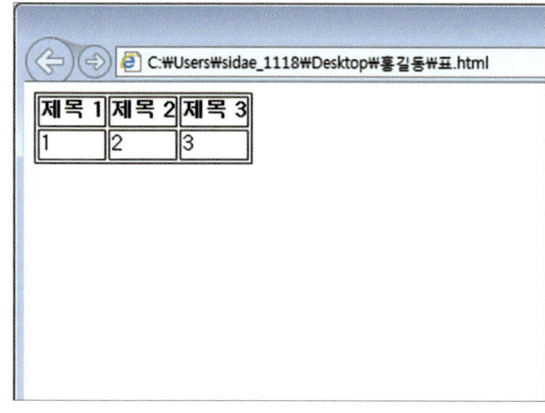

02 셀 합치기

기본 표 만들기

01 메모장에서 [파일]-[새로 만들기]를 선택한 후, 다음과 같이 HTML 코드를 새로 작성하고 'book.html'로 저장합니다.

02 저장한 위치(폴더)를 찾아 'book.html' 파일을 더블 클릭하여 실행한 후, 결과를 확인합니다.

```
<!DOCTYPE html>
<html>
    <head>
        <title> 추천도서 </title>
    </head>
    <body>
        <table border="1">
            <tr>
                <td> 세로 합칠 곳</td>         ┐
                <th> 가로 합칠 곳</th>         ├ 1번째 줄
                <td> </td>                    ┘
            </tr>
            <tr>
                <td> </td>                    ┐
                <th> 출판사 </th>              ├ 2번째 줄
                <td> 시대인 </td>              ┘
            </tr>
            <tr>
                <td> </td>                    ┐
                <th> 저자 </th>                ├ 3번째 줄
                <td> IT교재연구팀 </td>        ┘
            </tr>
            <tr>
                <td> </td>                    ┐
                <th> 정가 </th>                ├ 4번째 줄
                <td> 14,000원 </td>            ┘
            </tr>
        </table>
    </body>
</html>
```

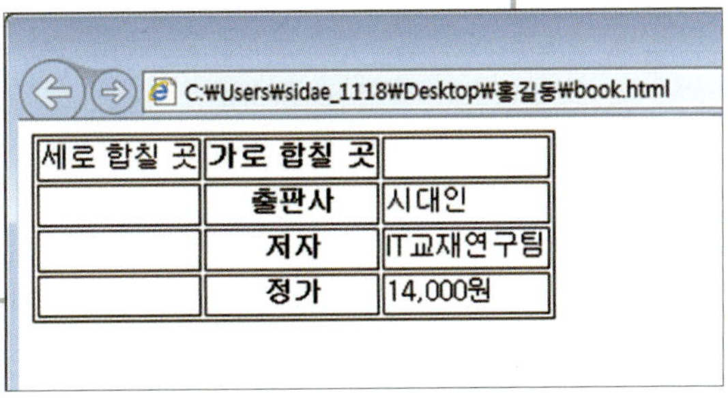

행(줄) 합치기

01 메모장으로 돌아와 ⟨table⟩ 태그 영역에서 '⟨td⟩ 세로 합칠 곳⟨/td⟩'을 다음과 같이 **수정**한 후 **두 번째, 세 번째, 네 번째** ⟨tr⟩ 태그의 맨처음 '⟨td⟩⟨/td⟩' 부분을 모두 삭제하고 Ctrl + S 키를 눌러 저장(덮어쓰기)합니다.

02 브라우저 창으로 돌아가 F5 키를 눌러 결과를 확인합니다.

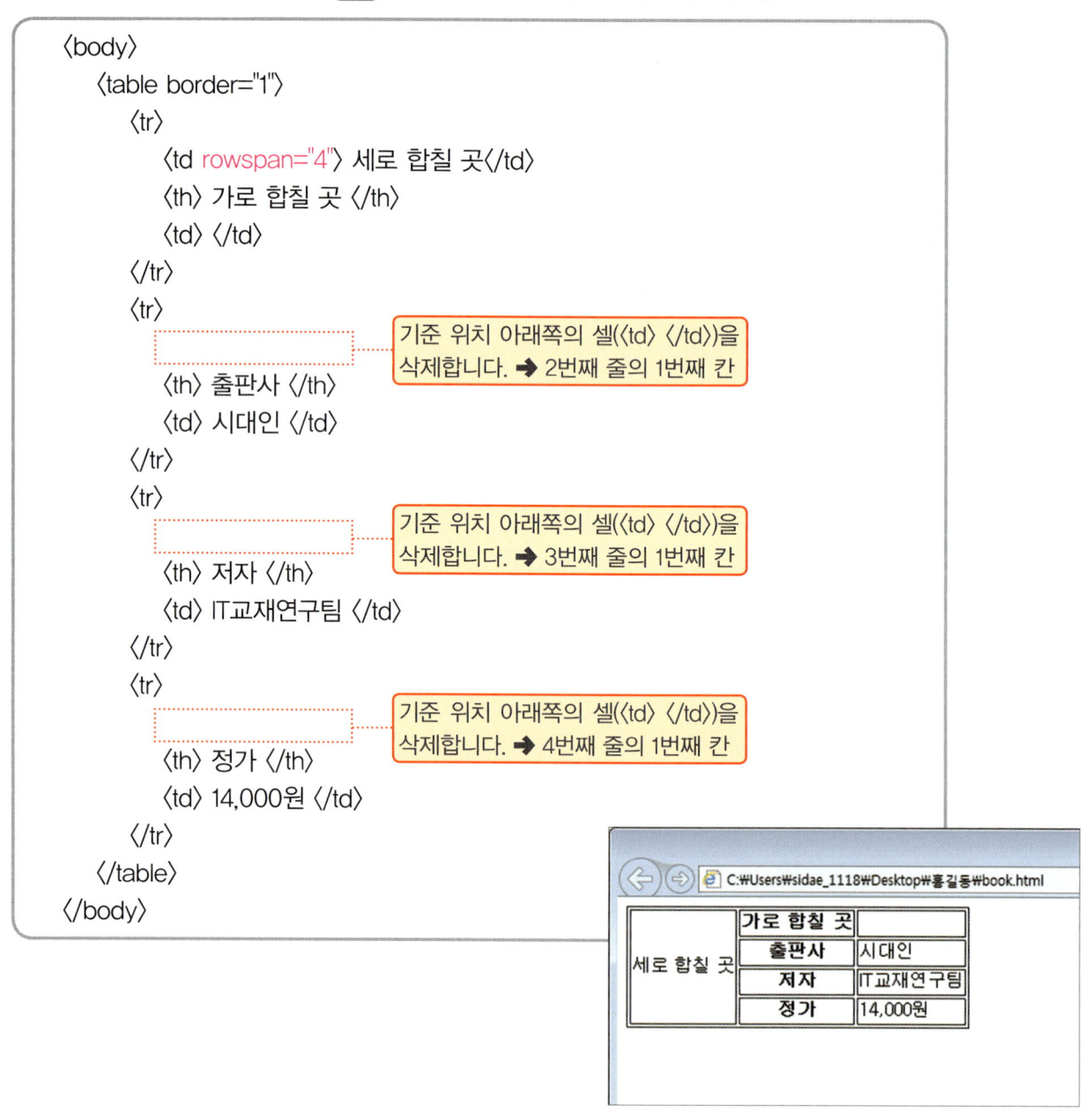

```
<body>
   <table border="1">
      <tr>
         <td rowspan="4"> 세로 합칠 곳</td>
         <th> 가로 합칠 곳 </th>
         <td> </td>
      </tr>
      <tr>
         <th> 출판사 </th>
         <td> 시대인 </td>
      </tr>
      <tr>
         <th> 저자 </th>
         <td> IT교재연구팀 </td>
      </tr>
      <tr>
         <th> 정가 </th>
         <td> 14,000원 </td>
      </tr>
   </table>
</body>
```

- 기준 위치 아래쪽의 셀(⟨td⟩⟨/td⟩)을 삭제합니다. ➡ 2번째 줄의 1번째 칸
- 기준 위치 아래쪽의 셀(⟨td⟩⟨/td⟩)을 삭제합니다. ➡ 3번째 줄의 1번째 칸
- 기준 위치 아래쪽의 셀(⟨td⟩⟨/td⟩)을 삭제합니다. ➡ 4번째 줄의 1번째 칸

배움터 rowspan="합칠 셀의 수"

속성이 입력되는 셀을 기준으로 아래쪽 셀을 합칩니다. 합쳐질 셀에 해당하는 태그를 삭제합니다.

열(칸) 합치기

01 메모장으로 돌아와 〈table〉 태그 영역에서 '〈th〉 가로 합칠 곳 〈/th〉'을 다음과 같이 수정한 후 **아래쪽의 '〈td〉〈/td〉' 부분을 삭제**하고 Ctrl + S 키를 눌러 저장(덮어쓰기)합니다.

02 브라우저 창으로 돌아가 F5 키를 눌러 결과를 확인합니다.

```
<body>
   <table border="1">
      <tr>
         <td rowspan="4"> 세로 합칠 곳</td>
         <th colspan="2"> 가로 합칠 곳 </th>
         
      </tr>
         ⋮
   </table>
</body>
```

기준 위치 오른쪽의 셀(〈td〉〈/td〉)을 삭제합니다. → 1번째 줄의 3번째 칸

배움터 colspan="합칠 셀의 수"

속성이 입력되는 셀을 기준으로 오른쪽 셀을 합칩니다. 합쳐질 셀에 해당하는 태그를 삭제합니다.

배움터 〈col〉 태그

〈col〉 태그는 한 개의 열(칸)에 속하는 모든 셀을 하나로 묶어 줍니다.

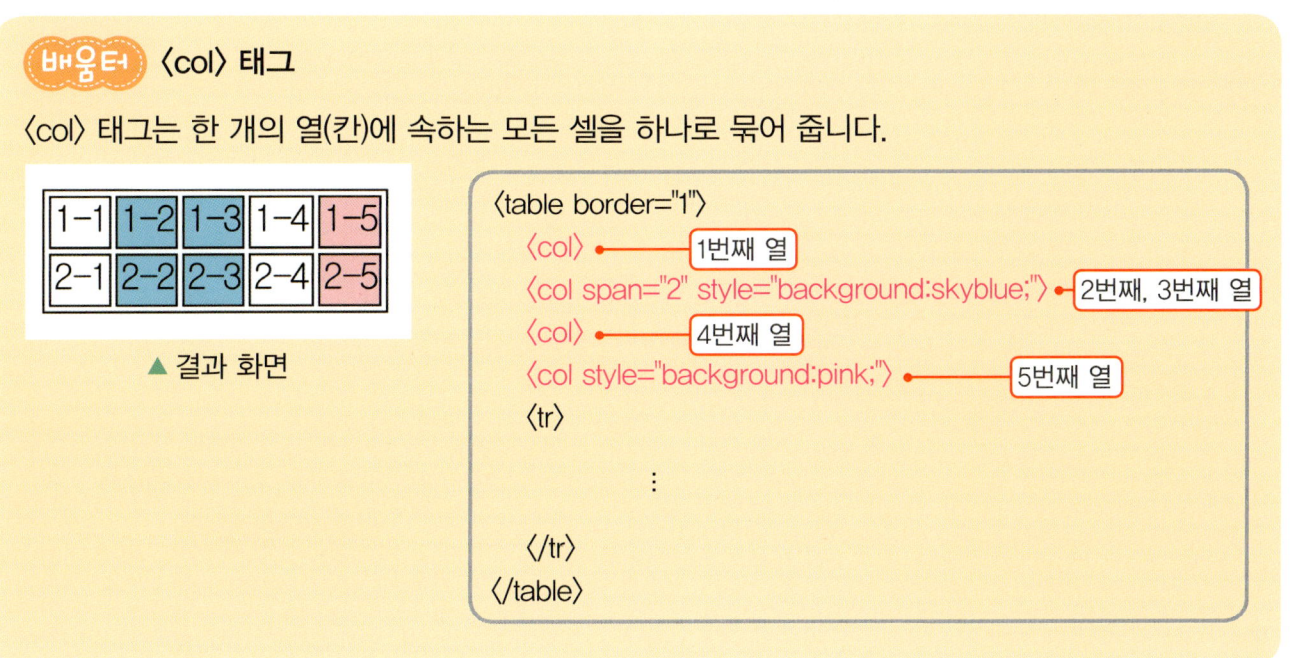

▲ 결과 화면

```
<table border="1">
   <col>                                         ← 1번째 열
   <col span="2" style="background:skyblue;">    ← 2번째, 3번째 열
   <col>                                         ← 4번째 열
   <col style="background:pink;">                ← 5번째 열
   <tr>
      ⋮
   </tr>
</table>
```

예제파일 : [img] 폴더/flower.png, cover1.png

03 셀 채우기

이미지로 채우기

01 메모장으로 돌아와 〈table〉 태그 영역에서 **〈td〉 태그**를 다음과 같이 **수정**한 후 Ctrl + S 키를 눌러 저장(덮어쓰기)합니다.

02 브라우저 창으로 돌아가 F5 키를 눌러 결과를 확인합니다.

```
<body>
    <table border="1">
        <tr>
            <td rowspan="4" style="background:url(img/flower.png);"> 세로 합칠 곳 </td>
            <th colspan="2"> 가로 합칠 곳 </th>
        </tr>
            ⋮
    </table>
</body>
```

> 'book.html' 파일은 [img] 폴더와 같은 위치(동일한 폴더)에 있어야 합니다.

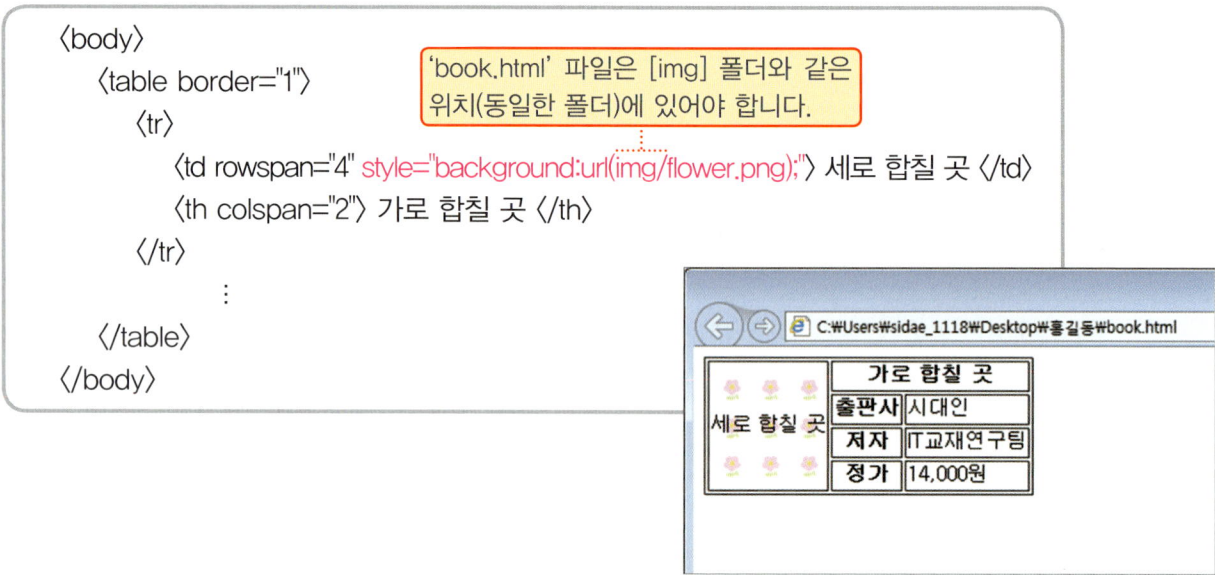

색 채우기

01 메모장으로 돌아와 〈table〉 태그 영역에서 **〈th〉 태그**를 다음과 같이 **수정**한 후 Ctrl + S 키를 눌러 저장(덮어쓰기)합니다.

02 브라우저 창으로 돌아가 F5 키를 눌러 결과를 확인합니다.

```
<body>
    <table border="1">
        <tr>
            <td rowspan="4" style="background:url(img/flower.png);"> 세로 합칠 곳 </td>
            <th colspan="2" style="background:yellow;"> 가로 합칠 곳 </th>
        </tr>
            ⋮
    </table>
</body>
```

내용 변경하기

01 메모장으로 돌아와 '세로 합칠 곳'과 '가로 합칠 곳'이라고 입력된 부분을 다음과 같이 **수정**한 후, Ctrl + S 키를 눌러 저장(덮어쓰기)합니다.

```
<body>
    <table border="1">
        <tr>
            <td rowspan="4" style="background:url(img/flower.png);">
            <img src="img/cover1.png">
            </td>
            <th colspan="2" style="background:yellow;">
            컴퓨터 왕기초 <br> (윈도우&amp;한글&amp;엑셀&amp;파워포인트)
            </th>
        </tr>
            ⋮
    </table>
</body>
```

&로 표시되는 곳

02 브라우저 창으로 돌아가 F5 키를 눌러 결과를 확인합니다.

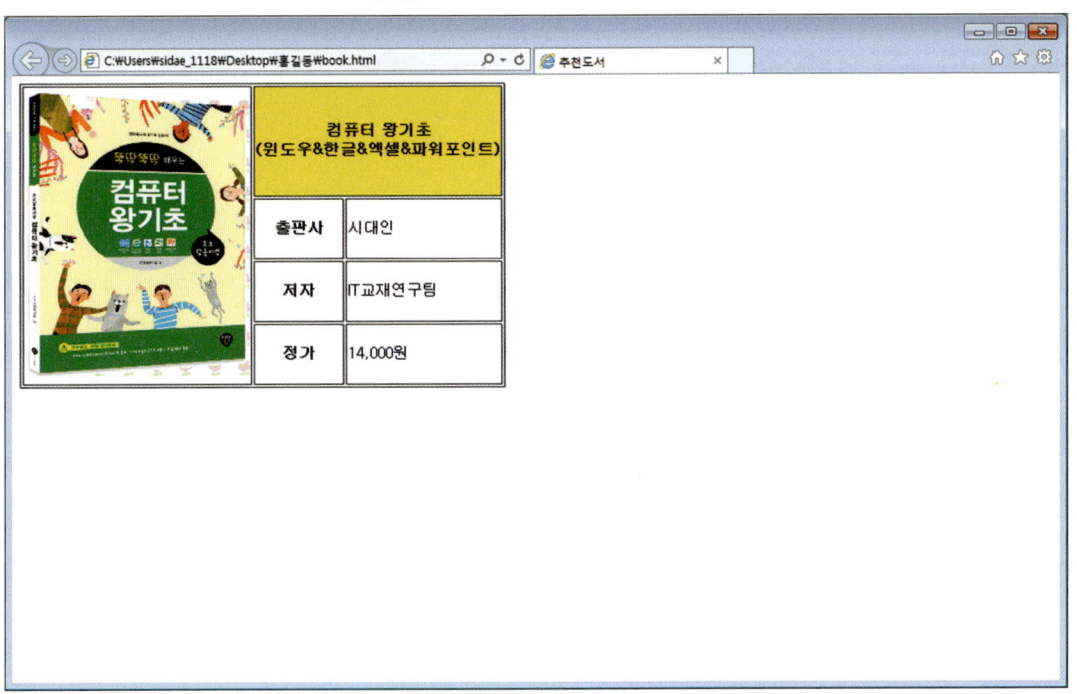

> **배움터**
> - 기본적으로 셀 안의 내용에 따라 셀의 너비가 달라집니다. width 속성을 이용해 셀의 너비를 지정(고정)할 수 있었지만, HTML5에서는 폐지되었습니다.
> -〈th〉 태그는 기본적으로 text-align 속성 값을 center로 지정하고 있습니다.

> **배움터** vertical-align 속성
> 셀 안에 입력한 글자의 세로 정렬 방법을 지정할 때 사용합니다. 속성 값으로 top, bottom, middle 등이 있습니다.

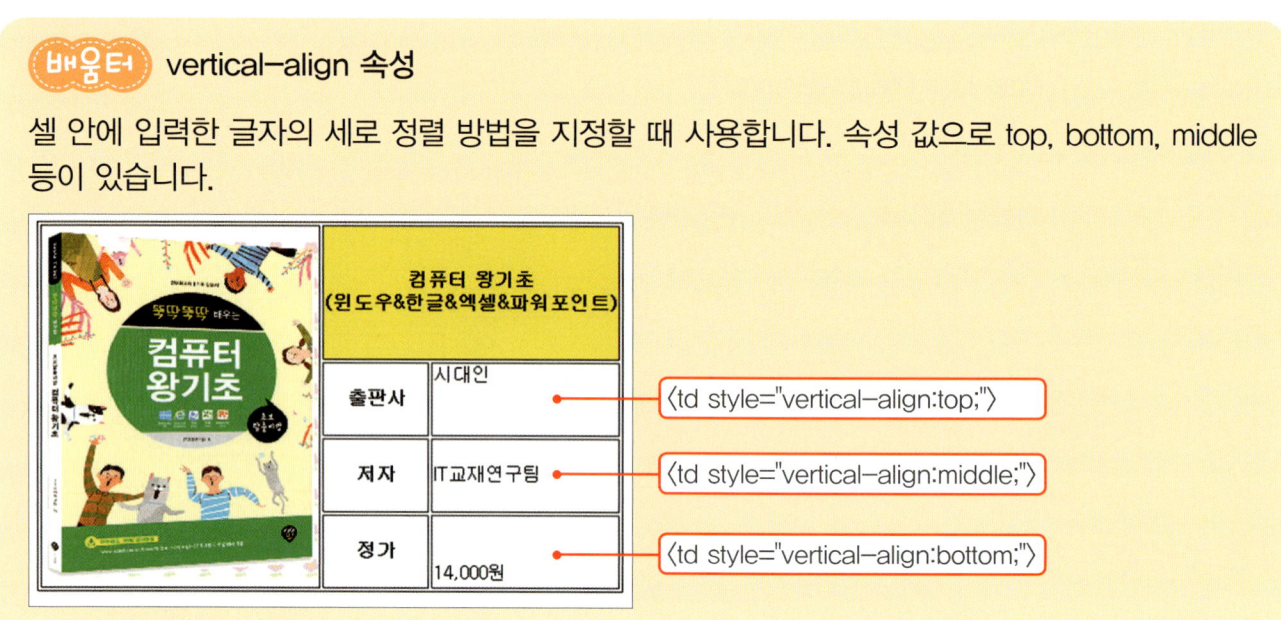

04 테두리 선 설정하기

 선 색

01 메모장으로 돌아와 〈head〉 태그 영역에 다음과 같이 〈style〉 태그를 삽입한 후 Ctrl + S 키를 눌러 저장(덮어쓰기)합니다.

```
<head>
    <title> 추천도서 </title>
    <style>
        table{
            border-color:orange ;
        }
    </style>
</head>
```

02 브라우저 창으로 돌아가 F5 키를 눌러 결과를 확인합니다. 선 색상이 바뀐 것을 확인할 수 있습니다.

선 종류

01 메모장으로 돌아와 〈style〉 태그의 table 속성에 다음과 같이 **추가**한 후 Ctrl + S 키를 눌러 저장(덮어쓰기)합니다.

```
〈head〉
    〈title〉 추천도서 〈/title〉
    〈style〉
        table{
            border-color:orange;
            border-style:dashed;
        }
    〈/style〉
〈/head〉
```

> **배움터** borde-style 속성 값
>
> - none : 선 없음
> - solid : 실선 표시
> - double : 이중 실선 표시
> - dotted : 점선 표시
> - dashed : 짧은 직선으로 된 점선 표시
> - groove : 입체적 효과

02 브라우저 창으로 돌아가 F5 키를 눌러 결과를 확인합니다. 선 모양이 바뀐 것을 확인할 수 있습니다.

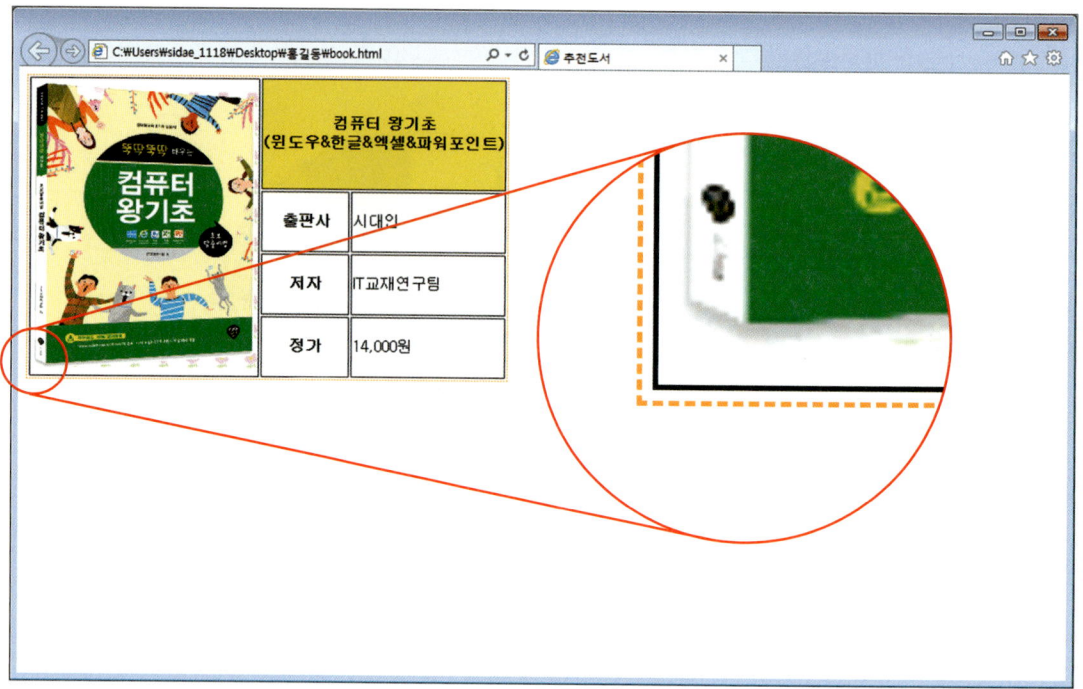

선 두께 조정

01 메모장으로 돌아와 〈style〉 태그의 table 속성에 다음과 같이 **추가**한 후 Ctrl + S 키를 눌러 저장(덮어쓰기)합니다.

```
〈head〉
    〈title〉 추천도서 〈/title〉
    〈style〉
        table{
            border-color:orange;
            border-style:dashed;
            border-width:5px;
        }
    〈/style〉
〈/head〉
```

> **배움터** 〈style〉 태그를 이용하여 선 두께나 선 색 지정 시 결과 화면에 제대로 적용되지 않을 경우에는 선 종류(borde-style 속성)에 대한 설정을 넣어 줍니다.

02 브라우저 창으로 돌아가 F5 키를 눌러 결과를 확인합니다. 선 굵기가 바뀐 것을 확인할 수 있습니다.

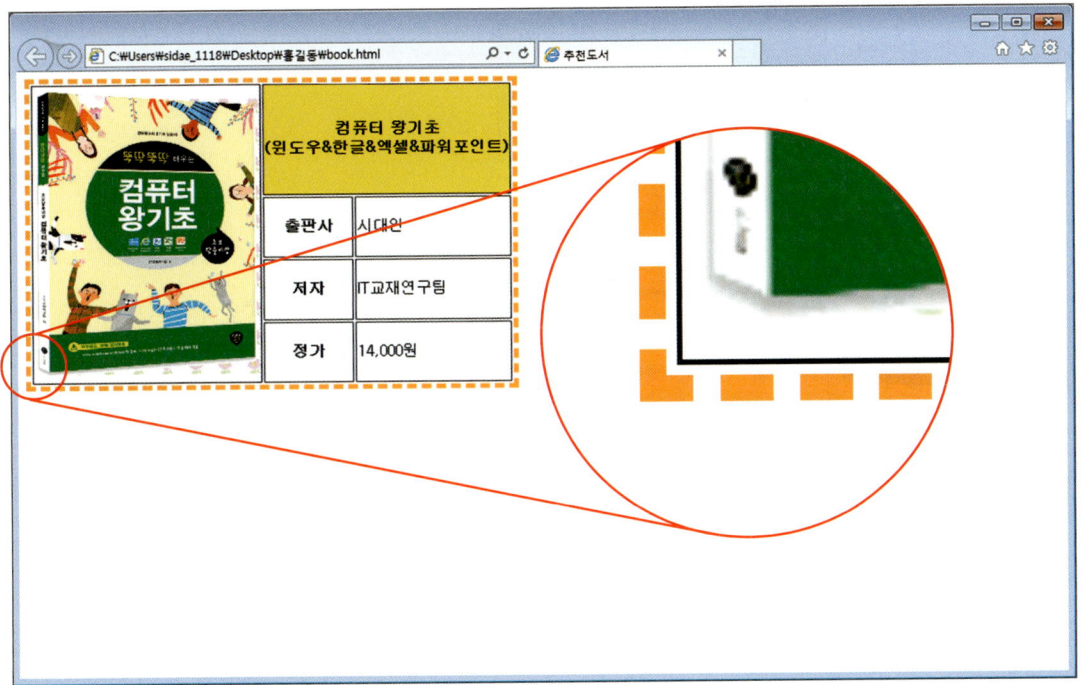

셀 테두리 선 꾸미기

01 메모장으로 돌아와 〈style〉 태그 영역에 다음과 같이 〈td〉 태그에 대한 스타일을 추가로 입력한 후 Ctrl + S 키를 눌러 저장(덮어쓰기)합니다.

```
〈head〉
    〈title〉 추천도서 〈/title〉
    〈style〉
        table{
            border-color:orange;
            border-style:dashed;
            border-width:5px;
            }
        td{ border:pink solid 2px; }
    〈/style〉
〈/head〉
```

> **배움터** border 속성으로 선 모양 한 번에 꾸미기
>
> 선 스타일, 선 두께, 선 색상은 border 속성으로 간단하게 설정할 수 있습니다.
>
> **형식** border : border-color값 border-style값 border-width값 ;
>
> 예 border:red dashed 5px;

02 브라우저 창으로 돌아가 F5 키를 눌러 결과를 확인합니다. 〈th〉 태그로 만든 셀에는 테두리 모양이 적용되지 않은 것을 확인할 수 있습니다.

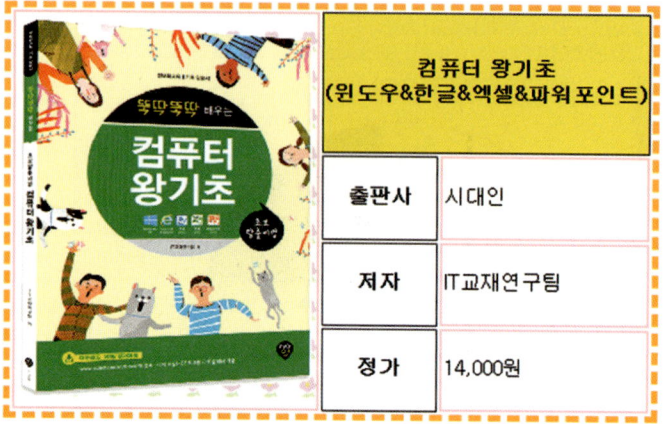

03 〈th〉 태그도 〈td〉 태그의 스타일과 동일하게 적용할 것이므로 **메모장으로 돌아와** 다음과 같이 **입력**한 후 Ctrl + S 키를 눌러 **저장(덮어쓰기)**합니다.

```
<head>
    <title> 추천도서 </title>
    <style>
        table{
            border-color:orange;
            border-style:dashed;
            border-width:5px;
            }
        th, td{
            border:pink solid 2px;
            }
    </style>
</head>
```

04 브라우저 창으로 돌아가 F5 키를 눌러 결과를 확인합니다.

위치별로 선 스타일 지정하기

- border-left : 셀 또는 표의 왼쪽 선 모양, 선 굵기, 선 색상 등을 조정합니다.
- border-right : 셀 또는 표의 오른쪽 선 모양, 선 굵기, 선 색상 등을 조정합니다.
- border-top : 셀 또는 표의 위쪽 선 모양, 선 굵기, 선 색상 등을 조정합니다.
- border-bottom : 셀 또는 표의 아래쪽 선 모양, 선 굵기, 선 색상 등을 조정합니다.

예) 표 테두리 각각 지정하기

```
<!DOCTYPE html>
<html>
    <head>
        <title> 표/셀 테두리 꾸미기 </title>
        <style>
            table{
                border-left : dotted 3px red ;
                border-right : groove 10px pink ;
                border-top : groove 10px #00bbaa;
                border-bottom : double 10px orange;
            }
        </style>
    </head>
    <body>
        <table border="1">
            <tr>
                <th> 표 테두리 각각 지정하기 </th>
            </tr>
        </table>
    </body>
</html>
```

한 줄로

01 메모장으로 돌아와 〈style〉 태그의 table 속성에 다음과 같이 **추가**한 후 Ctrl + S 키를 눌러 저장(덮어쓰기)합니다.

```
〈head〉
    〈title〉 추천도서 〈/title〉
    〈style〉
        table{
            border-color:orange;
            border-style:dashed;
            border-width:5px;
            border-collapse:collapse;
        }
        th, td{
            border:pink solid 2px;
        }
    〈/style〉
〈/head〉
```

02 브라우저 창으로 돌아가 F5 키를 눌러 결과를 확인합니다. 표의 테두리와 셀 사이의 간격이 사라지고 테두리가 하나로 보이는 것을 확인할 수 있습니다.

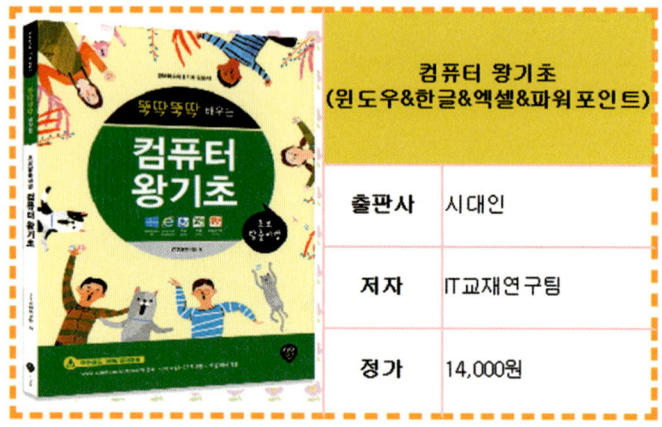

디딤돌학습

1 다음과 같이 5줄 3칸짜리 표를 작성한 후 'profile.html'로 저장해 봅니다.

예제파일 : [img] 폴더/banner.jpg

2 앞에서 작성한 'profile.html' 파일을 수정하여 다음과 같이 꾸며 봅니다.

예제파일 : [img] 폴더/flower.png

```
<!DOCTYPE html>
<html>
    <head>
        <title> 프로필 </title>
        <style>
            table{
                border:skyblue dotted 5px;
                background:url(img/flower.png);
                }
        </style>
    </head>
    <body>
        <table>
            <tr>
                <th colspan="3"> <mark> 쿡쿡박사는 누구인가? </mark> </th>
            </tr>
            <tr>
                <th> 직업 </th>
                <td> 회사원 </td>
                <td rowspan="4"> <img src="img/banner.jpg"> </td>
            </tr>
            <tr>
                <th> 나이 </th>
                <td> 쉿! 비밀이에요. </td>
            </tr>
            <tr>
                <th> 취미 </th>
                <td> 요리 </td>
            </tr>
            <tr>
                <th> 특기 </th>
                <td> 열내기 </td>
            </tr>
        </table>
    </body>
</html>
```

하이퍼링크 관련 태그 살펴보기

글자나 이미지를 클릭하면 외부 웹 사이트나 다른 HTML 문서가 열리게 하는 것을 '하이퍼링크(hyperlink)' 또는 '링크(link)'라고 합니다. 이번 장에서는 링크를 거는 방법과 열린 문서가 표시되는 장소를 지정하는 방법에 대해서 알아보도록 하겠습니다.

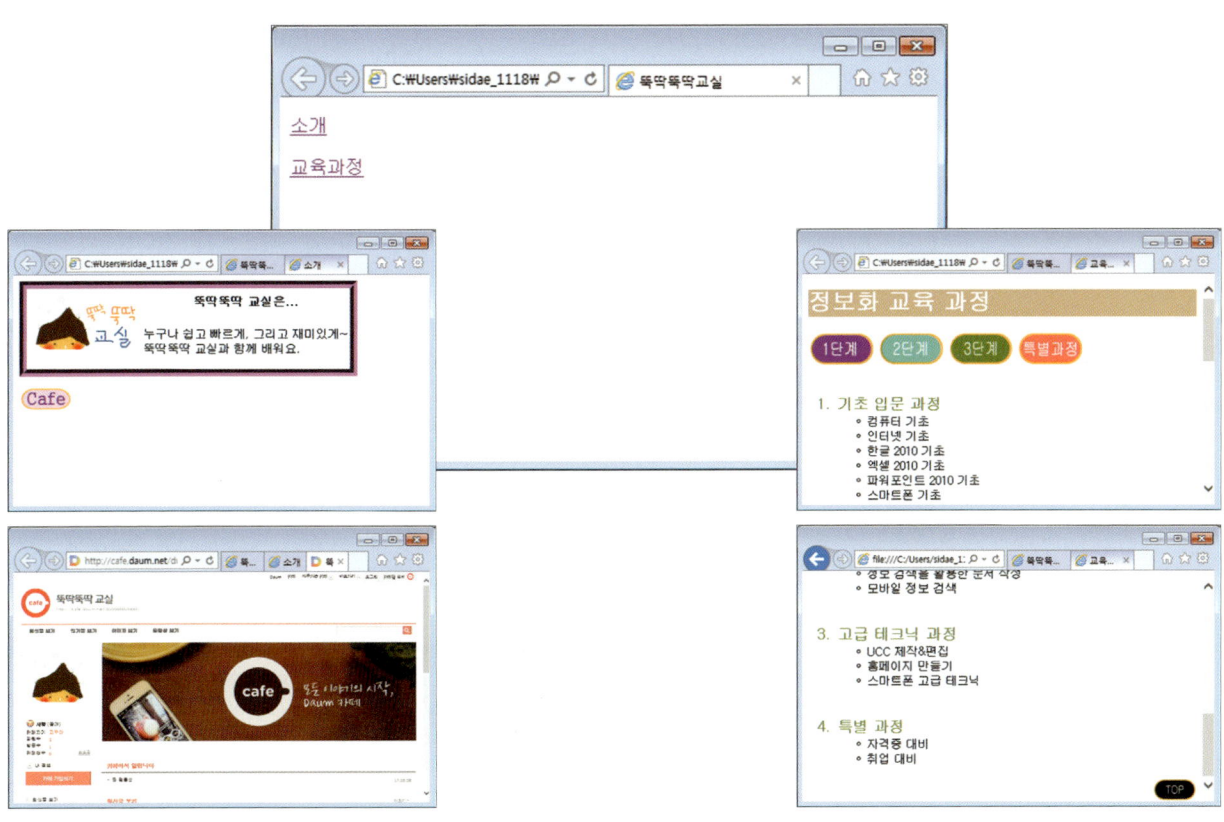

 무엇을 배울까요?

- 하이퍼링크 걸기 : ⟨a⟩, href 속성
- 다른 HTML 문서 열기 및 외부 웹 사이트 연결하기
- 책갈피 이용하여 문서 내 위치 이동하기 : id 속성
- 현재 화면에서 열기/새 탭에서 열기 : target 속성

01 다른 문서 연결하기

예제파일 : [img] 폴더/banner2.jpg

연결할 HTML 문서 준비하기

01 메모장을 실행한 후, 다음과 같이 HTML 코드를 작성하고 'ddclass2.html'로 저장합니다.

```
<!DOCTYPE html>
<html>
    <head>
        <title> 소개 </title>
        <style>
            table{
            border:orchid groove 10px;
            }
        </style>
    </head>
    <body>
        <table>
            <tr>
                <td rowspan="2"> <img src="img/banner2.jpg"> </td>
                <th> 뚝딱뚝딱 교실은... </th>
            </tr>
            <tr>
                <td> 누구나 쉽고 빠르게, 그리고 재미있게~ ㅋ<br>
                뚝딱뚝딱 교실과 함께 배워요. </td>
            </tr>
        </table>
    </body>
</html>
```

'ddclass2.html' 파일과 [img] 폴더는 같은 위치(동일한 폴더)에 있어야 합니다.

▲ 결과 화면

◎ 코딩 작업이 힘들 경우, 메모장에서 [파일]-[열기]를 선택하여 제공하는 예제 파일 중 'ddclass2-입력.html' 파일을 불러와 다른 이름으로 저장하고 계속해서 다음 작업을 진행합니다.

글자로 연결하여 현재 탭에 표시하기

01 메모장에서 [파일]-[새로 만들기]를 선택한 후, 다음과 같이 HTML 코드를 작성하고 'ddclass1.html'로 저장합니다.

```
<!DOCTYPE html>
<html>
    <head>
        <title> 뚝딱뚝딱교실 </title>
    </head>
    <body>
        <p> <a href="ddclass2.html"> 소개 </a> </p>
    </body>
</html>
```

> 'ddclass1.html'과 'ddclass2.html' 파일은 같은 위치(동일한 폴더)에 있어야 합니다.

02 저장한 위치(폴더)를 찾아 'ddclass1.html' 파일을 더블 클릭하여 실행한 후, 결과를 확인합니다. 글자 아래에 밑줄이 그어진 파란색의 '소개'라는 글자가 표시됩니다. '소개' 글자 위로 마우스 포인터를 이동하여 마우스 포인터의 모습이 ☝ 로 바뀌면 클릭합니다.

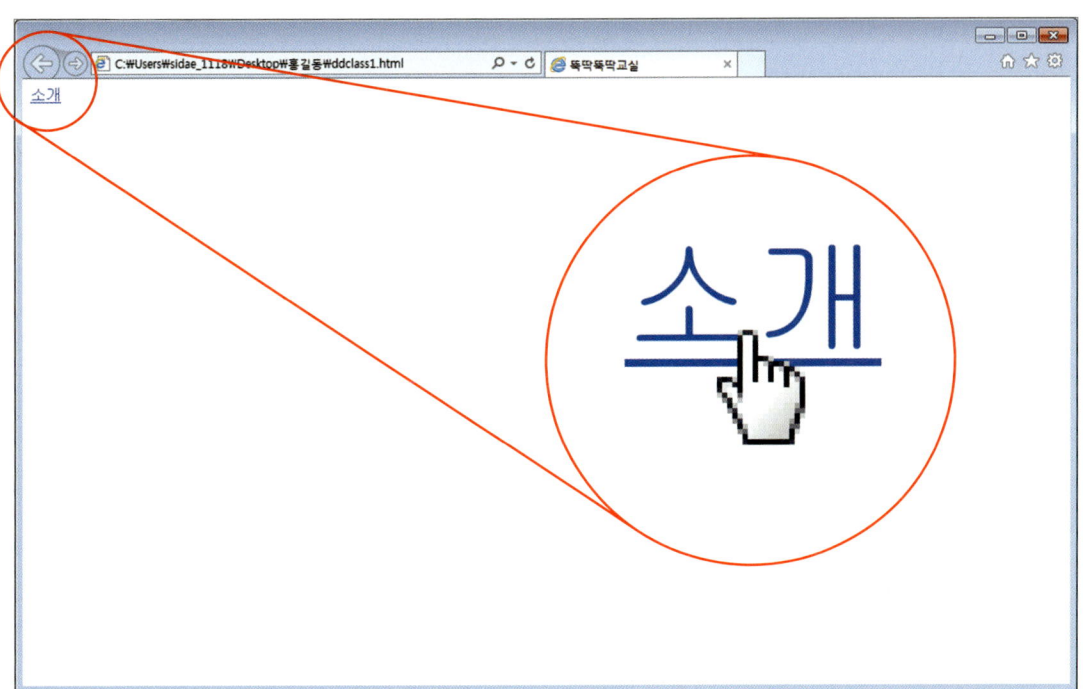

03 '소개'에 연결(링크)되어 있던 'ddclass2.html' 파일이 현재 화면에 표시된 것을 확인할 수 있습니다.

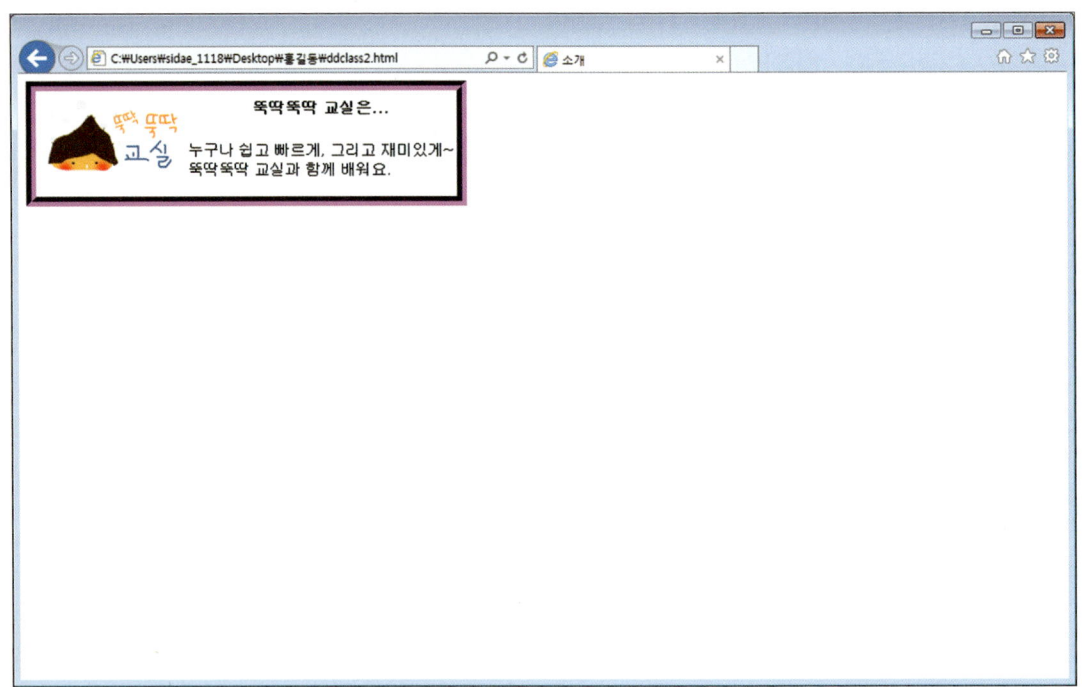

04 Backspace 키 또는 [뒤로(←)] 단추를 클릭하면 다시 표시되는 'ddclass1.html' 문서 화면을 확인합니다. 파란색이었던 글자가 자주색으로 표시된 것을 확인할 수 있습니다.

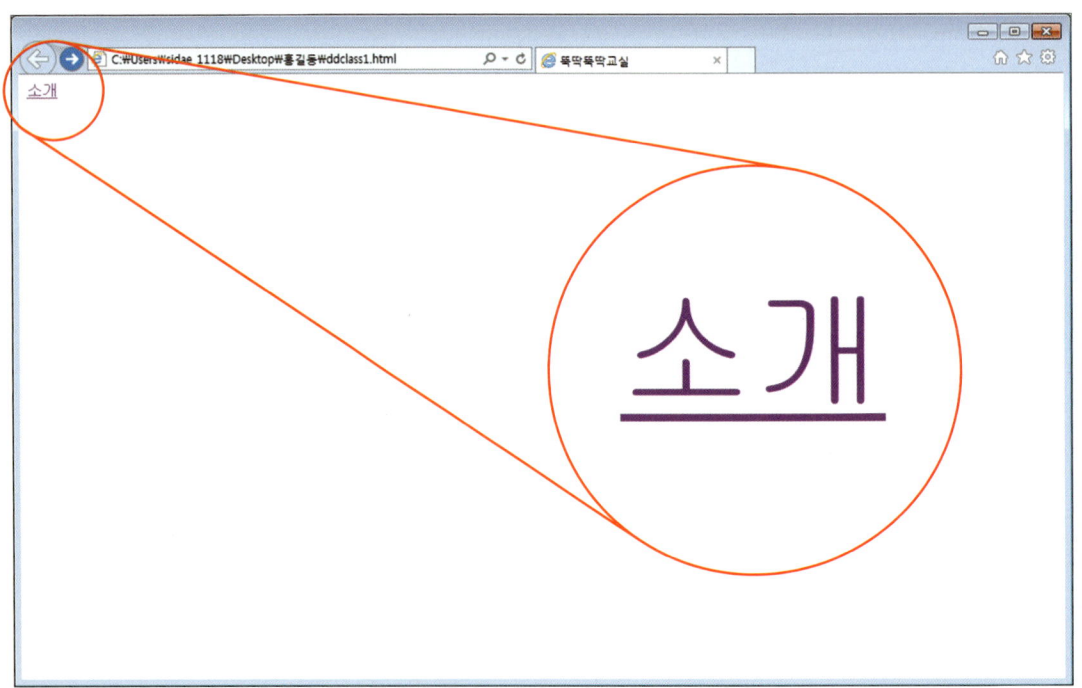

배움터 링크가 걸린 글자의 색상을 변경하여 방문한 적이 있음을 알려 줍니다.

# 02 새 탭에서 보기

01 메모장('ddclass1.html' 파일이 열려 있는 상태)에서 **<a>** 태그를 다음과 같이 **수정**한 후 Ctrl + S 키를 눌러 저장(덮어쓰기)합니다.

```
<body>
    <p><a href="ddclass2.html" target="_blank"> 소개 </a> </p>
</body>
```

> **배움터** target 속성의 값
>
> - _blank : 새로운 탭 또는 창에서 열기
> - _self : 현재 탭 또는 창에서 열기
> - _parent : 부모 탭 또는 창에서 열기
> - _top : 최상위 탭 또는 창에서 열기(없으면 현재 탭 또는 창)

02 브라우저 창으로 돌아가 F5 키를 눌러 열려 있는 HTML 문서를 새로 고침한 후, **[소개]를 클릭**해 새 탭에서 열리는 것을 확인합니다.

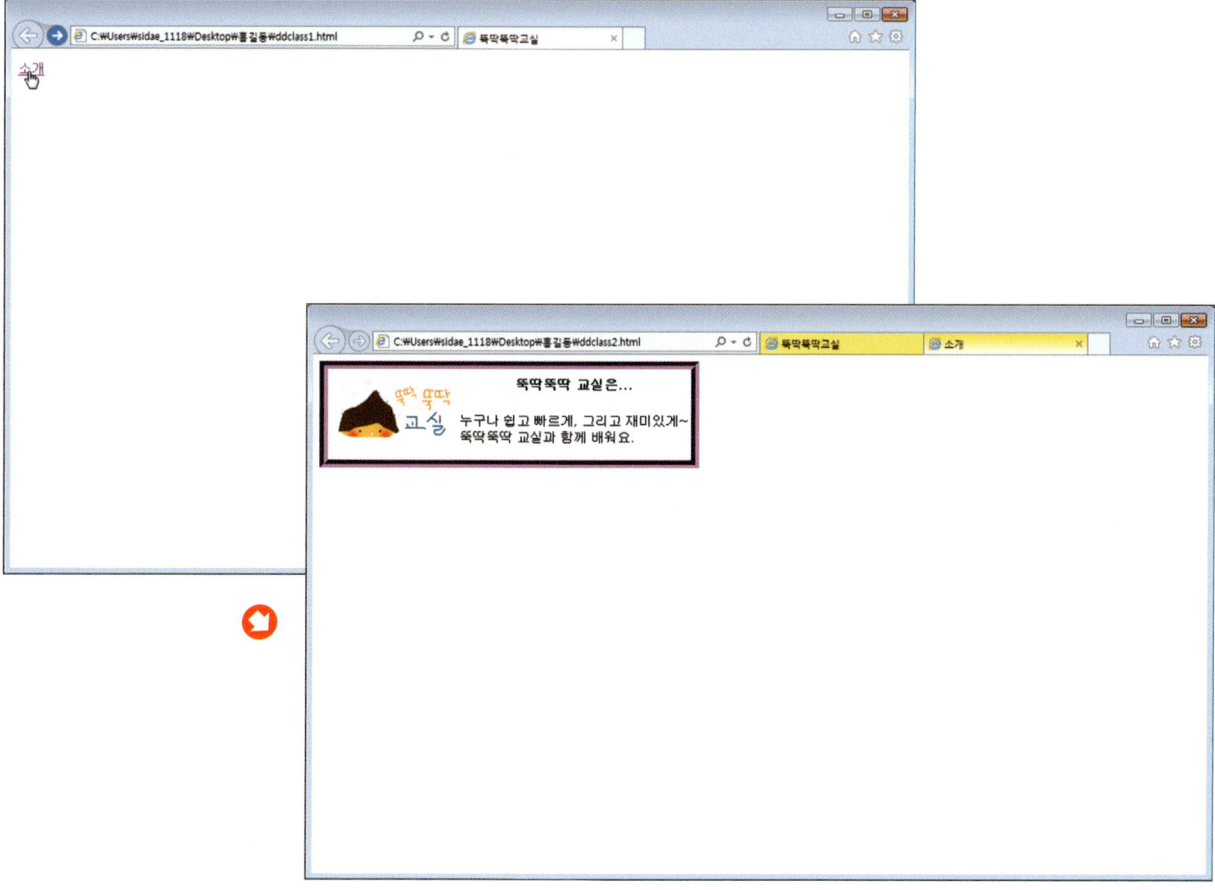

  예제파일 : [img] 폴더/b_cafe.png

03 외부 웹 사이트 연결하기

외부 웹 사이트 연결하기

01 메모장에서 [파일]-[열기]를 선택한 후, 'ddclass2.html' 파일을 불러옵니다.

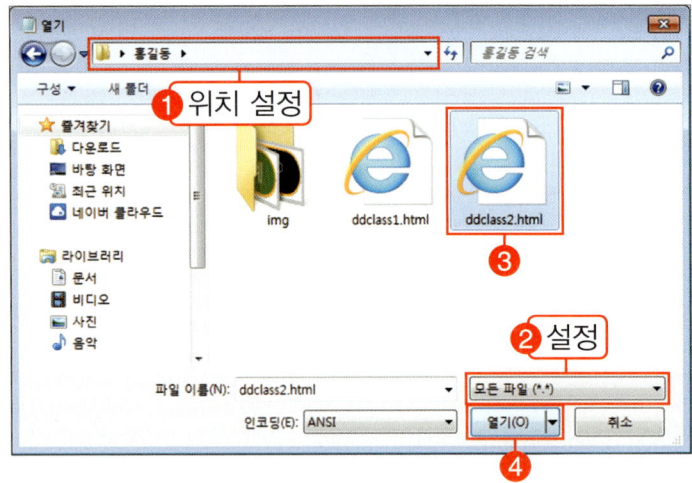

02 〈body〉 태그 영역에 다음과 같이 **추가**한 후 Ctrl + S 키를 눌러 저장(덮어쓰기)합니다.

```
<body>
   <table>
        ⋮
   </table>
   <p>
      <a href="http://cafe.daum.net/dukdakdukdak" target="_blank">
         카페 바로가기
      </a>
   </p>
</body>
```

연결하고 싶은 웹 사이트 주소

> **배움터** 웹 사이트(웹 문서나 웹 이미지 등)와 연결한 경우, 인터넷이 연결되어 있어야 제대로 된 결과를 확인할 수 있습니다.

03 브라우저 창으로 돌아가 F5 키를 눌러 열려 있는 HTML 문서를 새로 고침한 후, [카페 바로가기]를 클릭합니다.

04 새 탭에서 지정한 외부 웹 사이트의 웹 페이지가 열리는 것을 확인합니다. (탭 닫기)를 클릭합니다.

이미지로 연결하기

01 메모장에서 〈a〉 태그 영역 사이의 '카페 바로가기' 글자를 삭제하고 다음과 같은 〈img〉 태그를 추가한 후, Ctrl + S 키를 눌러 저장(덮어쓰기)합니다.

```
〈body〉
    〈table〉
        ⋮
    〈/table〉
    〈p〉
        〈a href="http://cafe.daum.net/dukdakdukdak" target="_blank"〉
            〈img src="img/b_cafe.png" width="70" height="30"〉
        〈/a〉
    〈/p〉
〈/body〉
```

02 브라우저 창으로 돌아가 F5 키를 눌러 열려 있는 HTML 문서를 새로 고침한 후, [Cafe] 단추 이미지를 클릭합니다. 새 탭에서 지정한 외부 웹 사이트의 웹 페이지가 열리는 것을 확인합니다. 브라우저 창의 ✕(닫기)를 클릭합니다.

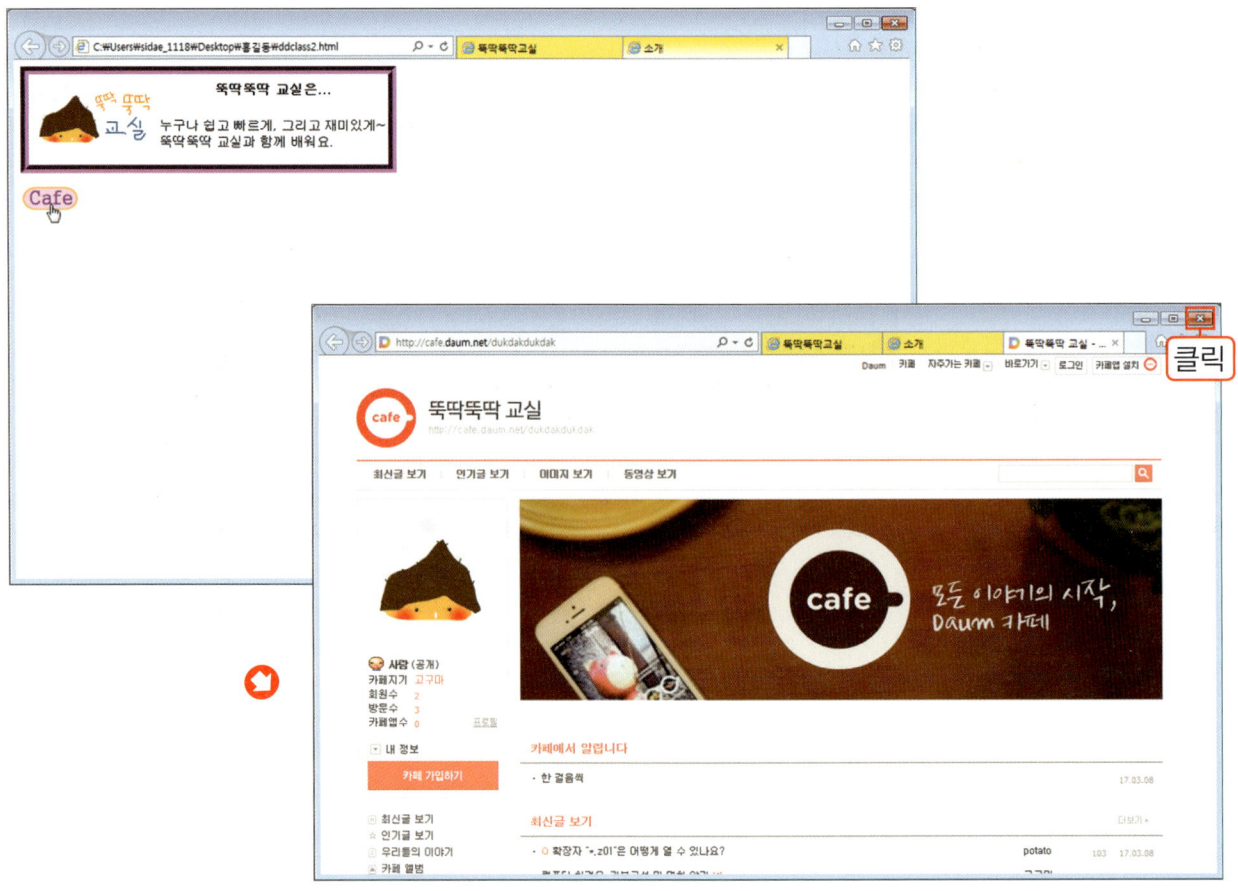

예제파일 : [img] 폴더/b_1.png~b_5.png

04 문서 내 다른 위치로 이동하기 : 책갈피

HTML 문서 준비하기

01 메모장에서 [파일]-[새로 만들기]를 선택한 후, 다음과 같이 HTML 코드를 작성하고 'ddclass3.html'로 저장합니다.

```html
<!DOCTYPE html>
<html>
    <head>
        <title> 교육과정 </title>
        <style>
            h1 {
                background-color:#D2B48C;
                color:white;
                }
            .sojemok {
                color:#6B8E23;
                font-size:15pt;
                font-weight:bolder;
                }
            .button_img {
                width:90px;
                height:45px;
                }
            .button_img2 {
                width:60px;
                float:right;
                }
        </style>
    </head>
    <body>
        <h1> 정보화 교육 과정 </h1>
            <img src="img/b_1.png" alt="1단계" class="button_img">
            <img src="img/b_2.png" alt="2단계" class="button_img">
            <img src="img/b_3.png" alt="3단계" class="button_img">
            <img src="img/b_4.png" alt="특별과정" class="button_img">
        <br> <br>
```

```html
        <ol>
            <li class="sojemok"> 기초 입문 과정 </li>
            <ul>
                <li> 컴퓨터 기초 </li>
                <li> 인터넷 기초 </li>
                <li> 한글 2010 기초 </li>
                <li> 엑셀 2010 기초 </li>
                <li> 파워포인트 2010 기초 </li>
                <li> 스마트폰 기초 </li>
            </ul>
            <br> <br>
            <li class="sojemok"> 기본 활용 과정 </li>
            <ul>
                <li> 인터넷 활용 </li>
                <li> 한글 2010 활용 </li>
                <li> 엑셀 2010 활용 </li>
                <li> 파워포인트 2010 활용 </li>
                <li> 웹 포토샵 </li>
                <li> 웹 일러스트레이터 </li>
                <li> 카페와 블로그 </li>
                <li> SNS </li>
                <li> HTML&CSS </li>
                <li> 스마트폰 활용 </li>
                <li> 정보 검색을 활용한 문서 작성 </li>
                <li> 모바일 정보 검색 </li>
            </ul>
            <br> <br>
            <li class="sojemok"> 고급 테크닉 과정 </li>
            <ul>
                <li> UCC 제작&편집 </li>
                <li> 홈페이지 만들기 </li>
                <li> 스마트폰 고급 테크닉 </li>
            </ul>
            <br> <br>
            <li class="sojemok"> 특별 과정 </li>
            <ul>
                <li> 자격증 대비 </li>
                <li> 취업 대비 </li>
            </ul>
        </ol>
        <img src="img/b_5.png" alt="맨위로" class="button_img2">
    </body>
</html>
```

◎ 코딩 작업이 힘들 경우, 메모장에서 [파일]-[열기]를 선택하여 제공하는 예제 파일 중 'ddclass3-입력.html' 파일을 불러와 다른 이름으로 저장하고 계속해서 다음 작업을 진행합니다.

▲ 결과 화면

위치 지정하기 : id 속성

01 〈body〉 태그 영역에 다음과 같이 위치로 지정할 곳의 각 태그에 『id="*위치이름*"』**을 추가**합니다. 위치 이름은 사용자 임의로 지정할 수 있습니다. 중복되지 않도록 유의합니다.

```
〈body〉
    〈h1 id="step_menu"〉 정보화 교육 과정〈/h1〉
                ⋮
    〈li class="sojemok" id="step_1"〉 기초 입문 과정 〈/li〉
                ⋮
    〈li class="sojemok" id="step_2"〉 기본 활용 과정 〈/li〉
                ⋮
    〈li class="sojemok" id="step_3"〉 고급 테크닉 과정〈/li〉
                ⋮
    〈li class="sojemok" id="step_4"〉 특별 과정 〈/li〉
                ⋮
〈/body〉
```

배움터 이전에는 〈a name="*위치이름*"〉~〈/a〉를 사용하였지만, HTML5에서는 name 속성이 폐지되고 id 속성으로 대체되었습니다.

책갈피 연결하기

01 `<body>` 태그 영역에 다음과 같이 `<a>` 태그를 추가합니다. Ctrl + S 키를 눌러 저장(덮어쓰기)합니다.

```
<body>
    <h1 id="step_menu"> 정보화 교육 과정</h1>
        <a href="#step_1"><img src="img/b_1.png" alt="1단계" class="button_img"></a>
        <a href="#step_2"><img src="img/b_2.png" alt="2단계" class="button_img"></a>
        <a href="#step_3"><img src="img/b_3.png" alt="3단계" class="button_img"></a>
        <a href="#step_4"><img src="img/b_4.png" alt="특별과정" class="button_img"></a>
                            ⋮
        <a href="#step_menu"><img src="img/b_5.png" alt="맨위로" class="button_img2"></a>
</body>
```

02 저장한 위치(폴더)를 찾아 'ddclass3.html' 파일을 더블 클릭하여 실행한 후, 결과를 확인합니다. 화면에 모두 보이면 책갈피 효과를 확인할 수 없으므로 브라우저 창의 크기를 줄인 후 각 단추 모양의 이미지를 클릭하여 확인해 봅니다.

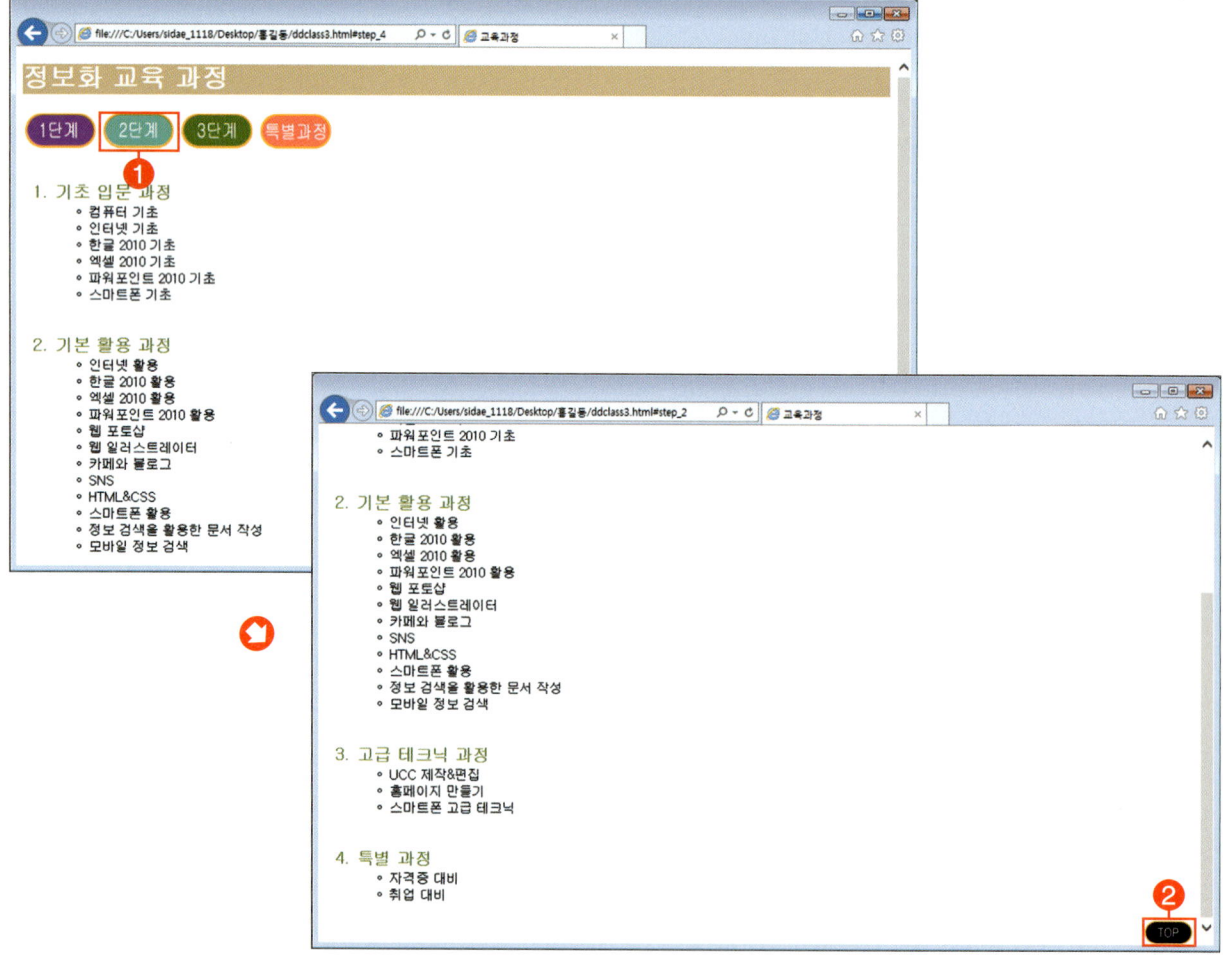

03 브라우저 창의 ✕(닫기)를 클릭합니다.

다른 HTML 문서와 연결하기

01 메모장에서 [파일]-[열기]를 선택한 후, 앞에서 작성한 'ddclass1.html' 파일을 불러옵니다.

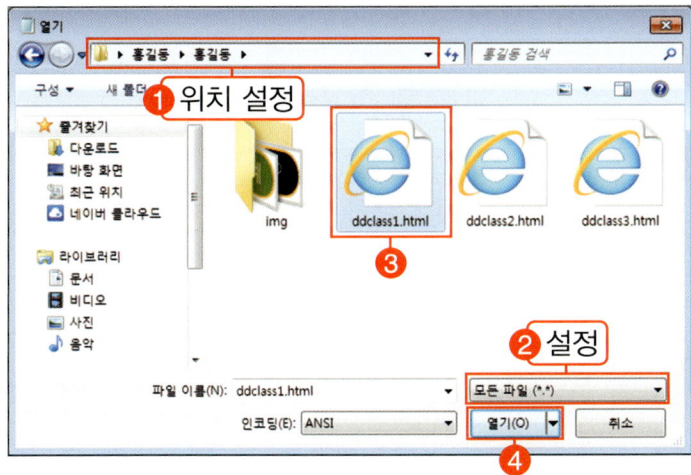

02 다음과 같이 'ddclass1.html' 파일의 〈body〉 태그 영역에 〈a〉 태그를 활용하여 '교육과정' 글자에 'ddclass3.html' 파일을 연결합니다. Ctrl + S 키를 눌러 저장(덮어쓰기)합니다.

```
〈body〉
    〈p〉〈a href="ddclass2.html" target="_blank"〉 소개 〈/a〉〈/p〉
    〈p〉〈a href="ddclass3.html" target="_blank"〉 교육과정 〈/a〉〈/p〉
〈/body〉
```

'ddclass1.html'과 'ddclass3.html' 파일은 같은 위치(동일한 폴더)에 있어야 합니다.

03 저장한 위치(폴더)를 찾아 'ddclass1.html' 파일을 더블 클릭하여 실행한 후, 결과를 확인합니다.

08 하이퍼링크 관련 태그 살펴보기 • **117**

디딤돌학습

1 'book_detail.html' 파일을 불러와 다음과 같이 글자와 이미지를 이용하여 하이퍼링크를 삽입해 봅니다.

예제파일 : book_detail.html, [img] 폴더/b_about.png, b_list.png, b_sidaein.png

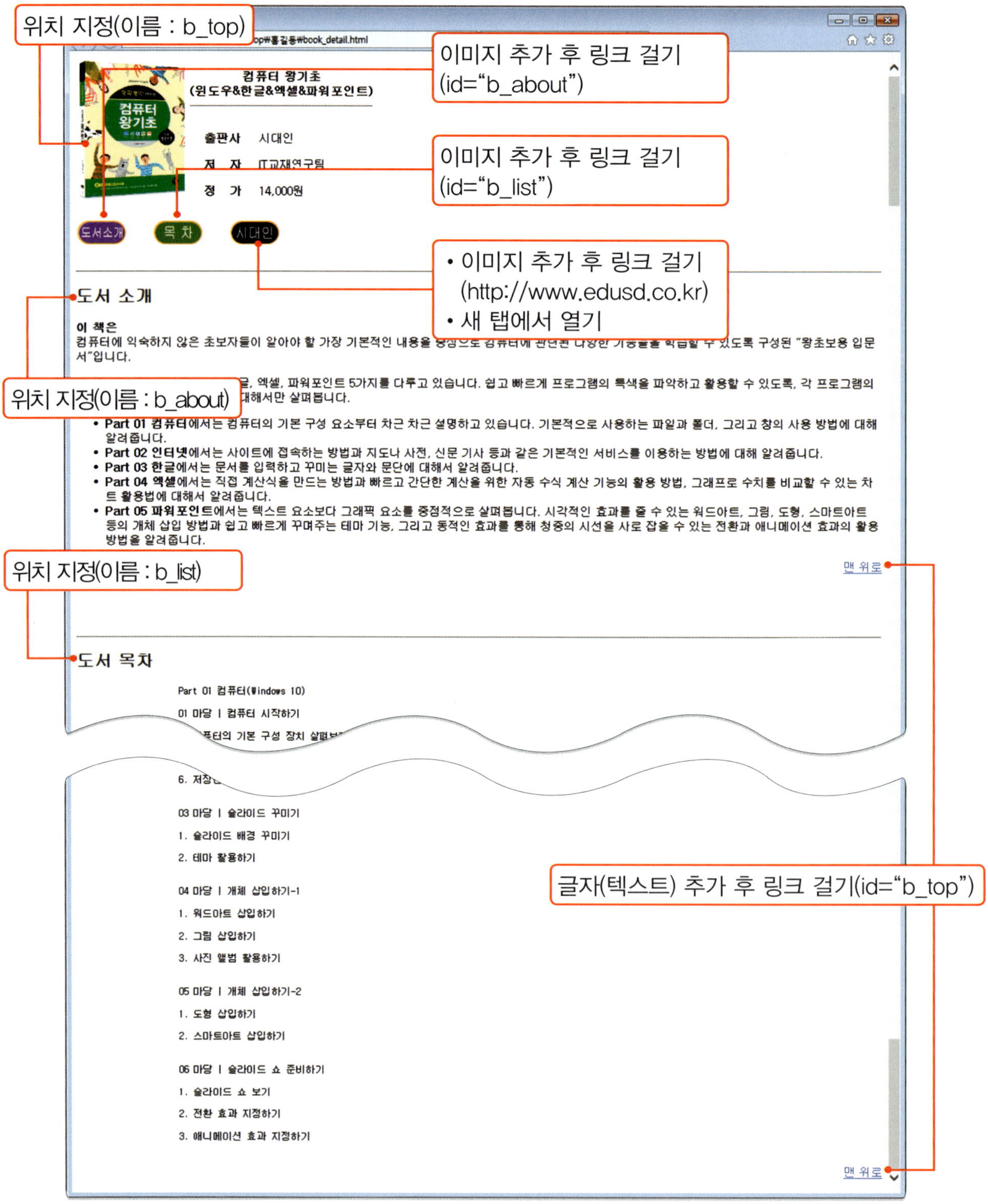

- 위치 지정(이름 : b_top)
- 이미지 추가 후 링크 걸기 (id="b_about")
- 이미지 추가 후 링크 걸기 (id="b_list")
- 이미지 추가 후 링크 걸기 (http://www.edusd.co.kr)
- 새 탭에서 열기
- 위치 지정(이름 : b_about)
- 위치 지정(이름 : b_list)
- 글자(텍스트) 추가 후 링크 걸기(id="b_top")

HTML 코드의 <body> 태그 영역에서 빨간색으로 표시한 부분을 추가 또는 수정합니다.

```
<body>
    <table id="b_top">
             ⋮
    </table>
    <br>
    <a href="#b_about"><img src="img/b_about.png" alt="도서소개" width="70"></a>
             
    <a href="#b_list"><img src="img/b_list.png" alt="목차" width="70"></a>
             
    <a href="http://www.edusd.co.kr" target="_blank"><img src="img/b_sidaein.png" alt="사이트연결" width="70"></a>
    <br><br>
    <hr>
    <h2 id="b_about"> 도서 소개 </h2>
             ⋮
    <p style="text-align:right;"> <a href="#b_top"> 맨 위로 </a> </p>
    <br><br><br>
    <hr>
    <h2 id="b_list"> 도서 목차 </h2>
    <pre>
             ⋮
    </pre>
    <p style="text-align:right;"> <a href="#b_top"> 맨 위로 </a> </p>
</body>
```

09 레이아웃 관련 태그 살펴보기

이번 장에서는 공간을 분할하여 보여주는 방법에 대하여 알아봅니다. 더불어 iframe 태그를 활용하여 분할된 영역에 다른 HTML 문서 파일을 여는 방법과 margin 속성을 활용하여 가운데로 배치하는 방법에 대해서도 살펴보도록 하겠습니다.

 무엇을 배울까요?

- ⋯ 시맨틱 태그의 의미 알기
- ⋯ 웹 페이지 레이아웃 구성하기 : 〈header〉, 〈nav〉, 〈section〉, 〈aside〉, 〈footer〉
- ⋯ 외부 문서 삽입하기 : 〈iframe〉
- ⋯ id 선택자 및 하위 선택자 활용하기
- ⋯ 여백 설정하기 : margin 속성, padding 속성
- ⋯ 블록 레벨 요소를 인라인 레벨 요소로 변경하기 : display 속성

시맨틱(Semantic) 태그

'시맨틱(Semantic)'은 '의미의' 또는 '의미론적인'이라는 뜻을 가집니다. 즉 '시맨틱(Semantic)' 태그는 누가 작성하였든지 소스만 보고도 문서의 구성(내용)을 쉽게 파악할 수 있도록 태그의 사용에 있어 의미를 부여한 태그를 말합니다.

 시맨틱 태그는 HTML5에서 새로 도입된 개념입니다.

일반적인 웹 문서 구조와 구조 태그

헤더 영역 : ⟨header⟩ ... ⟨/header⟩

내비게이션 영역 : ⟨nav⟩ ... ⟨/nav⟩

본문 영역 : ⟨section⟩ ... ⟨/section⟩

사이드 영역 : ⟨aside⟩ ... ⟨/aside⟩

푸터 영역 : ⟨footer⟩ ... ⟨/footer⟩

- ⟨header⟩ 태그 : 머리말 부분에 해당합니다. 주로 사이트의 맨 위쪽에 배치되는 영역으로, 이곳에는 일반적으로 제목이나 로고, 검색 창 등을 표시할 때 사용됩니다.
- ⟨nav⟩ 태그 : 주로 문서를 링크하는 메뉴 부분에 사용되는 영역입니다. 독립적으로 사용될 수도 있고, 다른 영역에 포함되어 사용되기도 합니다.
- ⟨section⟩ 태그 : 본문(콘텐츠) 영역을 표시합니다. 일반적인 영역을 이야기합니다.

배움터 〈article〉 태그
독립된 콘텐츠를 표시할 때 사용합니다.

배움터 〈iframe〉 태그
웹 문서에 다른 웹 문서를 가져올 때 사용합니다.

배움터 〈div〉 태그
여러 요소를 그룹화하여 스타일을 적용할 때는 〈div〉 태그를 사용합니다.

- 〈aside〉 태그 : 본문 외의 내용을 넣을 때 사용되는 영역으로, 주로 본문의 왼쪽 또는 오른쪽에 광고나 링크 등의 내용을 표시할 때 사용됩니다. 선택 요소입니다.
- 〈footer〉 태그 : 꼬리말 부분에 해당합니다. 주로 사이트의 맨 아래쪽에 배치되는 영역으로, 제작 정보와 저작권 정보 등을 표시할 때 사용됩니다.

배움터 〈address〉 태그
웹 페이지의 저작자 정보나 연락처 정보 등을 표시할 때 사용됩니다. 단순한 주소를 표시할 때는 〈p〉 태그를 사용합니다.

예

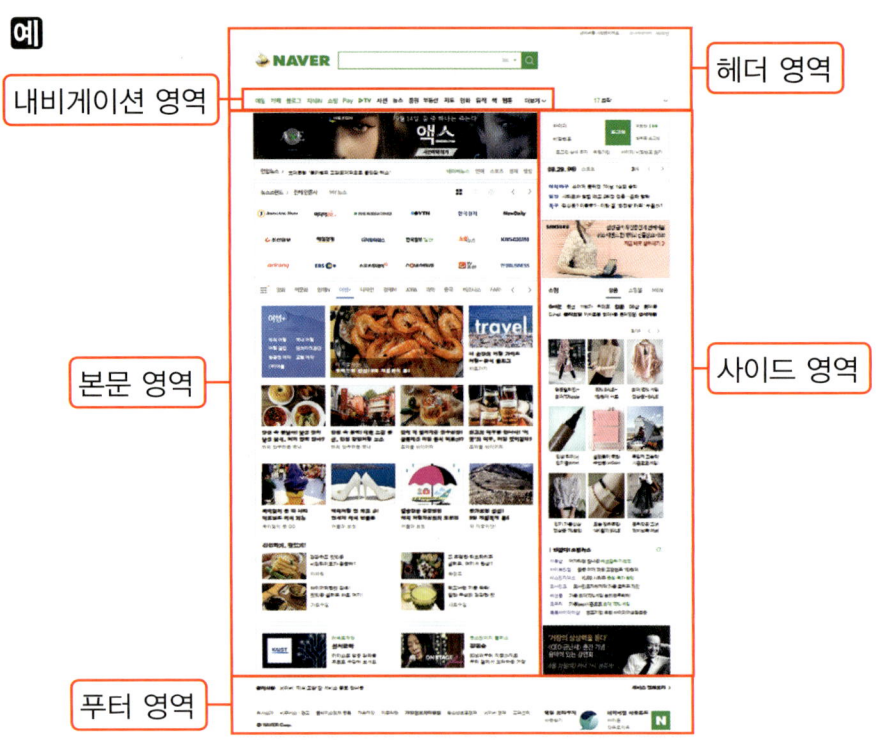

예제파일 : [img] 폴더/banner.jpg

03 레이아웃 영역 구분하기-1 : 헤더 영역 설정하기

〈header〉 태그

01 메모장을 실행한 후, 다음과 같이 HTML 코드를 작성하고 'frame.html'로 저장합니다.

```
<!DOCTYPE html>
<html>
    <head>
        <title> 쿡쿡박사의 요리교실 </title>
    </head>
    <body>
        <header id="m_header">
        </header>    ← header 영역의 이름(사용자 지정)
    </body>
</html>
```

> **배움터** id 선택자와 class 선택자의 차이점
> - 앞에서 배운 class 선택자와 사용방법이 유사합니다.
> - 스타일시트에서 class 선택자는 이름 앞에 마침점(.)을 삽입하지만, id 선택자는 샵(#) 표시를 삽입합니다.
> - class 선택자는 여러 번 반복하여 사용할 수 있습니다. 그러나 id 선택자는 레이아웃(배치 방법)과 관계되어 지정하는 요소이기 때문에 한 번만 사용해야 합니다.

02 계속해서 〈header〉 태그 영역에 다음과 같이 로고와 사이트 제목에 해당하는 글자를 입력한 후, Ctrl + S 키를 눌러 저장(덮어쓰기)합니다.

```
<header id="m_header">
    <img src="img/banner.jpg">    ← 'frame.html' 파일과 [img] 폴더는 같은 위치
    <br>                              (동일한 폴더)에 있어야 합니다.
    <h1> Dr.CookCook's Recipe </h1>
    <h2> &quot;오늘의 요리&quot; </h2>
</header>
```

레이아웃 영역 구분하기-2 : 내비게이션 영역 설정하기

📁 예제파일 : cc-profile.html, cc-recipe.html, cc-list.html

〈nav〉 태그

01 계속해서 〈body〉 태그 영역의 〈header〉 태그 아래에 다음과 같이 〈nav〉 태그를 **입력**합니다.

```
<body>
    :
    <nav id="m_menu">
    </nav>
</body>
```
nav 영역의 이름(사용자 지정)

02 계속해서 〈nav〉 태그 영역에 다음과 같이 **메뉴로 사용할 목록을 입력**한 후, `Ctrl`+`S` 키를 눌러 저장(덮어쓰기)합니다.

```
<nav id="m_menu">
    <ul>
        <li> <a href="cc-profile.html"> Dr.CookCook </a> </li>
        <li> <a href="cc-recipe.html"> 레시피 </a></li>
        <li> <a href="cc-list.html"> 목록 </a></li>
    </ul>
</nav>
```
'frame.html' 파일과 href에 연결된 파일들은 같은 위치(동일한 폴더)에 있어야 합니다.

📁 예제파일 : cc-first.html

레이아웃 영역 구분하기-3 : 섹션 영역 설정하기

〈section〉 태그

01 계속해서 〈body〉 태그 영역의 〈nav〉 태그 아래에 다음과 같이 〈section〉 태그를 **입력**합니다.

```
<body>
    :
    <section id="m_main">
    </section>
</body>
```
section 영역의 이름(사용자 지정)

〈iframe〉 태그

01 계속해서 〈section〉 태그 영역에 다음과 같이 외부 문서를 삽입할 〈iframe〉 태그를 삽입합니다.

```
<section id="m_main">
    <iframe src="cc-first.html" name="m_view">
    </iframe>
</section>
```
- iframe 영역의 위치 이름(사용자 지정)
- 처음 인라인 프레임 영역에 보일 문서
- 'frame.html' 파일과 같은 위치(동일한 폴더)에 있어야 합니다.

02 〈nav〉 태그 영역의 〈a〉 태그에 다음과 같이 **인라인 프레임(m_view)으로 타깃을 설정**한 후, Ctrl + S 키를 눌러 저장(덮어쓰기)합니다.

```
<nav id="m_menu">
    <ul>
        <li> <a href="cc-profile.html" target="m_view"> Dr.CookCook </a> </li>
        <li> <a href="cc-recipe.html" target="m_view"> 레시피 </a></li>
        <li> <a href="cc-list.html" target="m_view"> 목록 </a></li>
    </ul>
</nav>
```
- 인라인 프레임 영역에 표시

---

06 레이아웃 영역 구분하기-4 : 사이드 영역 설정하기

예제파일 : [img] 폴더/book1.png, book2.png, book3.png

〈aside〉 태그

01 계속해서 〈body〉 태그 영역의 〈section〉 태그 아래에 다음과 같이 〈aside〉 태그를 입력합니다.

```
<body>
      :
  <aside id="m_side">
  </aside>
</body>
```
- section 영역의 이름(사용자 지정)

02 계속해서 〈aside〉 태그 영역에 다음과 같이 광고용 **이미지를 삽입**한 후, **Ctrl** + **S** 키를 눌러 저장(덮어쓰기)합니다.

```
<aside id="m_side">
    <h2> 추 천 도 서 </h2>
        <p><img src="img/book1.png"></p>
        <p><img src="img/book2.png"></p>
        <p><img src="img/book3.png"></p>
</aside>
```

> 'frame.html' 파일과 [img] 폴더는 같은 위치(동일한 폴더)에 있어야 합니다.

07 레이아웃 영역 구분하기-5 : 푸터 영역 설정하기

〈footer〉 태그

01 계속해서 〈body〉 태그 영역의 〈aside〉 태그 아래에 다음과 같이 〈footer〉 태그를 **입력**합니다.

```
<body>
      ⋮
    <footer id="m_footer">
    </footer>
</body>
```

> footer 영역의 이름(사용자 지정)

〈address〉 태그

01 계속해서 〈footer〉 태그 영역에 다음과 같이 **입력**한 후, **Ctrl** + **S** 키를 눌러 저장 (덮어쓰기)합니다. 이메일 주소는 〈address〉 태그를 이용하여 입력합니다.

```
<footer id="m_footer">
    <p> 쿡쿡박사에서는 일상에서 누구나 쉽고 빠르게 활용할 수 있는 일상의 요
    리를 모아 알려 드립니다. </p>
    <address> Dr.cookcook@sidaein.co.xx </address>
    <p> copyright ⓒ 쿡쿡박사(min) all rights reserved. </p>
</footer>
```

02 저장한 위치(폴더)를 찾아 **'frame.html' 파일을 더블 클릭**하여 실행한 후, 결과를 확인합니다.

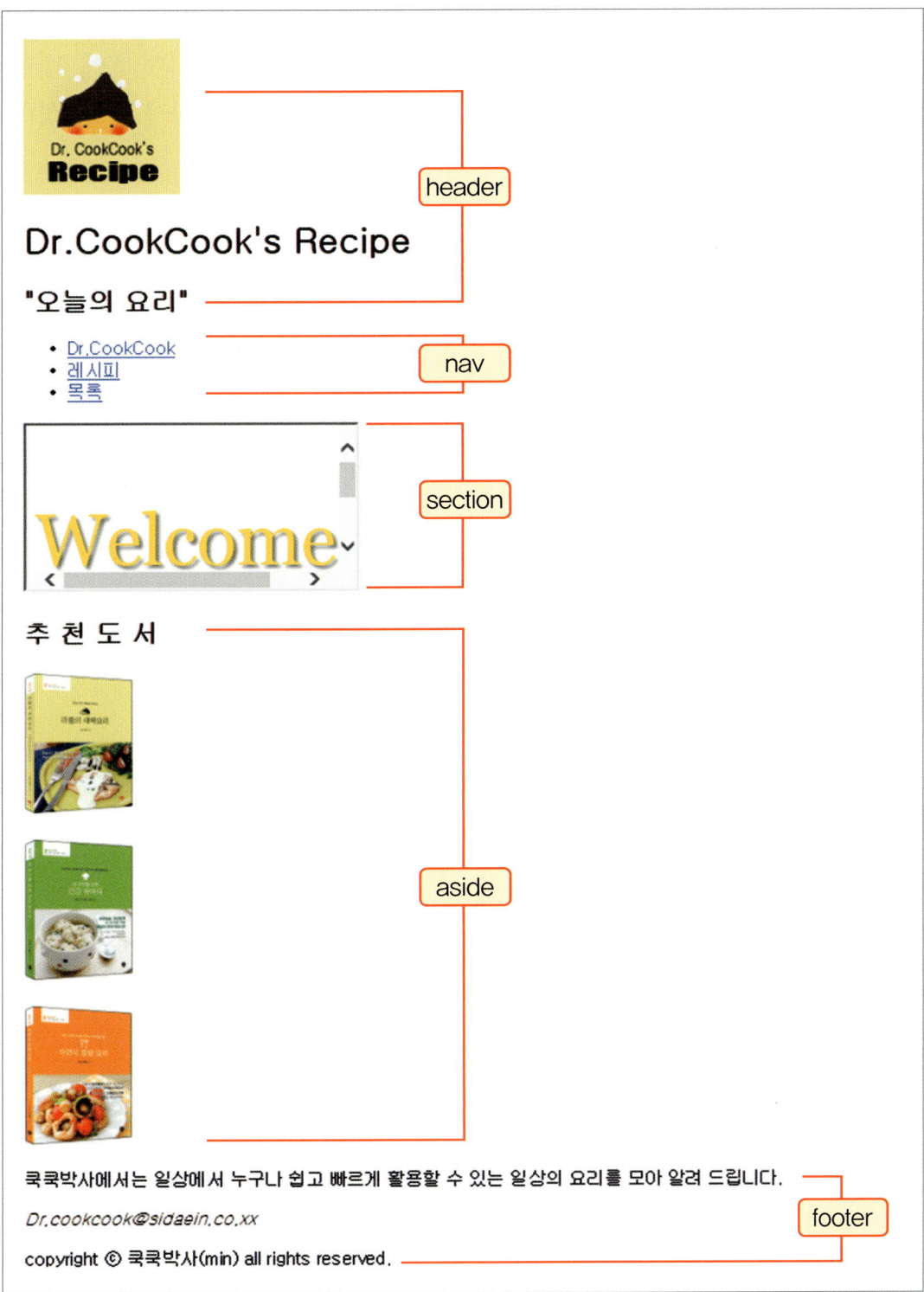

08 문서 디자인하기 : 스타일시트(CSS)로 디자인하기

지금까지 레이아웃 관련 태그를 작성하였지만 결과 화면에는 레이아웃에 대한 구분이 특별히 표시되지 않음을 확인할 수 있습니다. 실질적인 레이아웃을 구성하여 각 영역별 구간을 구분하기 위해서는 CSS 설정이 필요합니다.

다음과 같은 모습으로 디자인해 보도록 하겠습니다.

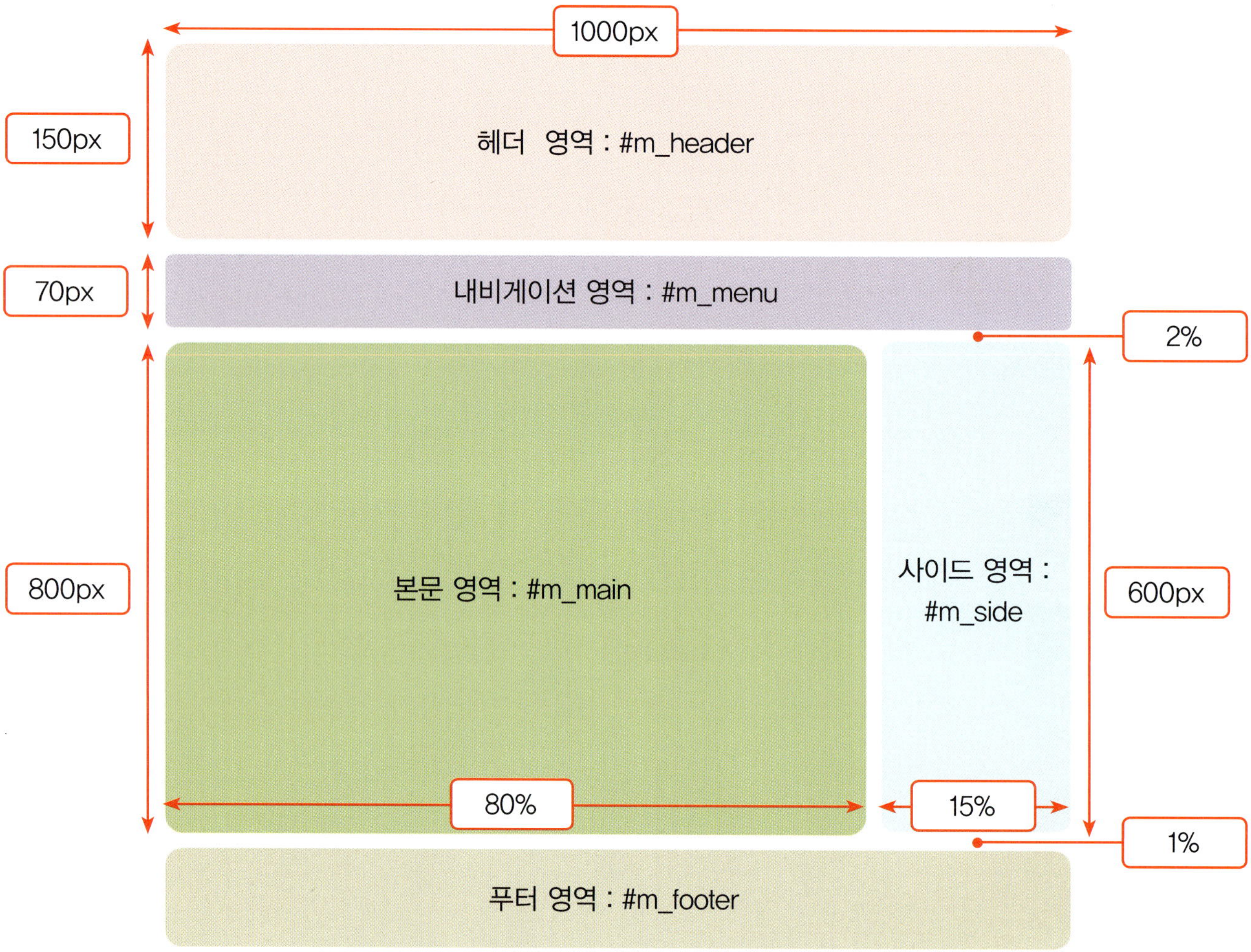

```
                    ← 1000px →
┌──────────────────────────────────────────┐
│                                          │
│ 150px      헤더 영역 : #m_header          │
│                                          │
├──────────────────────────────────────────┤
│ 70px     내비게이션 영역 : #m_menu         │
├──────────────────────────────┬───────────┤
│                              │           │  2%
│                              │           │
│                              │  사이드   │
│ 800px   본문 영역 : #m_main   │  영역 :   │ 600px
│                              │  #m_side  │
│                              │           │
│                              │           │
│          80%                 │   15%     │  1%
├──────────────────────────────┴───────────┤
│         푸터 영역 : #m_footer             │
└──────────────────────────────────────────┘
```

◎ 앞에서 작업한 HTML 문서가 없다면 메모장에서 [파일]-[열기]를 선택하여 제공하는 예제 파일 중 'frame-입력.html' 파일을 불러와 다른 이름으로 저장(frame.html)하고 계속해서 다음 작업을 진행합니다.

> **배움터** 〈frame〉 태그와 〈frameset〉 태그는 HTML5에서는 폐지되었습니다.

헤더 영역 지정하기

>> 이미지 스타일 지정하기 : 하위 선택자 활용하기

01 메모장에서 〈head〉 태그 영역에 헤더 영역의 〈img〉 태그와 관련된 스타일을 다음과 같이 **삽입**한 후, **Ctrl** + **S** 키를 눌러 저장(덮어쓰기)합니다.

```
<head>
    <title> 쿡쿡박사의 요리교실 </title>
    <style>          상위 요소
        #m_header img {
            float:left;     하위 요소
            margin-right:20px;
        }
    </style>
</head>
```

배움터 margin 속성

- margin-top : 바깥 위쪽 여백 값을 조정합니다.
- margin-bottom : 바깥 아래쪽 여백 값을 조정합니다.
- margin-left : 바깥 왼쪽 여백 값을 조정합니다.
- margin-right : 바깥 오른쪽 여백 값을 조정합니다.
- margin : 바깥 위쪽/아래쪽/왼쪽/오른쪽 여백 값을 한번에 조정합니다. 값이 1개면 모두 같은 값으로 설정되고, 값이 4개라면 top 〉 right 〉 bottom 〉 left 순으로 각각의 값이 설정됩니다.

배움터 콘텐츠(이미지, 텍스트 상자, 도형 등)의 여백 속성

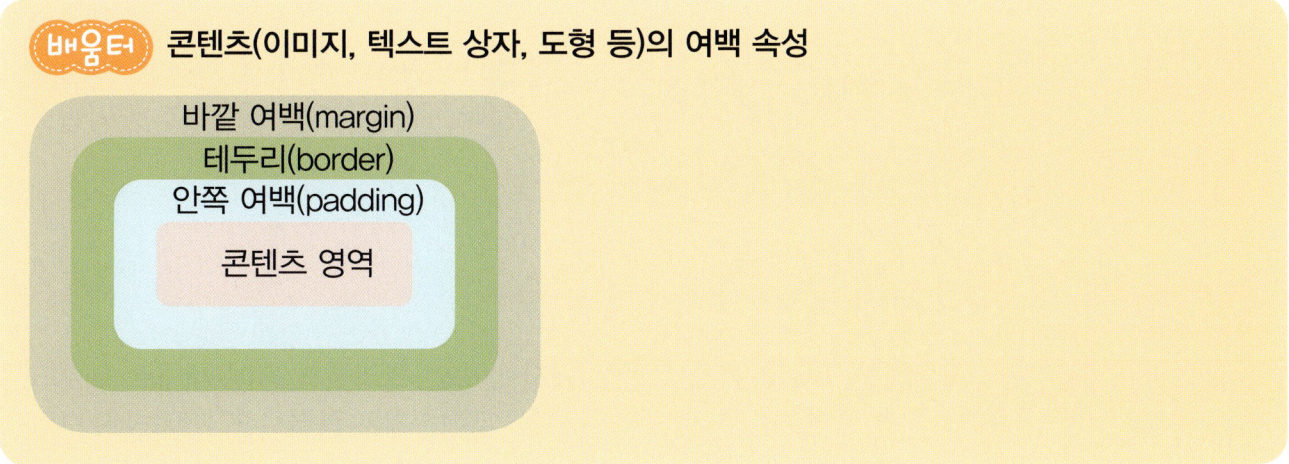

02 브라우저 창으로 돌아가 F5 키를 눌러 결과를 확인합니다.

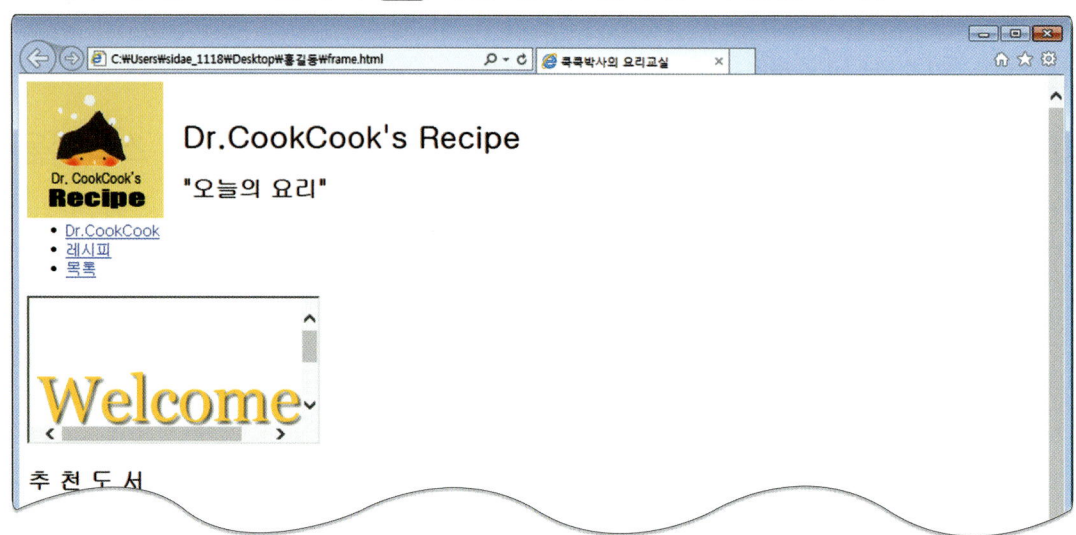

〉〉 헤더 영역 스타일 지정하기

01 메모장으로 돌아와 〈head〉 태그 영역의 〈style〉 태그 영역에 헤더 영역과 관련된 스타일을 다음과 같이 삽입한 후, Ctrl + S 키를 눌러 저장(덮어쓰기)합니다.

```
〈style〉
    :
#m_header {
    font-family: 'Times New Roman';
    background-color:#f4e48c;
    height:150px;
    }
〈/style〉
```

> 공백이 있는 글꼴 이름은 큰 따옴표 또는 작은 따옴표로 묶어서 표현합니다.

배움터 스타일시트 설정 시 id 이름 대신에 태그 이름(예: header)으로 바로 지정할 수도 있습니다. 여기서는 태그의 고유 이름인 id를 이용하여 스타일시트를 설정해주는 방법으로 연습해 봅니다.

배움터 글꼴 지정 시 주의

- 지정한 글꼴이 사용자 시스템(컴퓨터)에 설치되어 있지 않으면 브라우저 창에 제대로 표현되지 않을 수 있습니다. 지정된 글꼴이 없으면 브라우저에 지정된 기본 글꼴로 표현되는데, 브라우저별로 지정되어 있는 기본 글꼴이 다릅니다.
- 지정한 글꼴이 없는 경우를 대비하여 ,(콤마)로 구분하여 여러 개의 글꼴을 지정할 수 있습니다.
  예) font-family: 'Righteous', cursive, 궁서;

02 브라우저 창으로 돌아가 F5 키를 눌러 결과를 확인합니다.

내비게이션 영역 지정하기

〉〉 수평 메뉴로 변경하기

01 메모장으로 돌아와 〈head〉 태그 영역의 〈style〉 태그 영역에 **내비게이션 영역에서 사용된 목록 태그 〈li〉와 관련된 스타일**을 다음과 같이 **삽입**한 후, Ctrl + S 키를 눌러 저장(덮어쓰기)합니다.

```
〈style〉
    :                    [상위 요소]
#m_menu li {
    list-style-type:none;     [하위 요소]
    display: inline;  • [블록 레벨 요소를 인라인 레벨 요소로 표시합니다.]
    float:right;
    }
〈/style〉
```

> **배움터 블록 레벨 요소와 인라인 레벨 요소**
>
> 〈h1〉~〈h6〉 태그나 〈p〉 태그와 같이 한 개의 요소가 한 줄을 차지하는 경우 '블록 레벨 요소'라 하고, 〈img〉 태그와 같이 한 줄에 여러 개의 요소가 배치되는 경우 '인라인 레벨 요소'라고 합니다.

> **배움터 float:right;**
>
> 오른쪽부터 배치됨에 유의합니다. 맨 위쪽에 표시되었던 항목이 맨 오른쪽에 표시됩니다.

02 브라우저 창으로 돌아가 F5 키를 눌러 결과를 확인합니다.

〉〉 단추 모양으로 만들기

01 메모장으로 돌아와 계속해서 〈li〉와 관련된 스타일을 추가합니다.

```
<style>
    :
#m_menu li {
    list-style-type:none;
    display: inline;
    float:right;
    border:2px solid skyblue;
    border-radius : 5px;    ◀······ 모서리의 둥근 정도를 설정합니다.
    background-color:white;
    padding: 10px 20px;
    margin-right : 10px;
    }
</style>
```

배움터

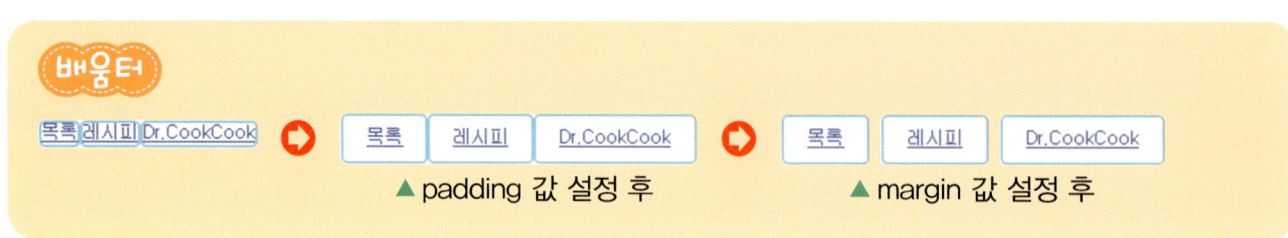

▲ padding 값 설정 후   ▲ margin 값 설정 후

132 • 스마트한 생활을 위한 HTML 기초&활용

02 브라우저 창으로 돌아가 F5 키를 눌러 결과를 확인합니다.

〉〉 하이퍼링크 줄 표시 및 색상 지우기

01 메모장으로 돌아와 〈head〉 태그 영역의 〈style〉 태그 영역에 **내비게이션 영역에서 사용된 〈a〉 태그와 관련된 스타일**을 다음과 같이 **삽입**한 후, Ctrl + S 키를 눌러 저장(덮어쓰기)합니다.

```
〈style〉
    :                    ← 상위 요소
    #m_menu a {          ← 하위 요소
        text-decoration:none;
        color:black;
        }
〈/style〉
```

02 브라우저 창으로 돌아가 F5 키를 눌러 결과를 확인합니다.

〉〉 내비게이션 영역 스타일 지정하기

01 메모장으로 돌아와 〈head〉 태그 영역의 〈style〉 태그 영역에 **내비게이션 영역과 관련된 스타일**을 다음과 같이 **삽입**한 후, Ctrl + S 키를 눌러 저장(덮어쓰기)합니다.

```
<style>
    ⋮
    #m_menu {
        border-top: 2px solid red;
        background-color:orange;
        height:70px;
    }
</style>
```

02 브라우저 창으로 돌아가 F5 키를 눌러 결과를 확인합니다.

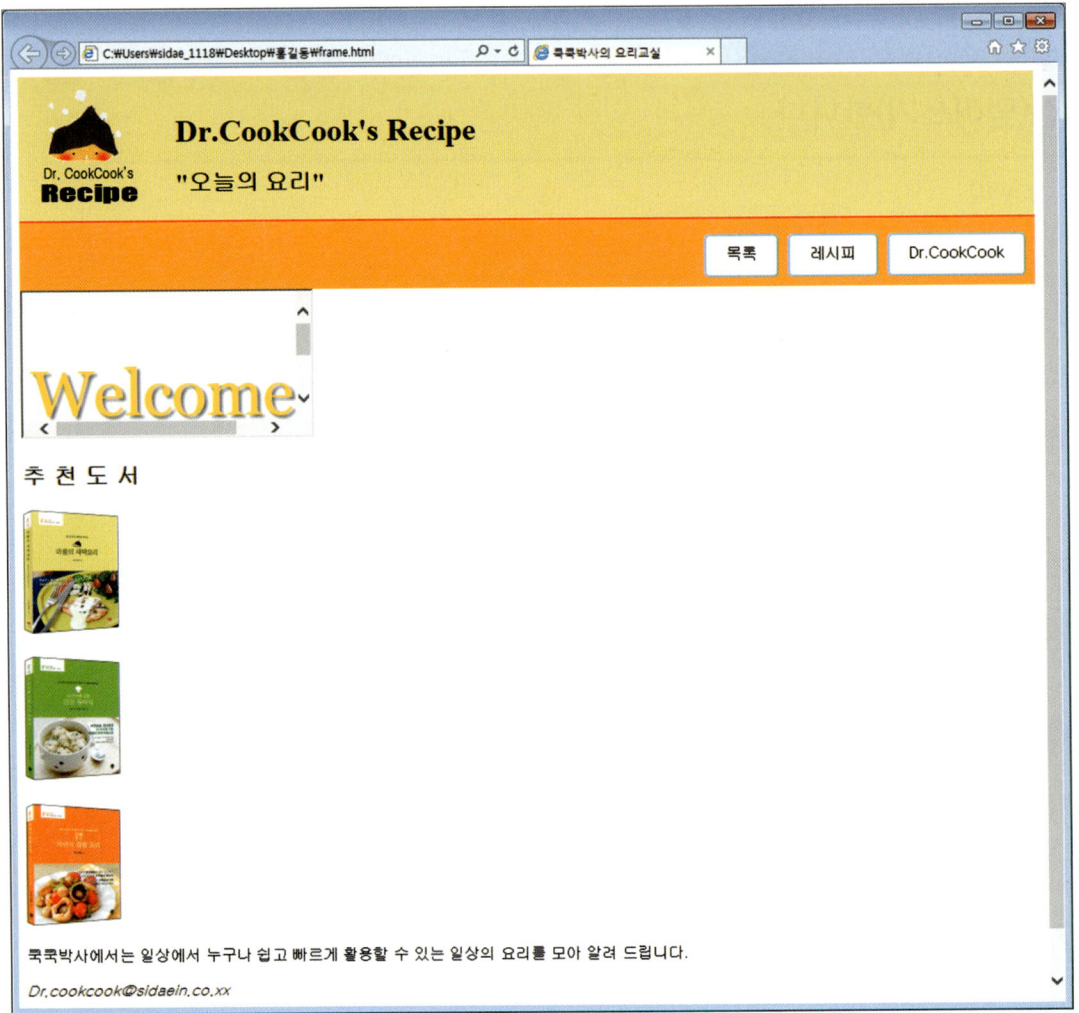

섹션 영역 지정하기

》 iframe 스타일 지정하기

01 메모장으로 돌아와 〈head〉 태그 영역의 〈style〉 태그 영역에 **섹션 영역에서 사용된 〈iframe〉 태그와 관련된 스타일**을 다음과 같이 **삽입**한 후, Ctrl + S 키를 눌러 **저장(덮어쓰기)**합니다.

```
〈style〉
    :            상위 요소
    #m_main iframe {     하위 요소
        width:100%;
        height:600px;
        border:0;
    }
〈/style〉
```

02 브라우저 창으로 돌아가 F5 키를 눌러 결과를 확인합니다.

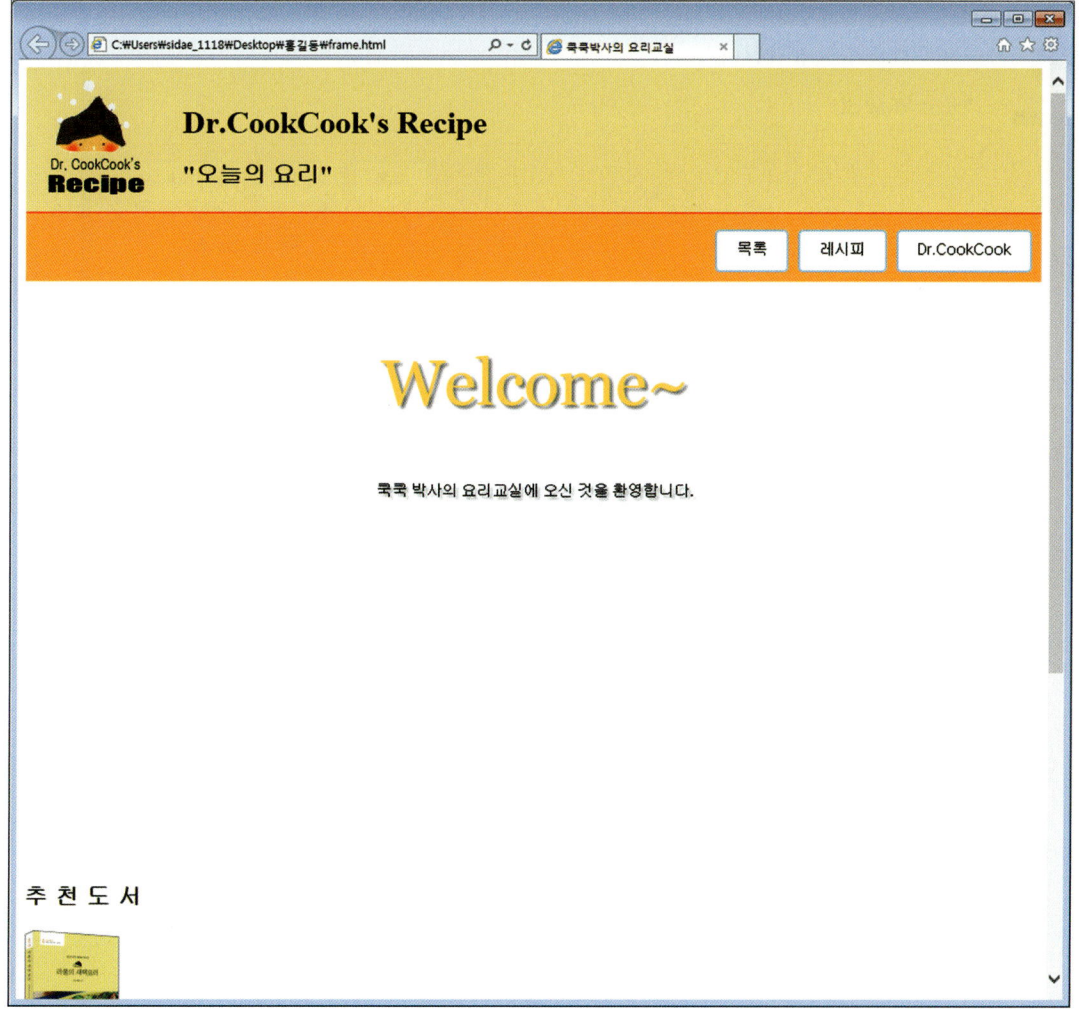

>> 섹션 영역 스타일 지정하기

01 메모장으로 돌아와 〈head〉 태그 영역의 〈style〉 태그 영역에 **섹션 영역과 관련된 스타일**을 다음과 같이 **삽입**한 후, Ctrl + S 키를 눌러 저장(덮어쓰기)합니다.

```
〈style〉
    ⋮
#m_main {
    width:80%;
    background-color:pink;
    float:left;
    margin-top:2%;
    margin-bottom:1%;
}
〈/style〉
```

float 속성을 적용하면 다음에 오는 요소에 영향을 줍니다.

02 브라우저 창으로 돌아가 F5 키를 눌러 결과를 확인합니다.

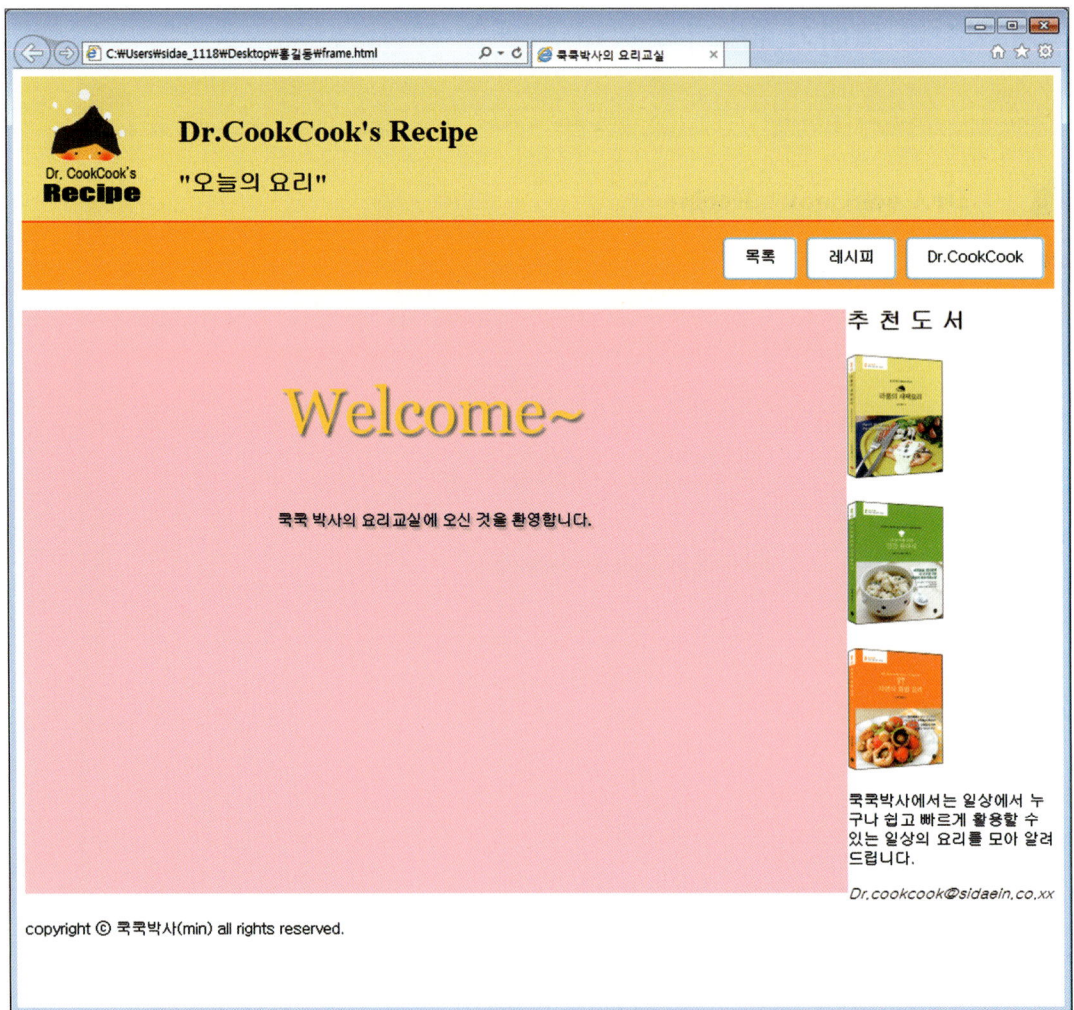

사이드 영역 지정하기

01 메모장으로 돌아와 〈head〉 태그 영역의 〈style〉 태그 영역에 **사이드 영역과 관련된 스타일**을 다음과 같이 **삽입**한 후, Ctrl + S 키를 눌러 저장(덮어쓰기)합니다.

```
〈style〉
        ⋮
    #m_side {
        width:15%;
        height:550px;
        float:right;
        border: 2px dashed gold;
        border-radius: 10px;
        text-align:center;
        margin-top:2%;
        margin-bottom:1%;
    }
〈/style〉
```

> float 속성을 적용하면 다음에 오는 요소에 영향을 줍니다.

02 브라우저 창으로 돌아가 F5 키를 눌러 결과를 확인합니다.

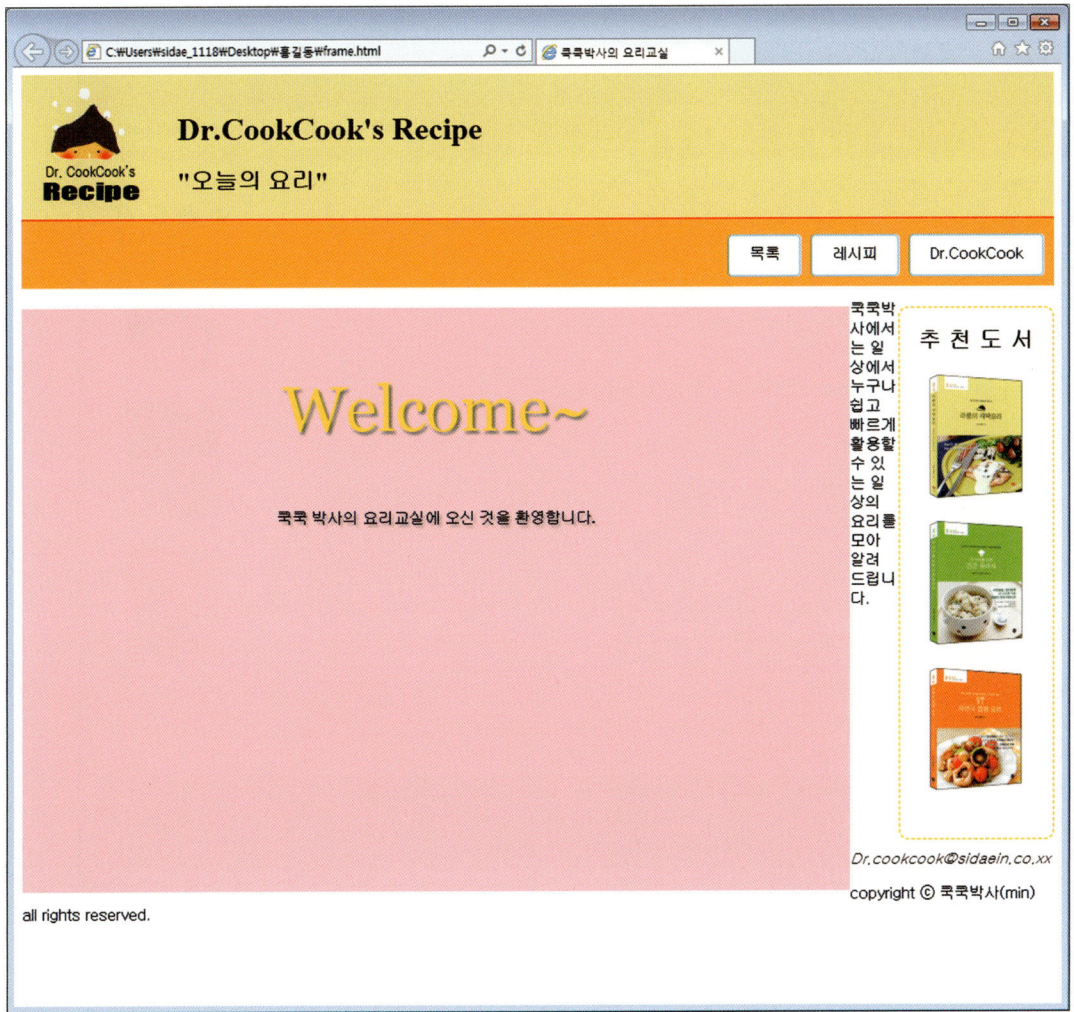

푸터 영역 지정하기

01 메모장으로 돌아와 〈head〉 태그 영역의 〈style〉 태그 영역에 **푸터 영역과 관련된 스타일**을 다음과 같이 **삽입**한 후, Ctrl + S 키를 눌러 저장(덮어쓰기)합니다.

```
<style>
    :
    #m_footer {
        clear:both;
        padding : 1px 1px;
        text-align:center;
        font-size:12px;
        background-color:silver;
    }
</style>
```

> 앞의 float 속성을 해제합니다.
> (both : 왼쪽, 오른쪽 어디에도 떠 있지 않음)

02 브라우저 창으로 돌아가 F5 키를 눌러 결과를 확인합니다.

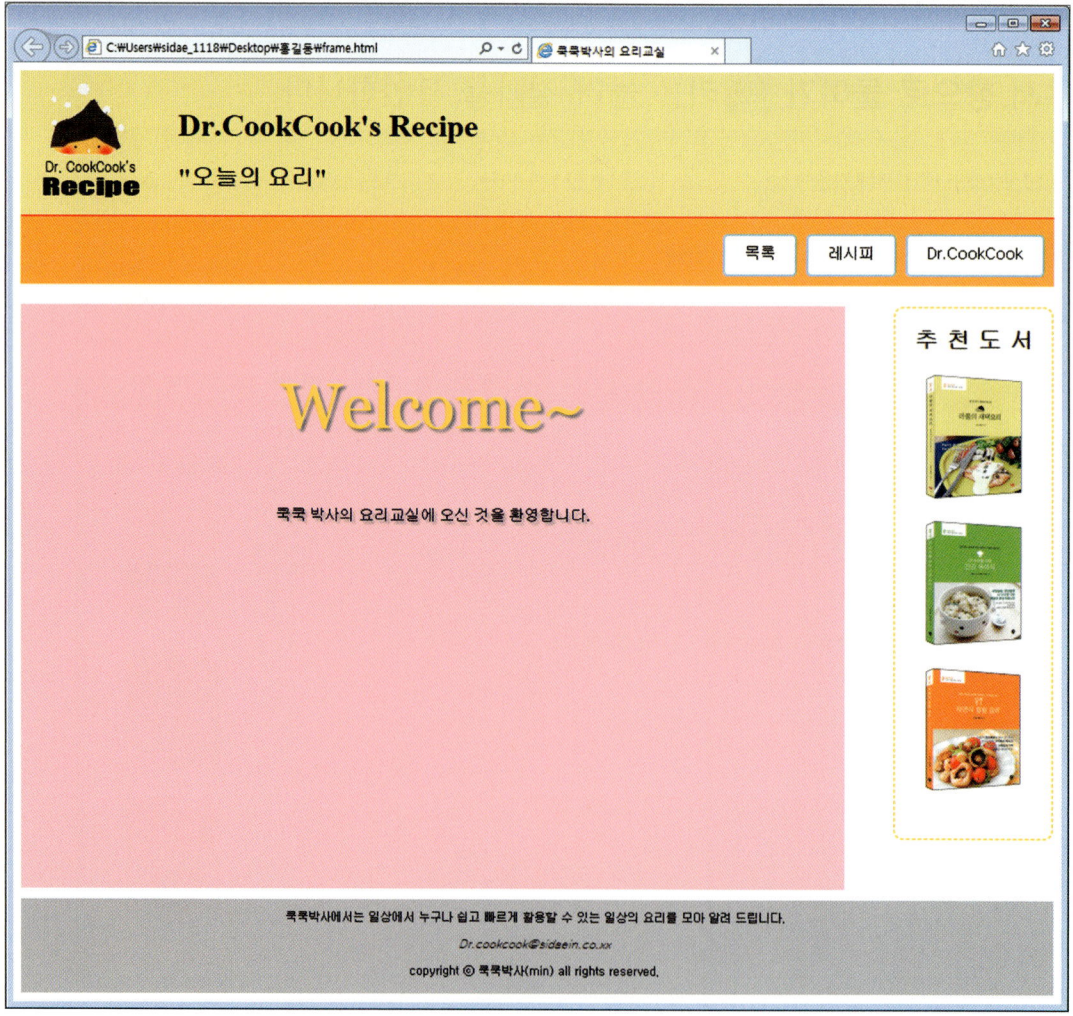

09 전체 너비 및 전체 배치 설정하기

전체 너비 지정하기

01 화면을 확대/축소했을 때의 차이점을 살펴봅니다. 창의 너비에 따라 각 영역의 너비도 변하는 것을 확인할 수 있습니다.

02 **메모장으로 돌아와** ⟨head⟩ 태그 영역의 ⟨style⟩ 태그 영역에 다음과 같이 **삽입**합니다.

```
⟨style⟩
      ⋮
#total_lay{
   width:1000px;
   }
⟨/style⟩
```

03 ⟨body⟩ 태그 영역에 다음과 같이 ⟨div⟩ 태그를 **삽입**한 후, Ctrl + S 키를 눌러 저장(덮어쓰기)합니다.

```
⟨body⟩
   ⟨div id="total_lay"⟩
      ⟨header id="m_header"⟩
            ⋮
      ⟨/footer⟩
   ⟨/div⟩
⟨/body⟩
```

09 레이아웃 관련 태그 살펴보기 • **139**

04 브라우저 창으로 돌아가 F5 키를 눌러 결과를 확인합니다.

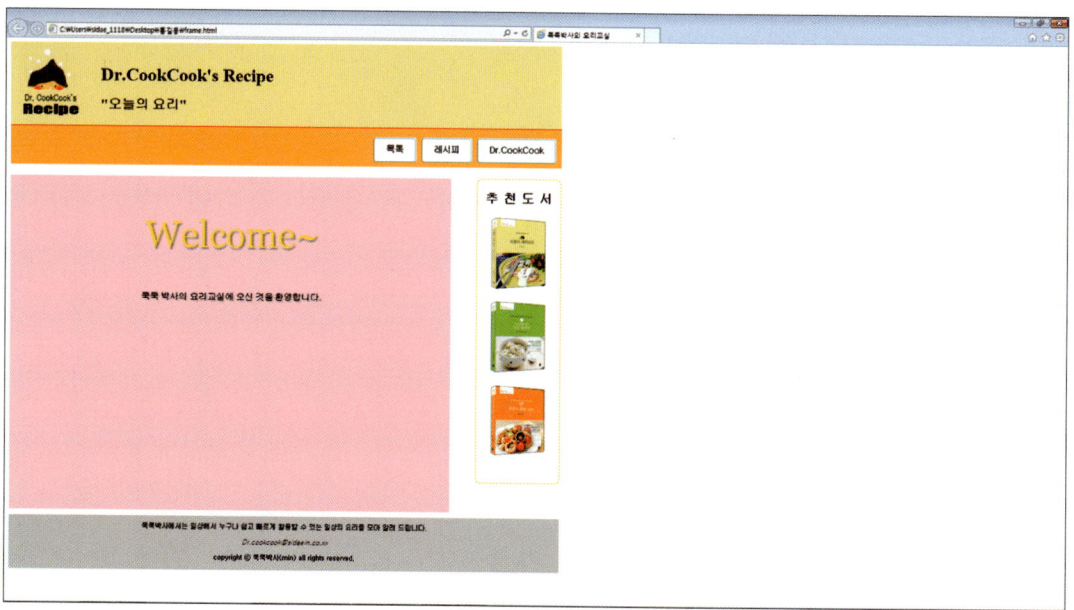

05 화면을 확대/축소했을 때의 차이점을 살펴봅니다. 창의 너비와 상관없이 작성한 레이아웃의 너비가 유지됨을 알 수 있습니다.

배움터 max-width

- 위의 코드에서 『width:1000px;』를 『max-width:1000px;』로 수정한 후 살펴봅니다. 창의 너비를 줄였을 경우 각 영역의 너비도 함께 조정되지만, 창의 너비가 늘어나는 경우 각 영역의 너비는 특정 너비 이상 늘어나지 않고 유지됨을 알 수 있습니다.

  예 지정 너비보다 창 너비가 좁을 때

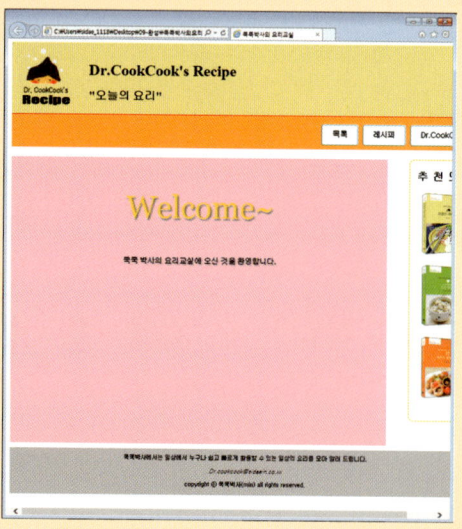 

▲ width 속성 사용　　　　　　　　▲ max-width 속성 사용

- 'min-width'를 사용하면 최소 너비를 설정할 수 있습니다.

🖱 가운데 배치하기

01 **메모장으로 돌아와** ⟨head⟩ 태그 영역의 ⟨style⟩ 태그 영역에 다음과 같이 **삽입합니다.**

```
⟨style⟩
        ⋮
    #total_lay{
        width:1000px;
        margin:0 auto;     • 위와 아래 여백 : 0px
    }                      • 좌우 여백 : 자동
⟨/style⟩
```

02 브라우저 창으로 돌아가 F5 키를 눌러 결과를 확인합니다.

1 태그명을 활용하여 다음과 같은 구조의 레이아웃을 작성해 봅니다.

📁 예제파일 : [img] 폴더/flower.png, banner2.jpg, b_cafe.png, smart_c1.png~smart_c5.png

▷ index.html

header
- 글꼴 : fantasy
- 배경 : flower.png
- 높이 : 130px
- 테두리 선 : 2px, pink

nav
- 배경 : lightcoral
- 높이 : 20px
- 하이퍼링크 : 우리는요...(sec-2.html)
  교육과정(sec-3.html)

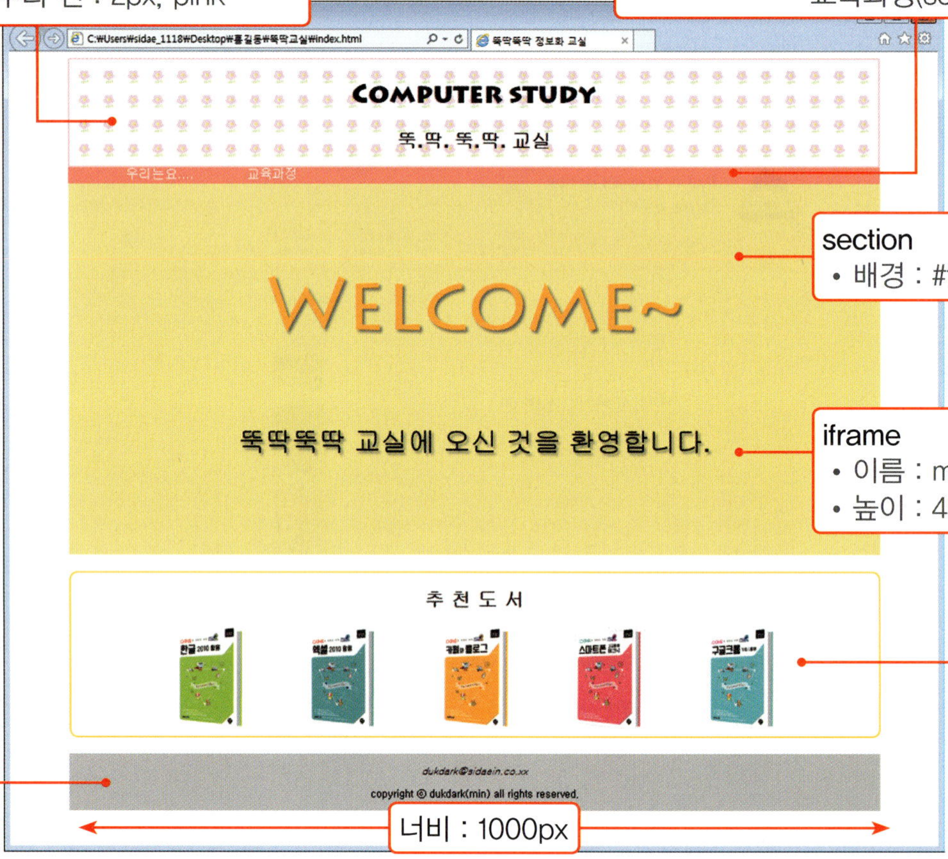

section
- 배경 : #f4e48c

iframe
- 이름 : m_view
- 높이 : 450px

너비 : 1000px

footer
- 배경 : silver
- 높이 : 70px
- 글자 크기 : 12px

aside
- 테두리 선 : 2px, gold
- 모서리 : 10px
- 높이 : 200px
- 위/아래 여백 : 2%
- 이미지 여백 : 위/아래 0px, 왼쪽/오른쪽 30px

▷ iframe 영역에 표시되는 HTML 문서

[sec-1.html]
- 글꼴 : fantasy
- 글자 크기 : 70pt, 25pt
- 그림자 효과 적용(그림자 색 : gray)

 그림자 효과

text-shadow: 3px 3px 3px gray;

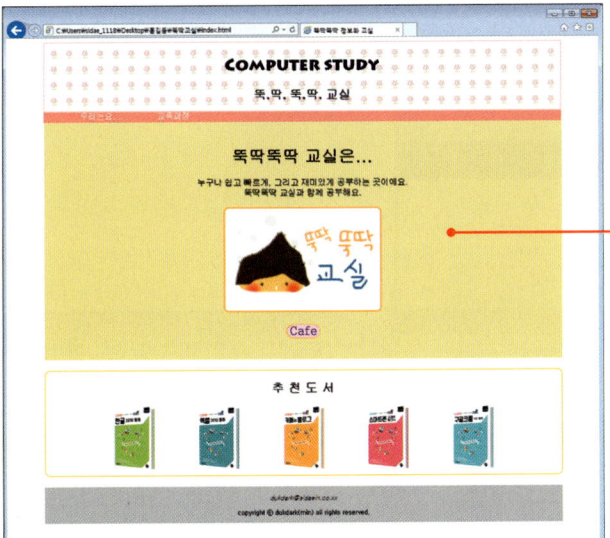

[sec-2.html]
- banner2.jpg
  - 너비 : 300
  - 테두리 선 : 3px, orange
  - 모서리 : 10px
- b_cafe.png
  - 너비 : 70
  - 높이 : 30
  - 하이퍼링크 : http://cafe.daum.net/dukdakdukdak
  - target : _self

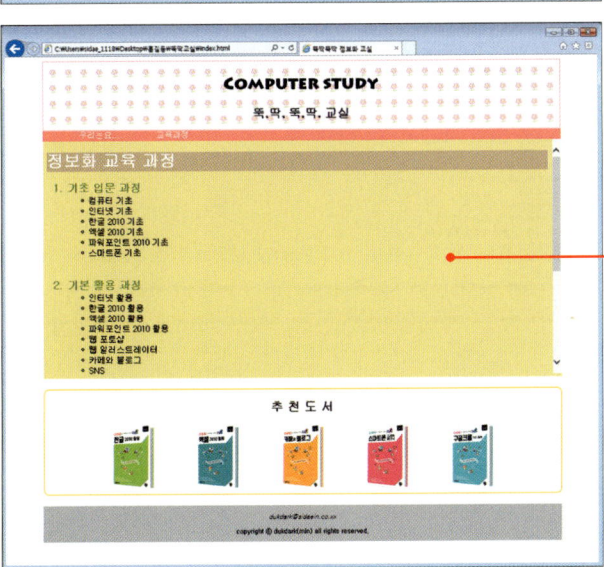

[sec-3.html]
- 제목 배경 : #D2B48C
- 소제목
  - 글자 색 : #6B8E23
  - 글자 크기 : 15pt
  - 글자 굵기 : bolder

10 태그 편집기 활용하기

대부분의 메일과 카페, 블로그 등의 게시판은 HTML을 모르더라도 마우스의 클릭만으로 서식을 수정하는 편집기를 제공하고 있습니다. HTML 코드를 직접 수정할 수도 있기 때문에 HTML에 대해 알고 있다면 편집기에서 제공되지 않는 표현 등을 좀 더 세밀하게 적용할 수 있습니다. 이번 장에서는 메일을 보내거나 카페 또는 블로그 등에 글을 올릴 때 HTML 코드를 수정하고, 삽입하는 방법에 대해 살펴보도록 하겠습니다.

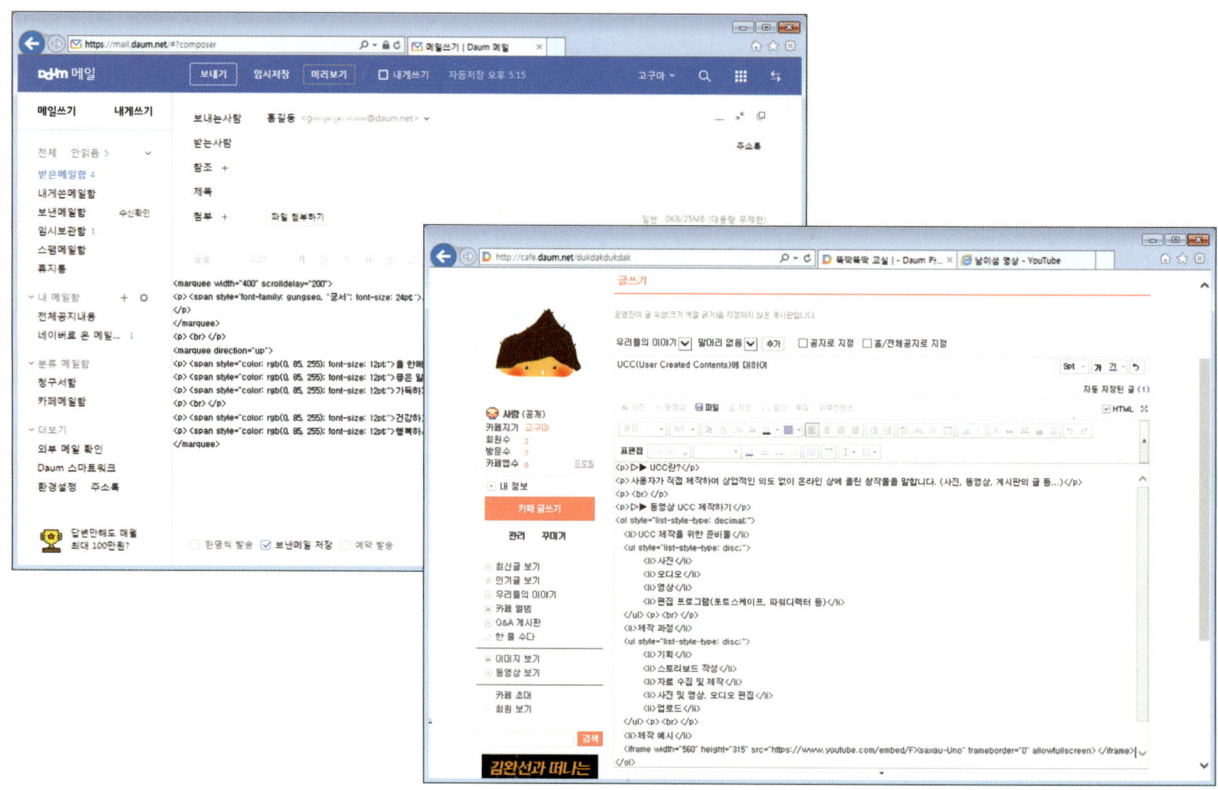

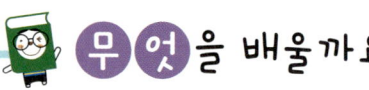을 배울까요?

- HTML로 메일의 서식(스타일) 수정하기
- HTML로 카페에 유튜브 영상 삽입하여 글 올리기

메일 편집기에서 HTML 활용하기

Daum 메일에서 제공하는 에디터(편집기)로 꾸며 본 후, HTML 코드 보기에서 수정해 봅니다.

메일 쓰고, HTML 소스 확인하기

01 Daum(다음) 메일에 로그인한 후 [메일]을 클릭합니다.

02 메일 화면이 나타나면 [메일쓰기]를 클릭합니다.

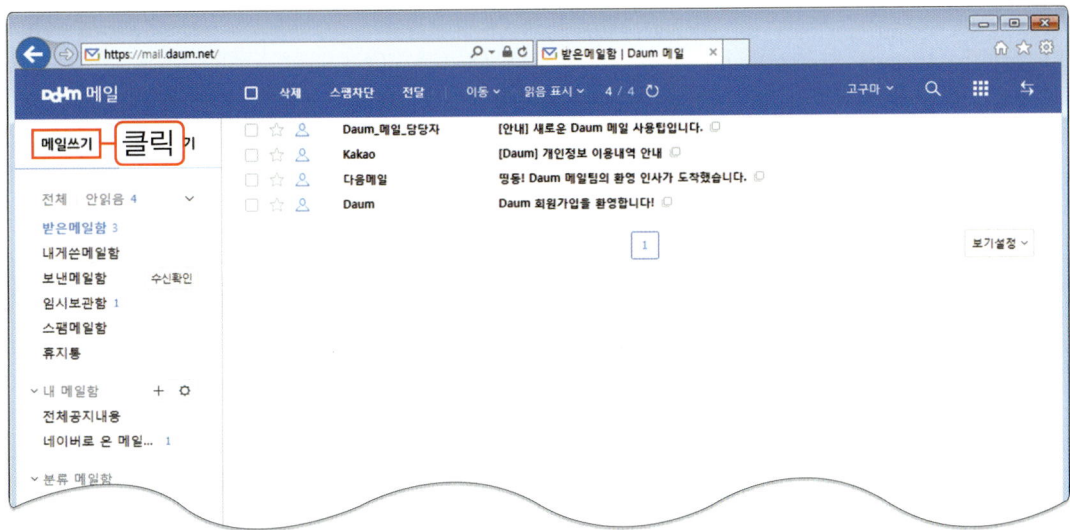

10 태그 편집기 활용하기 • **145**

03 메일 쓰기 화면이 나타나면 다음과 같이 **메일 내용을 입력**합니다.

04 하단의 [HTML] 탭을 클릭합니다. HTML 소스 코드를 확인합니다.

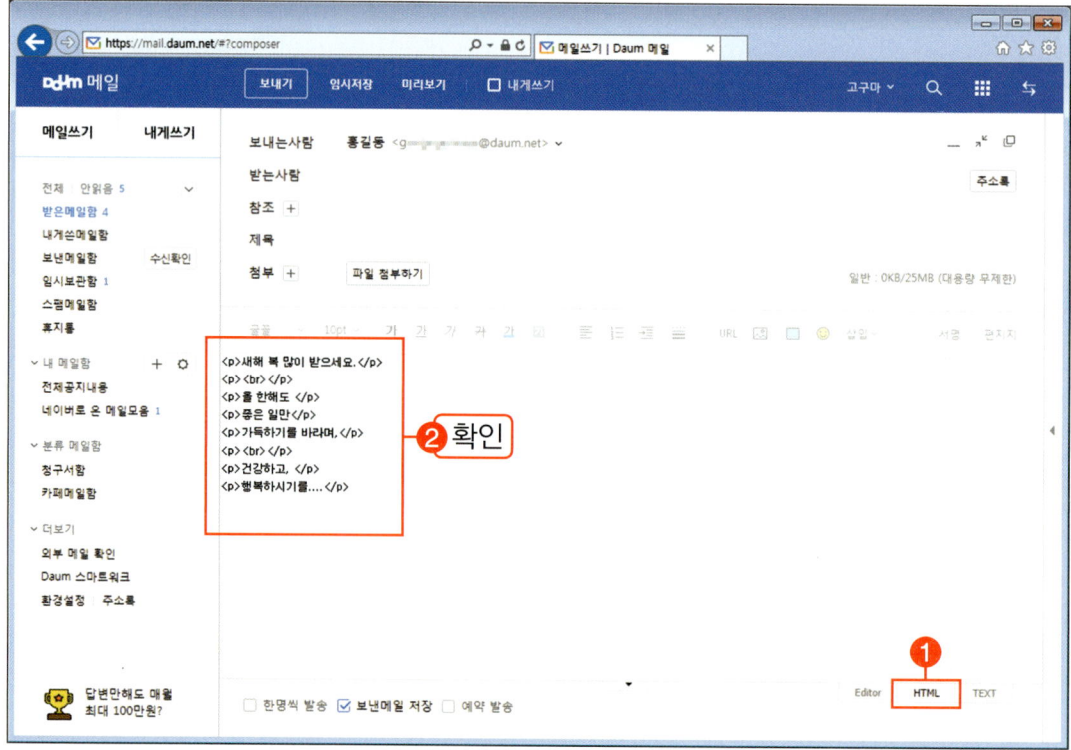

🖱 HTML 소스 수정하기

01 하단의 [Edit] 탭을 클릭하여 다시 기본 편집 창을 표시한 후, 위쪽의 서식 도구 상자를 활용하여 각각 **블록을 지정하여 글자를 꾸밉니다**.

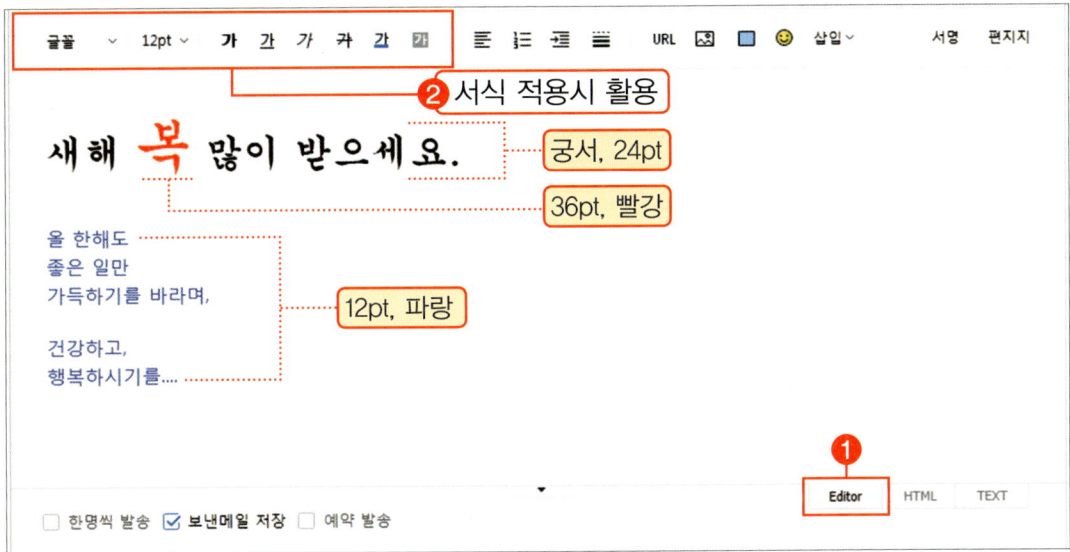

02 하단의 [HTML] 탭을 클릭하여 '복'의 글자 크기 '36pt'를 '50pt'로 수정합니다.

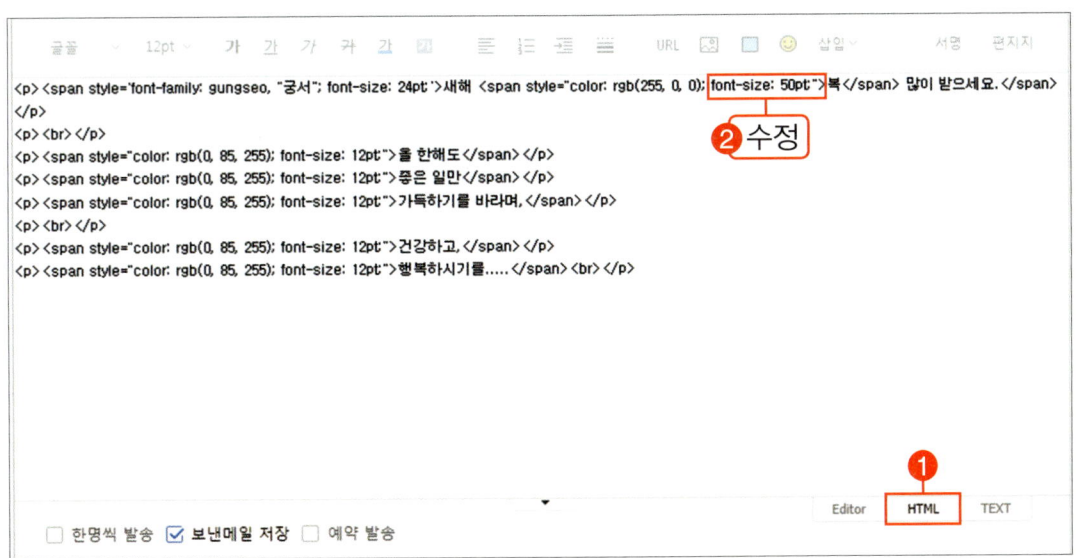

> **배움터** Daum(다음) 메일에서 지원되는 글자 크기

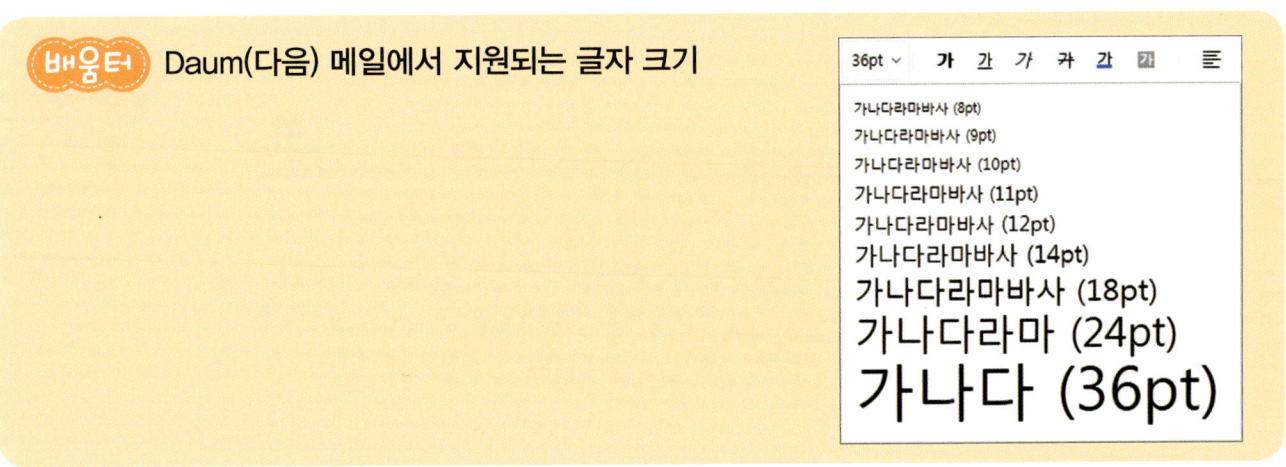

03 하단의 [Edit] 탭을 클릭합니다. '복' 글자가 커진 것을 확인할 수 있습니다.

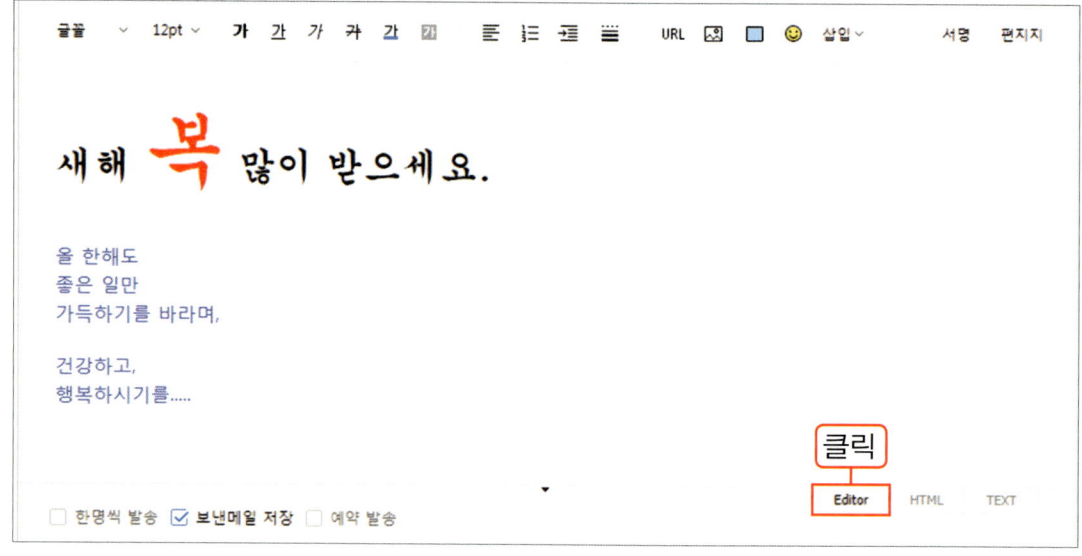

움직이는 글자 만들기

01 하단의 [HTML] 탭을 클릭하여 다음과 같이 맨 위쪽 줄에 『<marquee>』를 입력하고, '새해 복 많이 받으세요.' 아래쪽에 『</marquee>』를 입력합니다. 그리고, 상단의 [미리보기]를 클릭합니다.

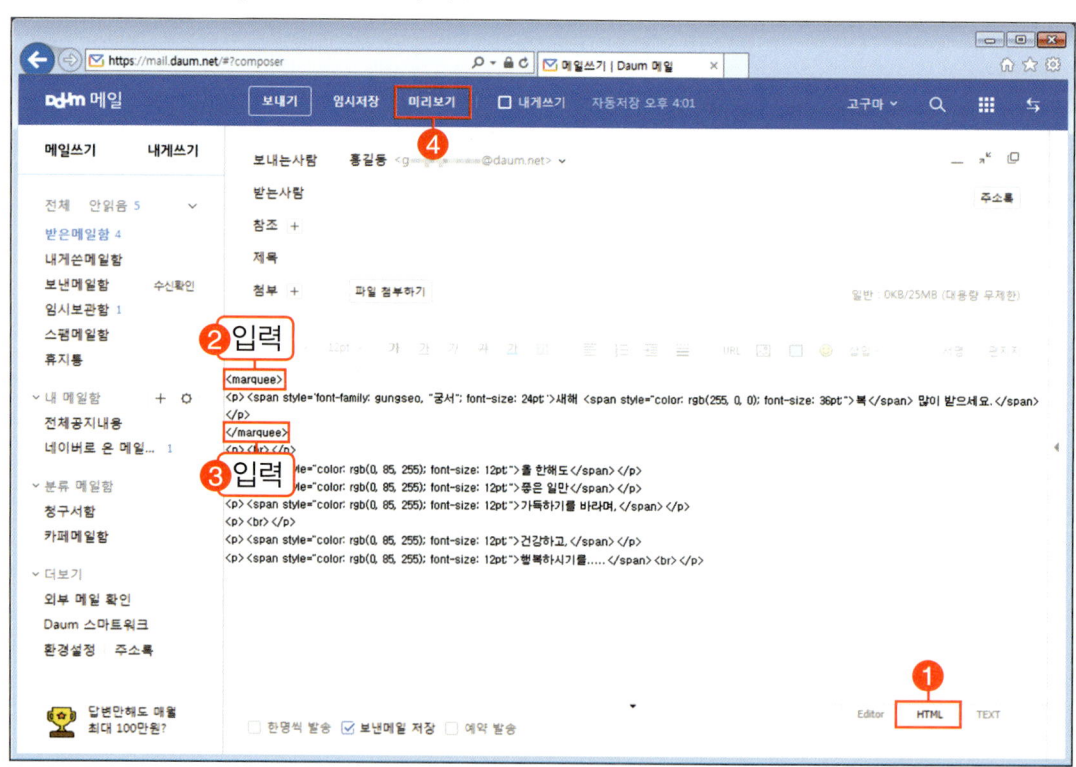

02 ⟨marquee⟩~⟨/marquee⟩로 묶인 부분만 오른쪽에서 왼쪽으로 글자가 움직이는 것을 확인할 수 있습니다. **[확인] 단추** 또는 ⊠를 클릭하여 미리 보기를 닫습니다.

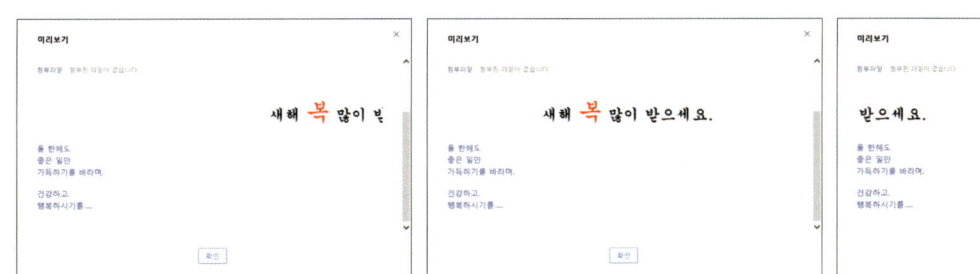

> **배움터** ⟨marquee⟩ 태그
>
> ⟨marquee⟩ 태그는 특정 방향으로 스크롤 되는 기능을 지원합니다. 이 태그는 HTML5의 표준이 아니므로 가능하면 사용하지 않는 것이 좋습니다. 제대로 작동되지 않을 수도 있습니다.

03 ⟨marquee⟩ 태그에 『width="400" scrolldelay="200"』을 추가합니다.

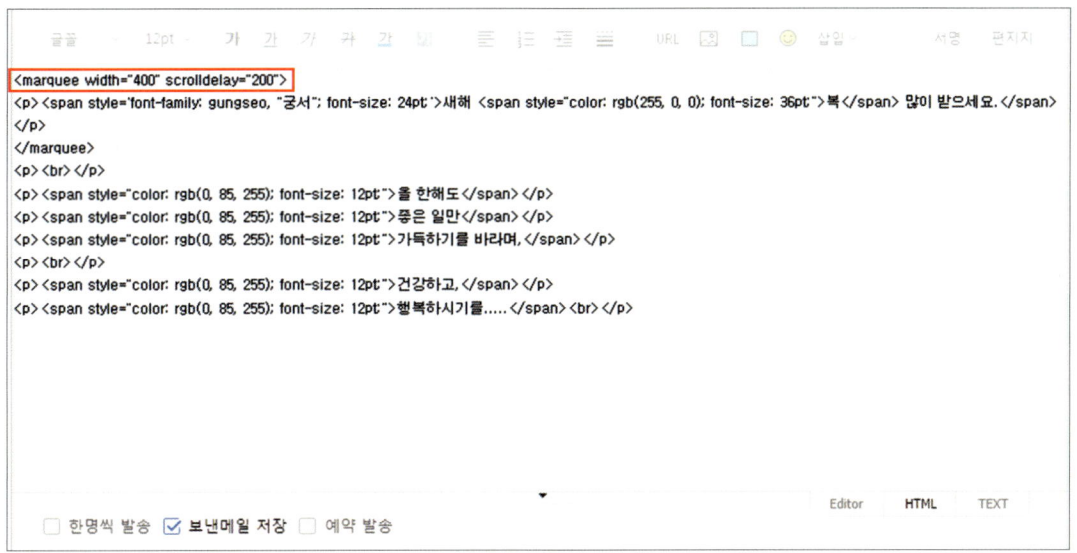

> **배움터** ⟨marquee⟩ 태그의 scrolldelay 속성 값
>
> 숫자가 클수록 속도가 느려집니다.

04 상단의 [미리보기]를 클릭합니다. 글자가 표시되는 공간이 좁아지고, 속도가 느려진 것을 확인할 수 있습니다. [확인] 단추 또는 X를 클릭하여 미리 보기를 닫습니다.

05 다음과 같이 **아래쪽의 문장을 〈marquee〉 태그로 묶어 주고, 〈marquee〉 태그에 『direction="up"』을 추가**합니다.

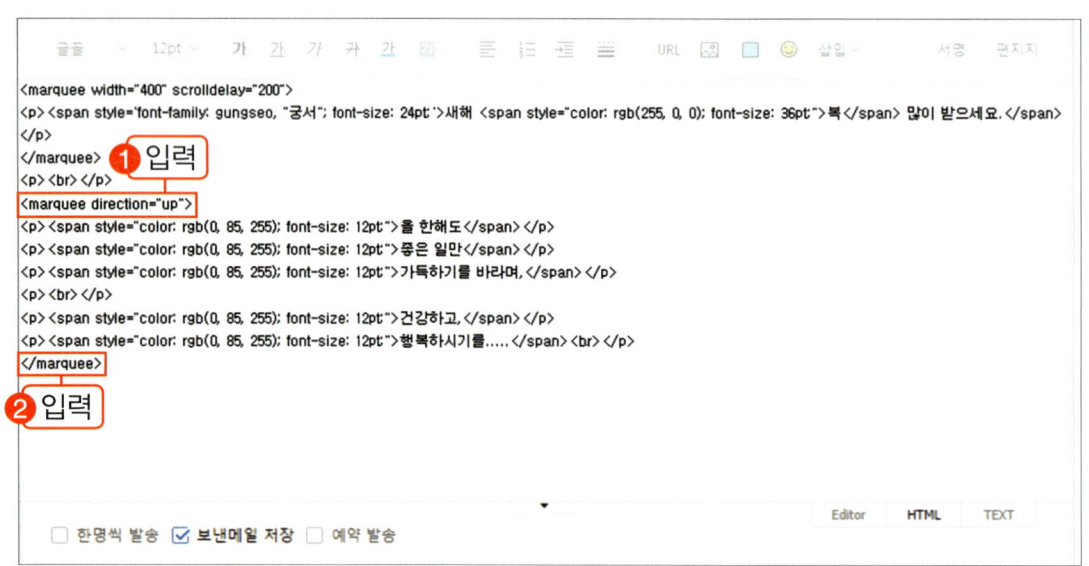

> **배움터** 〈marquee〉 태그의 direction 속성 값
> - left : 왼쪽으로
> - right : 오른쪽으로
> - up : 위로
> - down : 아래로

150 • 스마트한 생활을 위한 HTML 기초&활용

06 상단의 [미리보기]를 클릭합니다. 새로 묶은 부분의 문장이 아래에서 위로 이동되는 것을 확인할 수 있습니다. [확인] 단추 또는 ×를 클릭하여 미리 보기를 닫습니다.

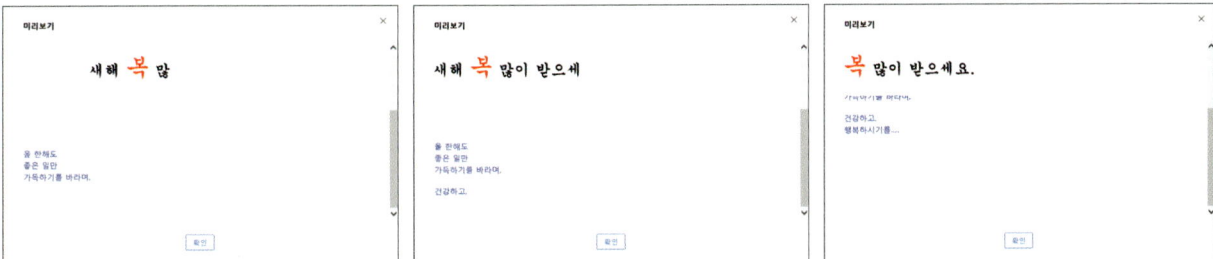

07 [받는사람]의 메일 주소와 제목을 입력하고 [보내기]를 클릭합니다.

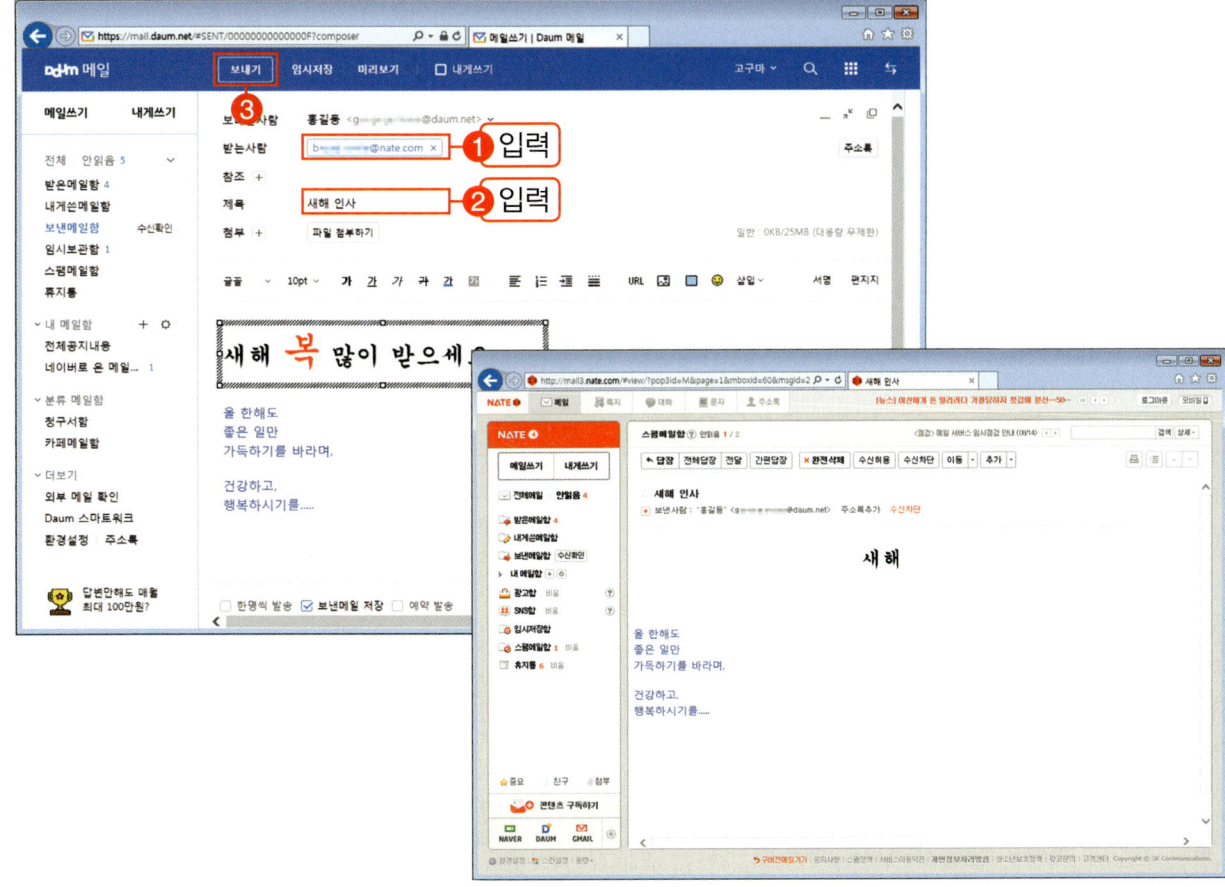

▲ 받는 사람 메일 화면

카페 편집기에서 HTML 활용하기

Daum 카페에서 제공하는 에디터(편집기)로 꾸며 본 후 HTML 코드 보기에서 수정해 보고, 유튜브의 URL을 가져와 삽입해 봅니다.

카페에 글 쓰고, HTML 소스 확인하기

01 본인이 개설하였거나 가입한 **Daum(다음) 카페에 접속**합니다.

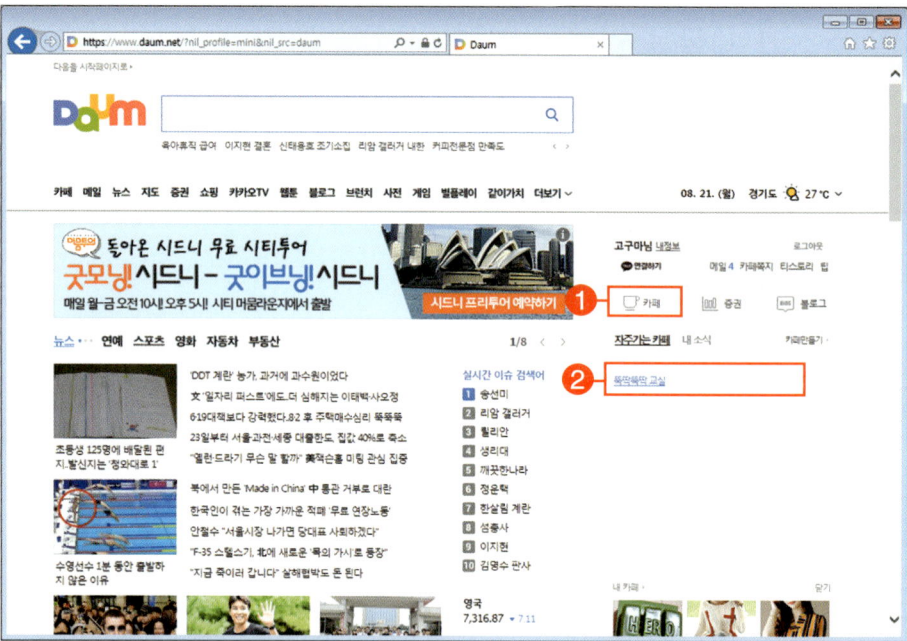

02 [카페 글쓰기]를 클릭합니다.

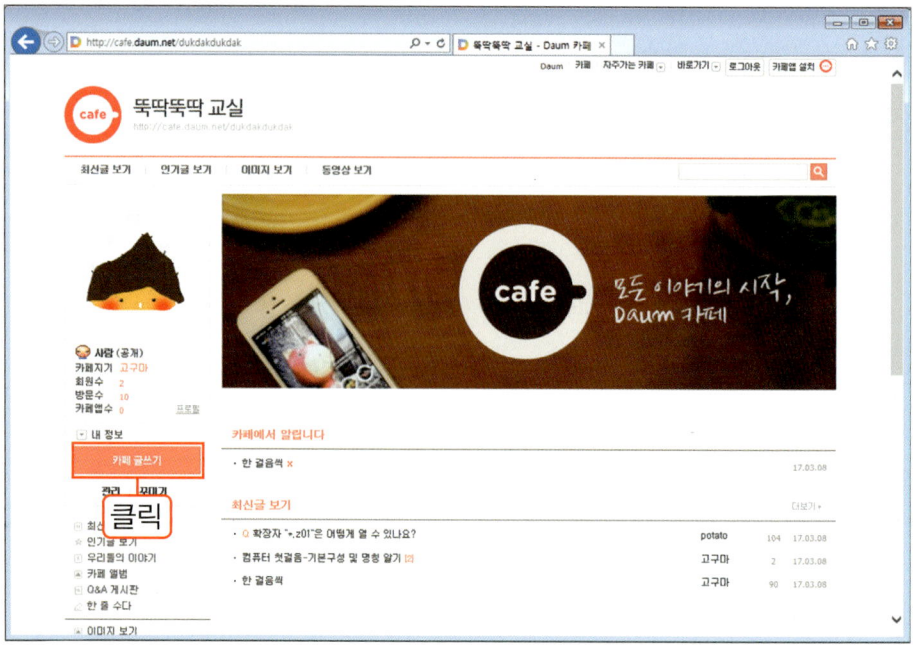

03 게시판 글쓰기 화면이 나타나면 **게시판을 선택**하고 **제목을 입력**한 후, **내용을 작성**합니다.

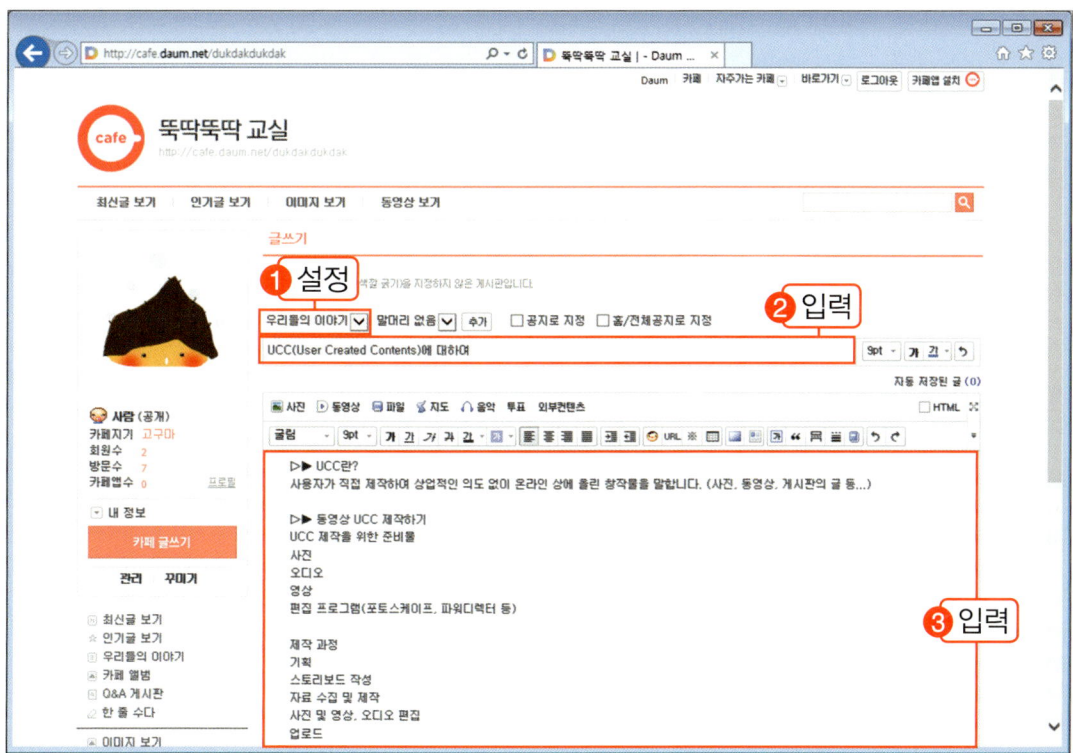

04 위쪽 도구 상자의 [**HTML**]을 **체크**하면 HTML 코드 형태로 확인할 수 있습니다.

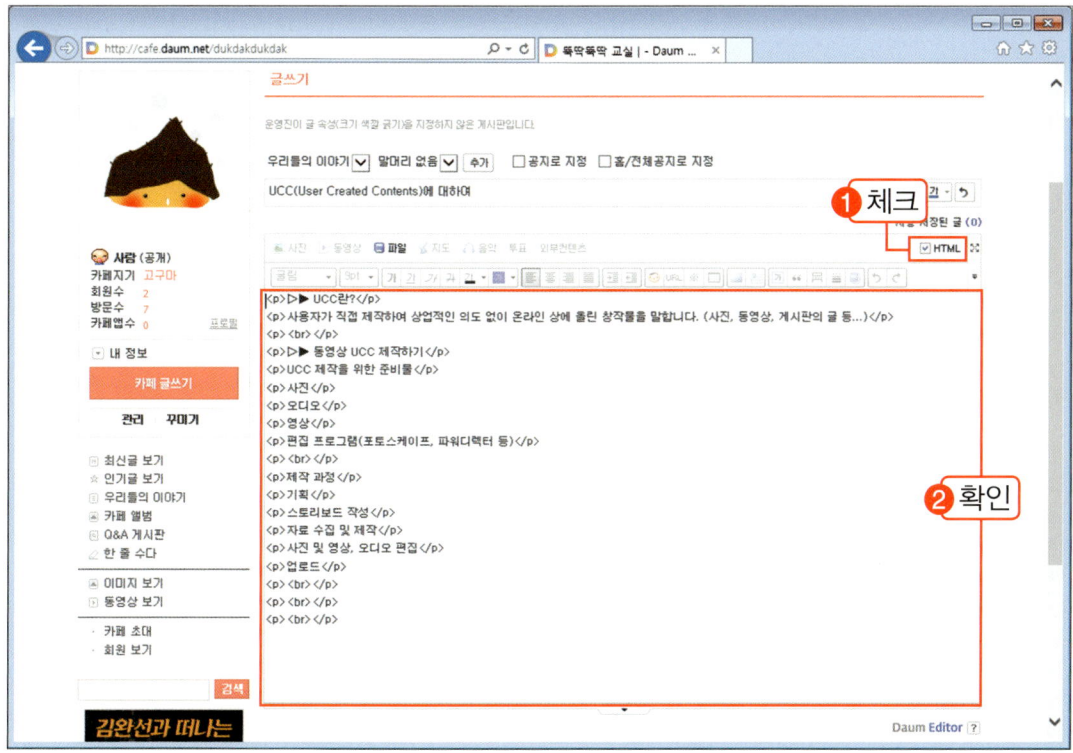

HTML 소스 수정하기

01 **[HTML]의 체크를 해제**한 후, 도구 상자의 오른쪽에 있는 ▼ **단추를 클릭**하여 숨겨진 도구 상자를 표시합니다. 다음과 같이 **블록을 지정**한 후, 를 클릭하고 를 선택합니다.

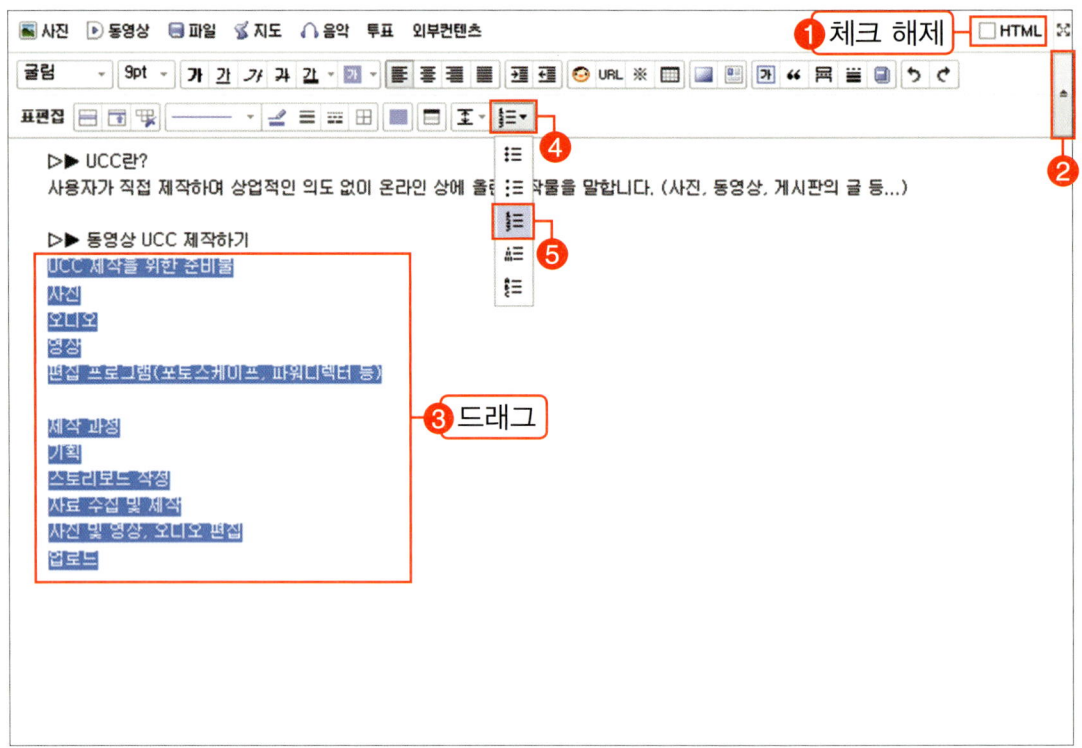

02 순서가 있는 목록이 적용된 것을 확인할 수 있습니다. 계속해서 다음과 같이 **블록을 지정**한 후, 를 클릭하고 를 선택합니다.

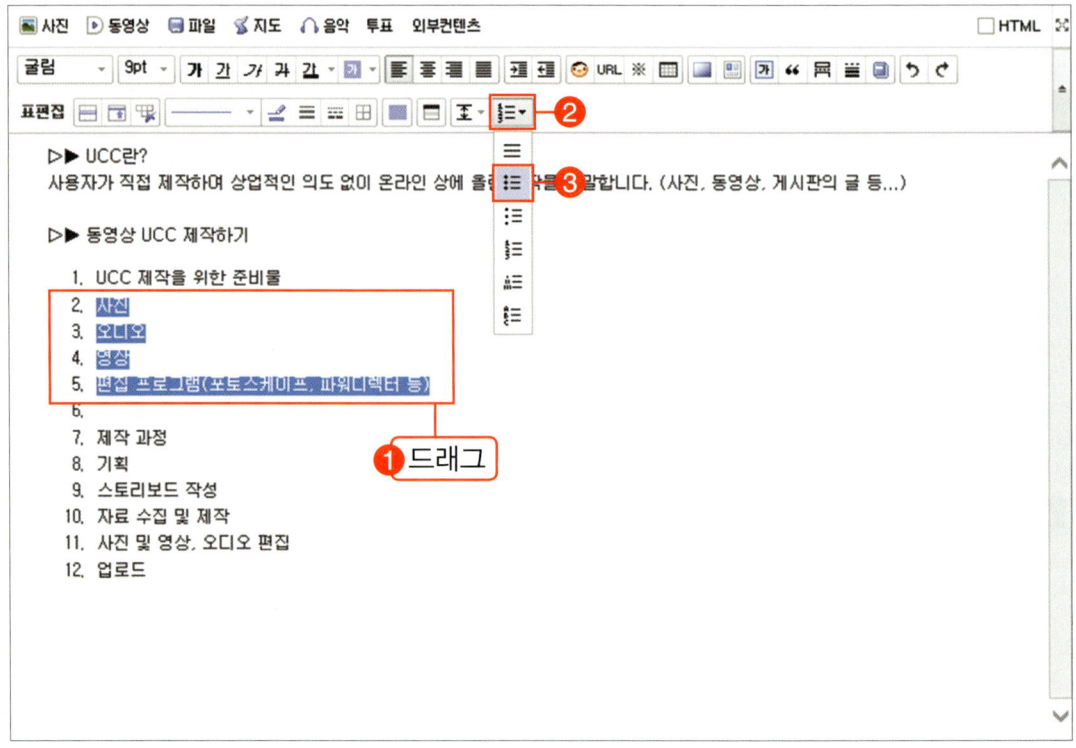

03 순서가 있는 목록이 순서 없는 목록으로 바뀐 것을 확인할 수 있습니다. 계속해서 다음과 같이 **목록 번호가 필요없는 빈 줄에 커서를 이동**한 후, 를 **클릭**하고 를 **선택**합니다.

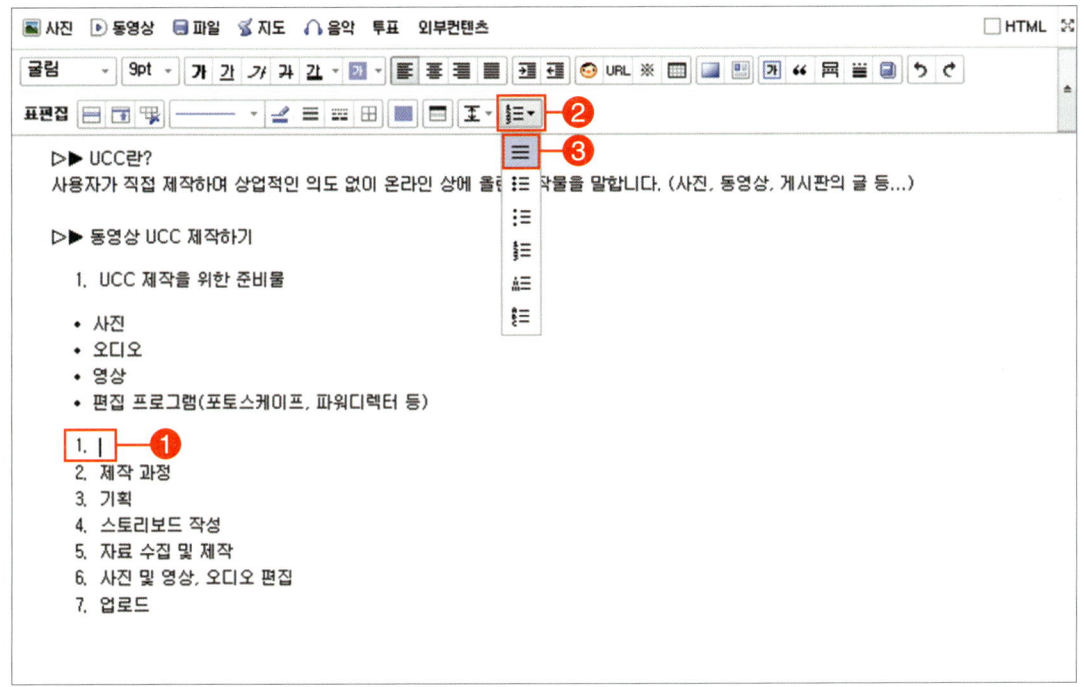

04 목록 표식이 없는 줄이 된 것을 확인할 수 있습니다. 계속해서 다음과 같이 **블록을 지정**한 후, 를 **클릭**하고 를 **선택**합니다. 순서가 있는 목록 부분이 누적 번호로 표시되지 않고 새번호로 표시되어 있는 것을 알 수 있습니다.

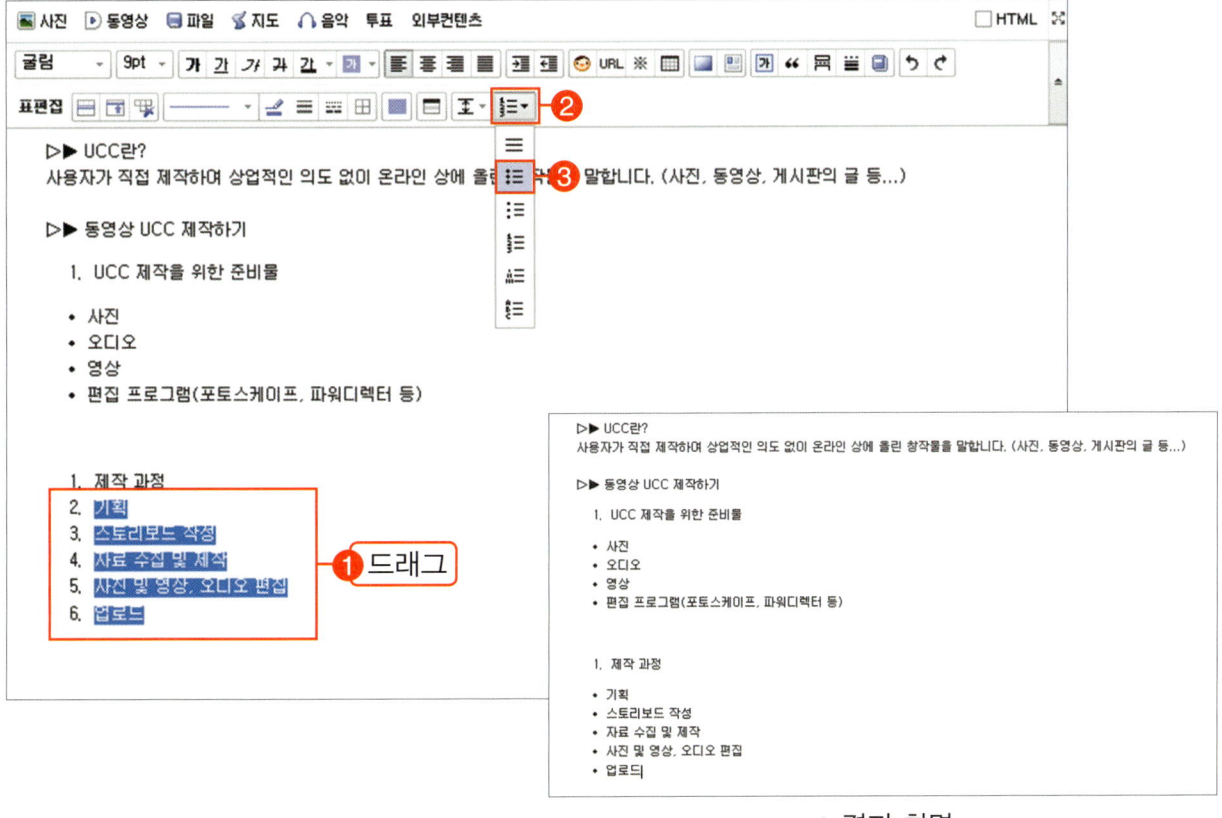

▲ 결과 화면

05 [HTML]을 체크하여 HTML 코드를 확인한 후, <ol> 태그 부분을 삭제 또는 이동하여 HTML 코드를 수정합니다.

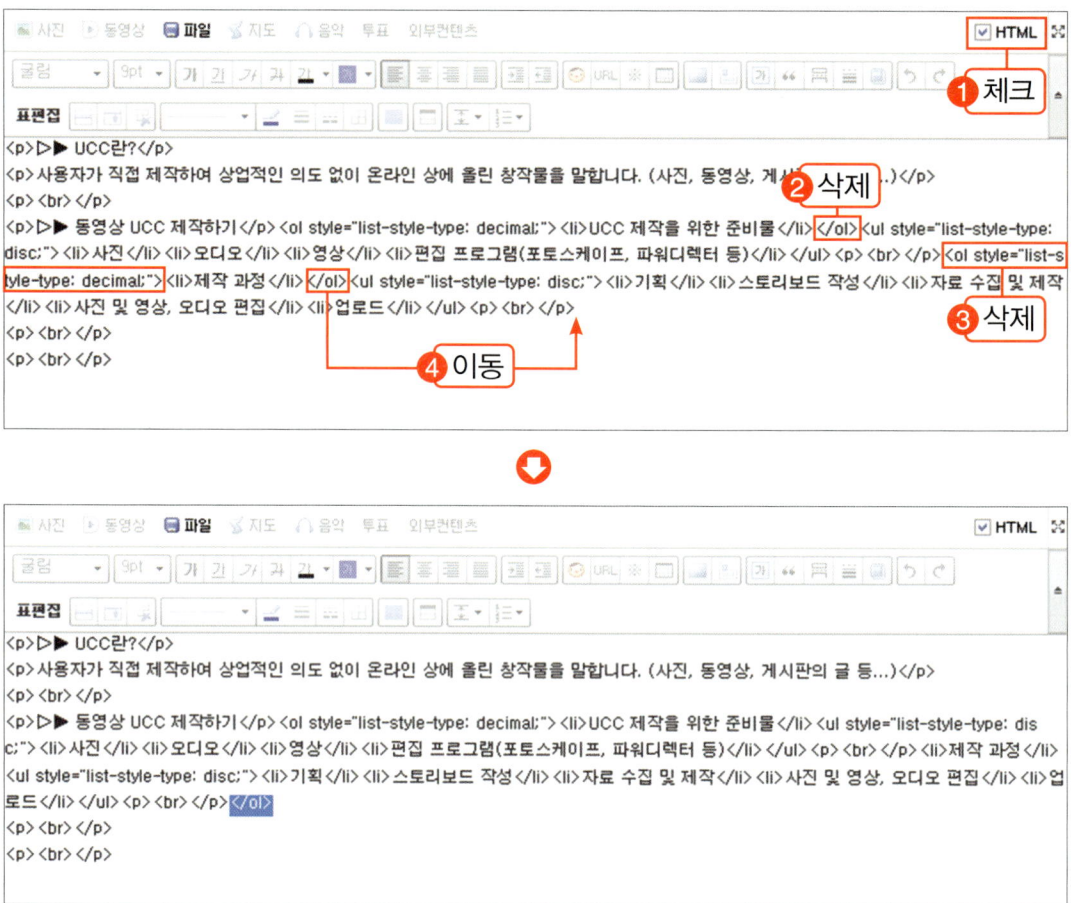

06 다음과 같이 HTML 코드가 수정되면 [HTML]의 체크를 해제하여 결과를 확인합니다.

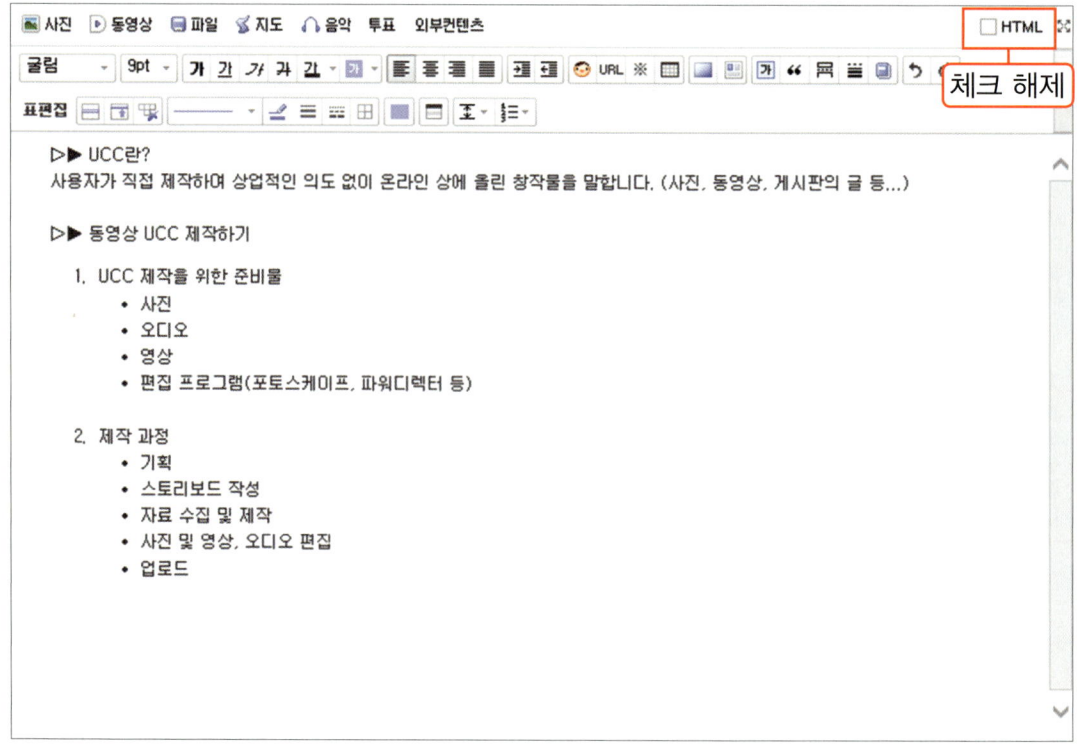

유튜브에서 URL 가져오기

01 **새 탭을 표시**한 후, **유튜브(www.youtube.com)에 접속**하여 동영상을 검색합니다. **찾고자 하는 키워드를 입력**하여 검색한 후, 검색 결과 중 마음에 드는 것을 **선택**합니다.

02 선택한 영상 페이지가 나타나면 영상 아래의 [공유]를 클릭한 후, [소스 코드]를 **선택**합니다. 코드가 모두 선택된 상태에서 Ctrl + C 키를 누릅니다.

10 태그 편집기 활용하기 • **157**

03 다시 카페 화면으로 돌아와 [HTML]을 체크한 후, ⟨/ol⟩ 앞에 『⟨li⟩제작 예시⟨/li⟩』를 추가하고 Ctrl + V 키를 눌러 붙여 넣기 합니다.

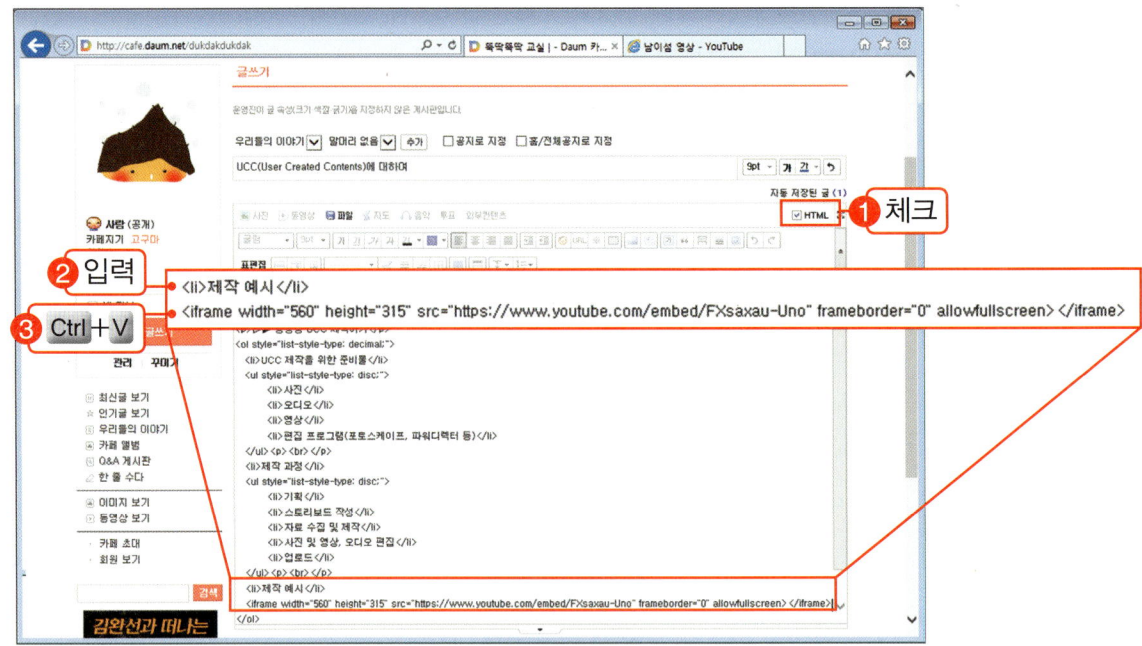

> **배움터** 여기서는 코드를 확인하기 쉽도록 HTML 편집 화면에 줄과 띄어쓰기를 추가로 삽입하였습니다.

04 [HTML]의 체크를 해제하여 결과를 확인하고, 아래쪽의 [확인] 단추를 클릭하여 글쓰기를 완료합니다.

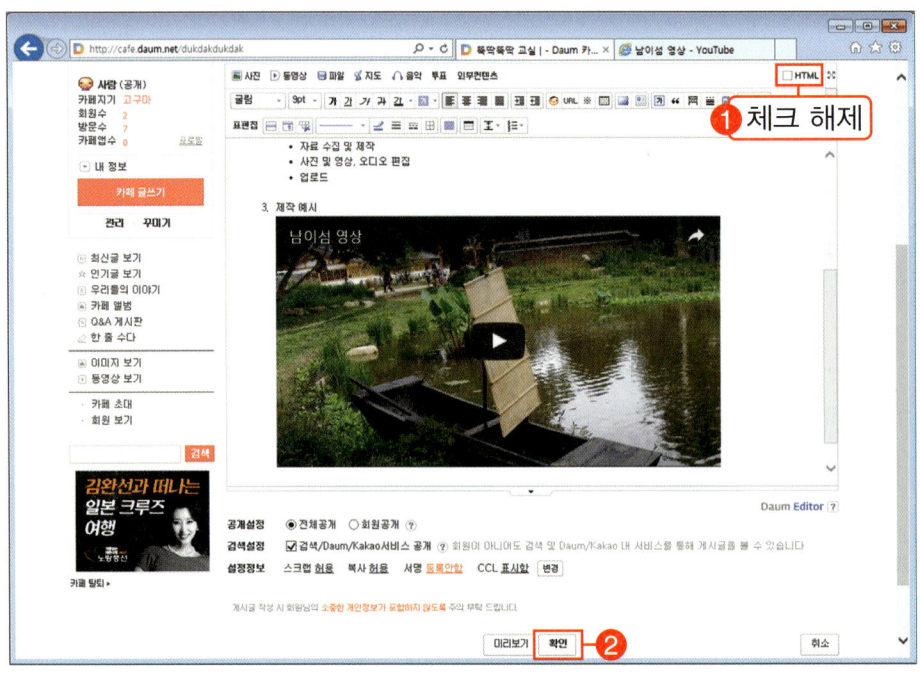

> **배움터** 타인의 자료를 가져오는 경우에는 허가를 받고, 출처를 명시해 주도록 합니다.

1 NAVER(네이버) 블로그에 유튜브 영상을 찾아 삽입한 후, 포스트를 등록해 봅니다.

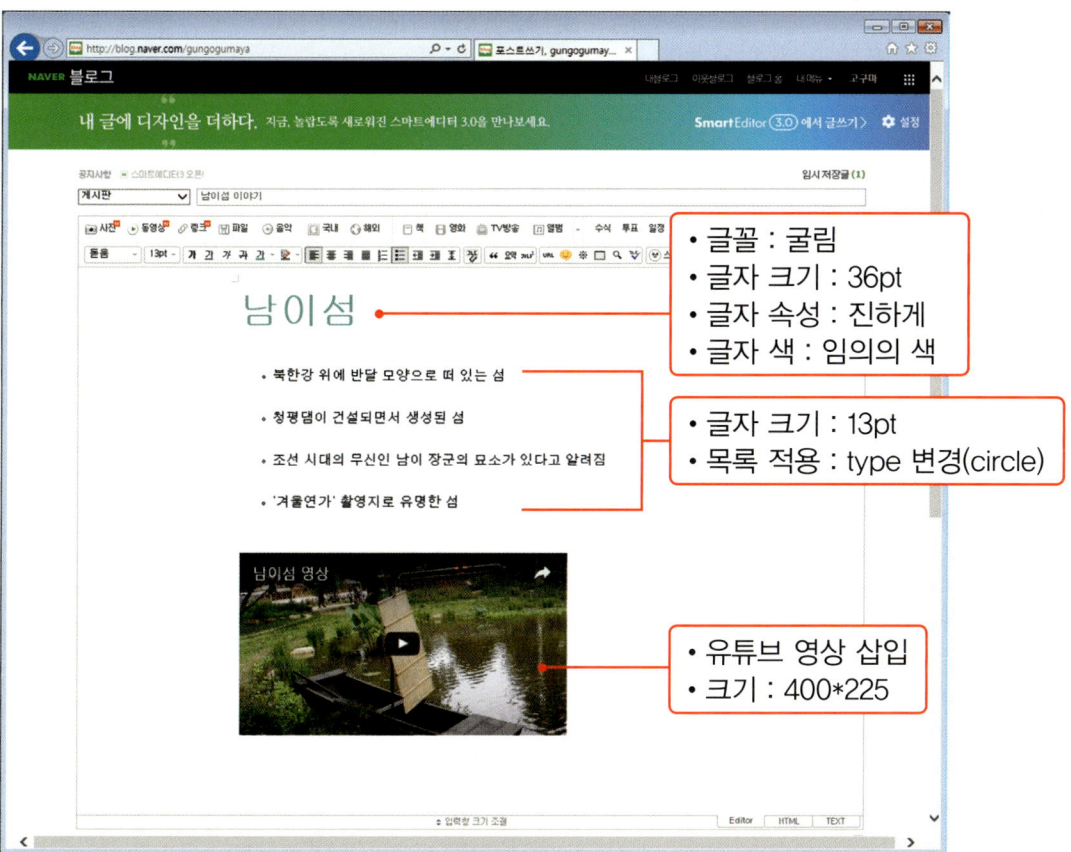

도움터

- 블로그의 편집기에서 적용할 수 있는 서식은 먼저 적용한 후, [HTML] 탭에서 수정 혹은 추가합니다.
- [Editor] 탭에서는 제대로 보이지만 실제 화면에서는 제대로 표현되지 않을 수도 있으므로 아래쪽의 [미리 보기] 단추를 클릭하여 확인한 후, 문제가 없으면 [확인] 단추를 클릭하여 글쓰기를 완료합니다.

소스파일 다운로드 방법

01 인터넷을 실행하여 시대인 홈페이지에 접속합니다.
  * www.sdedu.co.kr/book

02 [로그인]을 합니다.
  * '시대' 회원이 아닌 경우 [회원가입]을 클릭하여 가입한 후 로그인합니다.

03 화면 아래쪽의 [빠른 서비스]에서 [자료실]을 클릭합니다.

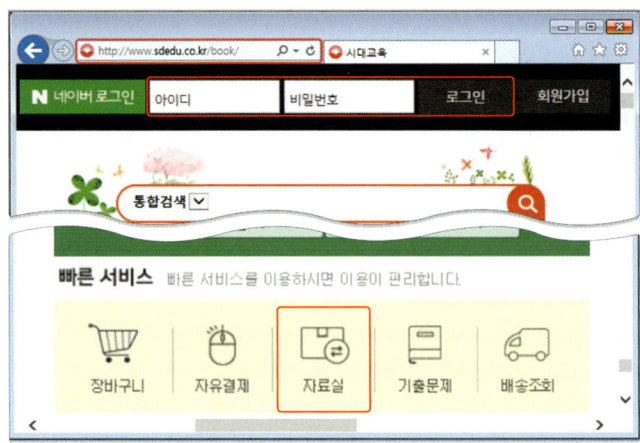

04 [프로그램 자료실]을 클릭합니다.

05 목록에서 학습에 필요한 자료 파일을 찾아 선택합니다.
  * 검색란을 이용하면 목록을 줄일 수 있습니다.

06 첨부된 zip(압축 파일) 파일을 클릭하여 사용자 컴퓨터에 저장합니다.

07 압축을 해제한 후, 연습을 시작합니다.
  * 프로그램(s/w)은 제공하지 않습니다.

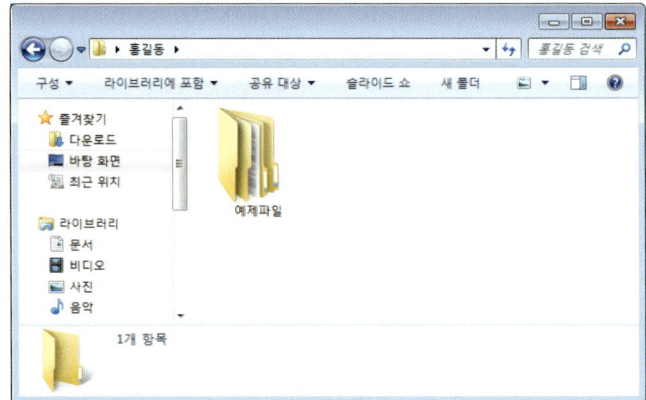

듬꾹이, 담꾹이, 꾹꾹이는 독자를 생각하는 마음으로 더 알찬 정보와 지식들을 듬뿍 도서에 담았다는 의미로 탄생하게 된 '시대인'의 브랜드 캐릭터입니다.